Puerta abierta

Spanisch für Geschäft, Handel , Reise

- Al teléfono
- Por carta
- En los negocios
- De viaje

Von
A. van Bommel
C. van Esch

Ernst Klett Verlag für Wissen und Bildung
Stuttgart • Dresden

Puerta abierta

Spanisch für Geschäft, Handel, Reise

- Al teléfono
- Por carta
- En los negocios
- De viaje

Von
A. van Bommel
C. van Esch

Mitarbeit an diesem Werk:
Elke Molde-Bracht
Sabine Segoviano
Dr. Carlos Segoviano

Zeichnungen: Martin Frei, Stuttgart 39, 91

Karten: Ernst Klett Verlag für Wissen und Bildung, Stuttgart - Dresden; „Natura“, 4/ 1987; Secretaría General de Turismo, Madrid

Umschlaggestaltung: Dieter Gebhardt, Asperg

Quellennachweis: Informacíon Baleares 11, 12, 13; Costa Brava Cruceros 19; Grafinter, Madrid 20; Cambio 16, Madrid 22, 23, 105; Inprotur, Madrid 41, 42; Cárnica 2000, Badalona (Barcelona) 43, 44; El País, Madrid 45, 115, 124; edición „Domingo“ 52; El Sol/ México Prehispánico Mary Glasgow Publications Ltd. 58, 59, 60, 66; „Historia de las Civilizaciones 1, Ed. Luis Vives, Madrid 61, 62; Eduardo Galeano „Las venas abiertas de América Latina“, siglo XXI editores sa. Madrid, 63, 64; Cultek, Madrid 71; Hubrecht Duiker „Vinos de Rioja“, Plaza y Janés Editores, Esplugues de Llobregat (Barcelona) 78; „Natura“ 103, 104; dtv Brockhaus, Bibliographisches Institut Mannheim 111, 112; J. Segoviano, Madrid 122; Telefónica, Madrid 123; Banco de Bilbao, 129; Banco Comercial Español, Madrid 130; GEO 138, 142 -147

Bildnachweis, Abbildungen: Secretaría General de Turismo, Madrid 16; Agentur Mauritius, Stuttgart 49, 55; Mary Glasgow Publications Ltd. 65; Bodegas Federico Paternina, Haro 74, 82; Institut für Auslandsbeziehungen, Stuttgart 108, 110; „Americanismos“ Ed. Ramón Sopena, Barcelona 111; Elefanten-Schuh GmbH, Kleve 118; SEAT, Barcelona 131

Wir danken allen, die sich freundlicherweise für die Interviews zur Verfügung gestellt haben:

Concha Alonso, Ignacio Alonso, Jesús Alonso, Paloma Alonso, Merche Alonso, Aurora de Andrés, Guillermo Cobos, Guillermo Delgado, María José Díaz de Alda, José Ángel Pérez García, Conchi Segoviano, Iraida Segoviano, Julián Segoviano, Sabine Segoviano

1. Auflage 1 5 4 3 2 1 | 1995 94 93 92 91

Alle Drucke dieser Auflage können im Unterricht nebeneinander benutzt werden, sie sind untereinander unverändert. Die letzte Zahl bezeichnet das Jahr des Druckes.

Umschlaggestaltung: Dieter Gebhardt, Asperg.
Satz: SCS Schwarz Satz & Bild digital, Leinfelden-Echterdingen
Druck: Wilhelm Röck, Weinsberg. Printed in Germany.
ISBN 3-12-526710-2

Inhalt

Vorwort

Zielgruppe
„Puerta abierta" ist für fortgeschrittene Spanischlernende konzipiert, die sich in den Themenbereichen Geschäft, Handel und Tourismus weiterbilden wollen.
Der Einsatz ist folgendermaßen vorgesehen:
- Kaufmännische Schulen der Sekundarstufe II, Höhere Berufsfachschulen (zweijährige Höhere Handelsschule) und Höhere Berufsfachschulen mit gymnasialer Oberstufe, sowie andere Ausbildungsformen für Geschäft, Handel, Tourismus, Dienstleistungen und Betriebskommunikation.
- Volkshochschulen und Sprachschulen, die betriebsorientierte Kurse anbieten.
- Fortbildungskurse sonstiger Art.

Konzeption
„Puerta abierta" behandelt wichtige Aspekte der heutigen Korrespondenz, des Tourismus und des Dienstleistungssektors in Spanien und Lateinamerika.
In den „Unidades" lernen Sie, die angebotenen Sprachmittel selbst anzuwenden.
Gegenstand sind nicht nur Reisen, Korrespondenz (geschäftlich und privat), Bewerbungsschreiben, Freizeitbeschäftigungen, Bankwesen, Wirtschaft und technologische Entwicklungen, sondern auch wichtige Aspekte der Geschichte, der Kultur und des Lebensstils der Spanier und Lateinamerikaner.
Der Aufbau jeder „Unidad" verläuft in Phasen: vom Aufnehmen und Reproduzieren bis zur selbstständigen Anwendung und Verwendung der angebotenen Sprachmittel in sinnvollen Situationen.

Vertiefung und Weiterentwicklung von Kenntnissen und Fertigkeiten
„Puerta abierta" ist ein kommunikatives Werk, das Ihnen viele Übungssituationen bietet, um die Grammatik und den Wortschatz, die für einen korrekten Gebrauch der Sprache erforderlich sind, zu erlernen.
Wichtige grammatikalische Themen in den „Unidades" sind in einer sogenannten Signalgrammatik aufgenommen. Das Zeichen in dieser Signalgrammatik verweist auf den entsprechenden Teil der Übersichtsgrammatik am Ende des Lehrwerkes. Es handelt sich dabei um eine Grammatik mit vielen Beispielen, die den Texten entnommen wurden.
Anhand der Vokabelliste je Lektion und der alphabetischen Vokabelliste Spanisch-Deutsch, in der ebenfalls angegeben ist, an welcher Stelle das Wort zum erstenmal auftaucht, wird es dem Lernenden erleichtert, den Wortschatz zu wiederholen und zu vertiefen.
„Puerta abierta" umfaßt viele Übungen, speziell im Bereich des Hörverstehens und der Sprechfertigkeit, die in gelenkten Dialogen und (freieren) Rollenspielen geübt werden. Das Leseverstehen wird durch Fragen und Aufgaben zu den meist authentischen Texten entwickelt. Die Schreibfertigkeit wird in Geschäfts- und Privatbriefen, Zusammenfassungen und schriftlichen Referaten und anderen Textsorten wie Prospekte, Bewerbungen usw. geübt.
Für ihre sinnvollen Anregungen und Anmerkungen danken wir Eev van der Wiel und Jan Nienhuis (Wolters-Noordhoff, Groningen), Rose Kanderske, Dr. Jos Hallebeek, sowie Sabine Segoviano-Rosenblum, Elke Molde-Bracht (Stuttgart) und Dr. Carlos Segoviano (Klett Verlag für Wissen und Bildung, Stuttgart–Dresden).

Unidad 1 Viajar

A

¡Lea!
Lesen Sie!

Lea la carta siguiente y cuente en alemán:
- de dónde es la carta;
- qué relación hay entre los que escriben la carta y las personas a las que se dirige;
- de qué trata la carta.

Lesen Sie folgenden Brief und sagen Sie auf deutsch:
- *Woher kommt der Brief?*
- *Welche Beziehung besteht zwischen Absender und Empfänger?*
- *Wovon handelt der Brief?*

Hans y Ulrike Brügel
Friedrichstr 54
D-2000 Hamburg 50
República Federal de Alemania

Buenos Aires, 23 de enero de 19...

Queridos amigos:

¿Todavía hace mucho frío en Europa? Aquí vemos fotografías y leemos en los diarios de la ola polar. Mientras ustedes se congelan, aquí estamos con temperaturas que no bajan de 30°. ¿Se imaginan lo tostados que estamos?
Este año aún no hemos ido de vacaciones. Saldremos a primeros de febrero. Iremos a las playas del sur de Brasil. Pensamos alquilar una casita en la Isla de Florianápolis. Queremos hacer el viaje en dos o tres etapas porque todavía no conocemos el país. Hemos comprado un coche. Como es nuevo aguantará viajes largos. Las distancias son largas (hasta Florianápolis tenemos 1.700 kms) y con chicos no se puede viajar muchas horas. Los que ya han ido dicen que es muy bonito y que vale la pena hacerlo con tiempo. Ya les enviaremos una postal. Así a lo mejor se animan a hacer un viaje a Argentina con una escala en Brasil.
Bueno, voy a terminar la carta. Si tienen alguna fotografía reciente, mándenla. Y si tienen tiempo, envíen noticias. Reciban todo el cariño de sus amigos

Elba, Raúl, Josefina, Sebastián, Ana Inés y Rocío

Remitente: Álvarez
Patricios 2233
1643 Beccar (Buenos Aires)

Argentina

B ¡Busque!
Suchen Sie!

Busque en la carta cómo están expresados:
Suchen Sie im Brief nach folgenden Angaben:

1. La dirección — *die Anschrift*
2. El lugar y la fecha — *der Ort und das Datum*
3. El saludo — *die Anrede*
4. La despedida — *die Grußformel*

C ¿Cierto o falso?
Richtig oder falsch?

	C	F
1. En Europa hace frío.		
2. En Argentina hace mucho calor.		
3. Los amigos ya están de vacaciones.		
4. Ellos piensan pasar las vacaciones en un hotel en la Isla de Florianápolis.		
5. Como el coche es nuevo, pueden hacer viajes largos.		

D ¡Relacione!
Verbinden Sie!

Relacione las partes correspondientes de las frases (en algunos casos hay varias posibilidades):
Verbinden Sie die Satzteile (es gibt in einigen Fällen mehrere Möglichkeiten):

1. Este año
2. Como el coche es viejo
3. Los que ya han ido
4. Vamos a
5. Si tienes tiempo
6. Mientras ustedes están con temperaturas muy altas
7. Así a lo mejor se animan a
8. No te puedes imaginar
9. Como las distancias son largas
10. Pienso
11. Si tienes alguna fotografía reciente

a) no aguantará viajes largos.
b) dicen que no vale la pena.
c) nosotros nos congelamos por el frío.
d) aún no he ido de vacaciones.
e) hacerlo con tiempo.
f) lo tostado que estoy.
g) hacer un viaje a América.
h) manda noticias.
i) con chicos se necesita mucho tiempo.
j) debes mandarla.
k) alquilar una casita en España.

E ¿Cómo se dice en español?
Wie sagt man auf spanisch?

1. *Ist es noch immer sehr kalt in Europa?*
2. *Wir sind noch nicht in Urlaub gefahren. Dieses Jahr wollen wir zu den Stränden Südbrasiliens fahren.*

3. *Wir haben vor, die Reise in zwei oder drei Etappen zu machen, weil wir das Land noch nicht kennen.*
4. *Wir haben ein neues Auto gekauft. Da es neu ist, wird es die lange Fahrt gut überstehen.*
5. *Die Entfernungen sind groß, und man kann mit Kindern nicht viele Stunden an einem Stück fahren.*
6. *Wir werden Euch eine Postkarte schicken. So bekommt Ihr Lust, eine Reise nach Argentinien zu unternehmen.*
7. *Wenn Ihr Zeit habt, laßt von Euch hören.*

El futuro	▶ **§§ 24, 16, 18**
Ya les enviar**emos** una postal. Sald**remos** a primeros de febrero.	

F ¡Complete!
Ergänzen Sie!

Complete el texto siguiente con las formas del **futuro:**
*Ergänzen Sie folgenden Text mit **futuro**-Formen:*

1. Este año ..... *(ir, ellos)* a las playas del sur de Brasil.
2. ..... *(Alquilar, nosotros)* una casita en la Isla de Florianápolis.
3. Como el coche es viejo, no ..... *(aguantar, él)* viajes largos.
4. Ya les ..... *(enviar, nosotros)* una postal.
5. Así ..... *(animarse, ustedes)* a hacer un viaje a Argentina con escala en Brasil.

G ¡Complete!
Ergänzen Sie!

1. ..... *(Salir, yo)* a primeros de febrero.
2. ..... *(Hacer, yo)* el viaje en dos o tres etapas para ir conociendo el país.
3. Con chicos no se ..... *(poder)* viajar muchas horas.
4. Lo ..... *(hacer, nosotros)* con tiempo.
5. No ..... *(tener, nosotros)* tiempo de escribir más.
6. No ..... *(decir, él)* cuánto ha costado el coche.
7. Nuestros amigos no ..... *(saber)* qué decir.

Perfecto compuesto	▶ **§§ 20, 16, 18**
Este año aún no **he ido** de vacaciones. Esta mañana **he escrito** una carta.	

H ¡Complete!
Ergänzen Sie!

Complete las frases siguientes con las formas del **perfecto compuesto:**
*Ergänzen Sie folgende Sätze mit den passenden Formen des **perfecto compuesto:***

1. Para este verano ..... *(alquilar, nosotros)* una casita en la Isla de Florianápolis.
2. Josefina todavía no ..... *(enviar)* los folletos a Europa.
3. Raúl y Elba aún no ..... *(tener)* tiempo para mandarnos una carta.
4. ¿Ya ..... *(escoger, vosotros)* un hotel para pasar las vacaciones?
5. Esta mañana ..... *(salir, yo)* muy temprano.

I ¡Complete!
Ergänzen Sie!

Complete las frases siguientes con las formas del **perfecto compuesto:**
*Ergänzen Sie folgende Sätze mit den passenden Formen des **perfecto compuesto:***

1. Mis amigos ..... *(decir)* que la Isla de Florianápolis es muy bonita.
2. Este año ya ..... *(hacer, yo)* dos viajes a Brasil.
3. ¿Por qué no ..... *(escribir, tú)* a tus padres?
4. ¿Dónde ..... *(poner, usted)* los folletos?
5. ¿Quién ..... *(abrir)* la ventana? Hace frío aquí.

J ¡Escoja!
Wählen Sie!

Escoja la forma correcta de las palabras mencionadas a la derecha:
Wählen Sie die richtige Form der rechts stehenden Wörter:

1. Nos congelamos aquí porque hace mucho ....
2. Casi no .... el clima de aquí.
3. Dentro de poco .... de vacaciones a México.
4. ¿Tú puedes .... lo bonito que es viajar a México?
5. Unos amigos nos han .... una invitación.
6. Pensamos .... en avión a México con una .... en Nueva York.
7. En México vamos a .... un coche para poder viajar por todo el país.
8. Nos han dicho que .... la pena hacerlo con tiempo ya que es muy bonito el paisaje.
9. ¿Por qué no .... a hacer el viaje con nosotros?

la escala
ir
frío
viajar
animarse
alquilar
aguantar
mandar
salir
valer
imaginarse

K ¡Traduzca!
Übersetzen Sie!

Traduzca las frases siguientes:
Übersetzen Sie folgende Sätze:

1. Heute morgen habe ich ein Hotel ausgesucht.
2. Ist Raúl schon weggegangen?
   Nein, aber er wird in Kürze (= dentro de poco) weggehen.
3. Wo habt Ihr ein Häuschen gemietet? Wir haben in diesem Jahr noch kein Häuschen gemietet, aber wir werden eines am Strand mieten.
4. Warum hat er die Prospekte noch nicht verschickt?
5. Sie haben noch immer keine Zeit gehabt, ihren Kindern einen Brief zu schicken, aber morgen werden sie es machen.
6. Wo ist Josefina? Sie ist zum Strand gegangen.

L ¡Escoja!
Wählen Sie!

En las frases siguientes faltan las conjunciones. Escoja de las tres conjunciones la mejor o, si hay más de una posibilidad, las mejores. Explique además por qué tiene que ser ésta la conjunción adecuada.
In den folgenden Sätzen fehlen die Bindewörter. Wählen Sie die richtige bzw. passende Konjunktion aus den angegebenen drei Möglichkeiten. Erklären Sie außerdem, warum gerade dieses Bindewort das richtige ist.

1. .... (1) ustedes tienen temperaturas muy altas, nosotros nos congelamos.
2. Este verano hemos alquilado una casita en nuestro país, ... (2) no queremos viajar mucho.
3. .... (3) tengo tiempo, te mandaré una carta.
4. .... (4) queremos conocer el país, haremos el viaje en dos o tres etapas.
5. .... (5) hace buen tiempo, vamos a la playa.
6. .... (6) tenemos poco tiempo, vamos a tomar un café.

1.	a Como	*Da*	2.	a aunque	*obwohl*
	b Mientras que	*Während*		b pero	*aber*
	c Si	*Wenn, falls*		c porque	*weil*
3.	a Como	*Da*	4.	a Aunque	*Obwohl*
	b Si	*Wenn, falls*		b Como	*Da*
	c Y	*Und*		c Si	*Wenn, falls*
5.	a Como	*Weil*	6.	a Aunque	*Obwohl*
	b Como	*Da*		b Cuando	*Wenn*
	c Si	*Wenn, falls*		c Si	*Wenn, falls*

M ¡Escriba!
Schreiben Sie!

Schreiben Sie einen Antwortbrief, der folgende Angaben enthält:

- *Anschrift*
- *Ort und Datum*
- *Anrede*
- *den Briefkorpus, in dem Sie*
  - *sich für den Brief, den Sie erhalten haben, bedanken*
  - *fragen, wie sie die Hitze vertragen*
  - *den anderen erzählen, wie Sie die Kälte vertragen*
  - *ihnen erzählen, wie Sie die Sommerferien verbringen werden (nach Spanien fahren, ein Appartement mieten in ..... , Anfang Juli abfahren, die Reise in drei oder vier Etappen machen, um etwas von der Schweiz und Frankreich kennenzulernen, mit dem Auto fahren); dieses Auto ist alt aber gut und wird die Reise durchstehen, usw.*
- *Grußformel*
- *Absender*

(Verwenden Sie, wenn möglich, die ***futuro****-Formen)*

N ¡Escriba!
Schreiben Sie!

Erzählen Sie in einem Brief an einen spanischen Freund/eine spanische Freundin von Ihren Ferienplänen. Wählen Sie aus der Spanienkarte Ihr Wunschziel. (Siehe Umschlaginnenseite). Erzählen Sie ihm/ihr, wohin Sie fahren, wie lange Sie dort bleiben und was Sie dort machen werden. Schreiben Sie, daß Sie ihn/sie besuchen möchten und fragen Sie, wann es ihm/ihr paßt.

O ¡Lea!
Lesen Sie!

Es el mes de julio y usted está de vacaciones en Ampurias (España). Quiere ir de excursión a las Islas Baleares. En un folleto de la compañía PROALSOL usted lee un anuncio sobre las Islas Baleares.
Es ist Juli, und Sie verbringen Ihren Urlaub in Ampurias (Spanien). Sie möchten einen Ausflug zu den Balearen machen. In einem Prospekt des Unternehmens PROALSOL lesen Sie eine Anzeige über die Balearen:

1. Lea el texto y rellene el esquema siguiente con palabras clave de lo que se dice sobre cada una de las islas:
   Lesen Sie den Text und tragen Sie in das folgende Schema in Stichwörtern ein, was über jede Insel gesagt wird:

Mallorca	Ibiza	Formentera	Menorca
....	....	....	....
....	....	....	....
....	....	....	....
....	....	....	....
....	....	....	....

Nada como las Baleares para disfrutar de toda la luz y el color del Mediterráneo.

Mallorca: Es la «Isla de la Calma», una isla de ensueño. En pocos lugares la naturaleza ha acumulado tanta belleza. Es ideal para descubrir paisajes, calas... Hacer excursiones. Pero Mallorca es también mundana y cosmopolita. Hoteles, discotecas, restaurantes, tiendas... tienen aquí su paraíso.

Ibiza: La isla de la Libertad. La capital una ciudad risueña y marinera. Construida casi verticalmente sobre una montaña al borde del mar. Posee las famosas playas próximas de Talamanca y Figueretas. Pero, además, Ibiza cuenta con poblaciones tan pintorescas e interesantes como San Antonio Abad, Santa Eulalia del Río, San Miguel. Todas con bellísimos paisajes y magníficas playas.

Formentera: Un lugar donde todavía el tiempo no cuenta. Para vivir realmente a su aire. Sus pequeñas poblaciones le encantarán por su simplicidad. Aquí los únicos protagonistas son: uno mismo y el mar.

Menorca: Luminosa y radiante. Su carácter mediterráneo se combina con cierta influencia inglesa. Sus playas de arenas finísimas y sus pintorescas tabernas de pescadores le cautivarán.

2. Cuente en alemán con ayuda de las palabras clave cuáles son las características de cada isla.
   Erzählen Sie auf deutsch mit Hilfe der Stichwörter, wie die Inseln zu charakterisieren sind.

P

¡Lea !
Lesen Sie!

Busque en **'Información Baleares'** las respuestas a las preguntas siguientes:
Suchen Sie in ***'Información Baleares'*** *die Antworten auf folgende Fragen:*

1. ¿Qué incluyen los precios de PROALSOL?
2. ¿Cuántas horas dura el viaje de Barcelona a Palma (Mallorca), a Ibiza y a Mahón (Menorca)?
3. ¿Se puede llevar el coche?
4. ¿Cuánto cuestan los vehículos de hasta 4,5 m y los vehículos de hasta 6 m?
5. ¿Cuánto tiempo antes de la salida del barco hay que presentarse?
6. ¿Cuánto se tiene que pagar de suplemento si se quiere un camarote para cuatro personas con aseo?

INFORMACION BALEARES

NUESTROS PRECIOS INCLUYEN:

– **Acomodación en el barco.** En butaca o camarote cuadruple (sin aseo, ni comidas).

Nota: En los buques tipo Canguro, todos los camarotes son con aseo (ver cuadro de suplementos).

– **Traslados,** desde el puerto al hotel y viceversa, excepto en Menorca.

– **Acomodación en el hotel** en habitación doble con baño o ducha, en el régimen elegido (2 noches), (6 noches) o (13 noches).

– **Asistencias** en puerto.

– **Seguro:** Cualquier accidente o enfermedad repentina será atendida en el lugar en que usted se encuentre, incluida hospitalización y medicación si fueran necesarias, a través de ASTES (Seguro Turístico Español).

– **Seguro** de fallecimiento por accidente.

De acuerdo con el régimen elegido, el primer y último servicio en el hotel será:

Régimen elegido	Día llegada	Día salida
Alojamiento y desayuno	Alojamiento	Desayuno
Media pensión	Cena	Desayuno
Pensión completa	Almuerzo	Desayuno

En todas las llegadas a destino con posterioridad a las 19,30 horas, el primer servicio será el alojamiento.

IMPORTANTE

– Añadiendo a los precios base publicados tantas noches extras como desee, puede hacer sus vacaciones a la medida.

– Si la estancia coincide con dos temporadas distintas, se aplicarán los precios proporcionalmente.

– En temporada alta, la estancia mínima en cada isla será de seis noches.

– Viaje en tren desde su punto de origen hasta el puerto de embarque, beneficiándose de las tarifas IBERRAIL, llevándose consigo el coche en Autoexpreso, si así lo desea. (Mismas reducciones que con billetes normales **Renfe.**)

EMBARQUE DE PASAJE

EMBARQUE: Presentación en la oficina de PROAL SOL situada en el muelle de embarque, como mínimo una hora antes de la salida.

EMBARQUE DE VEHICULOS

Buques Canguro, Albatros y Tiburón, presentación dos horas antes de la salida.

SEGUROS

SEGURO TURISTICO ESPAÑOL

– Cualquier accidente o enfermedad repentina, será atendida en el lugar que se encuentre, incluida la hospitalización y médico.

FALLECIMIENTO POR ACCIDENTE

– Importe de cinco millones de pesetas, según póliza n.° 3.200.920 concertada con la compañía Aurora-Polar. (No válido para menores de 14 años.)

Riesgos cubiertos

– Pasajero en viaje individual o colectivo en los medios de transporte publicados en este folleto.

– Pasajero en cualquier medio de transporte público, mientras estuviera realizando la ruta directa al punto de salida o llegada, e incluyendo las estaciones o terminales de dichos vehículos (excepto coches de alquiler).

TARIFAS DE TRANSPORTE DE VEHICULOS EN REGIMEN DE EQUIPAJE

Precios por vehículo y trayecto:

TRAYECTO PENINSULA-BALEARES o viceversa	LONGITUD DEL VEHICULO	
	Hasta 4,5 m.	Hasta 6 m.
Tarifa normal	9.530	11.870
Hasta 30 Junio (1)	5.860	7.250

(1) **CONDICIONES:**
1. Viaje de ida y vuelta (Pax y coche).
2. Emisión billete antes 48 h. de salida.
3. Mínimo 2 pax adultos por coche.
4. Excepto en: 13, 14, 18 y 19 en los trayectos Barcelona-Palma y Valencia-Palma y 22, 23, 28 y 29 en los trayectos inversos, siempre del mes de Abril.

* Descuentos válidos para remolques y caravanas.

SUPLEMENTO POR MEJOR ACOMODACION EN EL BARCO

Precios por persona y trayecto:

Tipo de acomod.	Ocup. por pax	Julio-Agosto		Resto temp.	
		S/aseo	C/aseo	S/aseo	C/aseo
Cuadruple	4	–	2.070	–	1.570
Cuadruple	3	355	2.295	245	1.720
Cuadruple	2	645	3.960	455	2.885
Triple	3	–	2.295	–	1.720
Doble	2	355	3.960	245	2.885
Doble	1	3.490	5.015	2.430	3.620

NOTAS:

Matinales Julio y Agosto, Barcelona/Palma/Barcelona, aplicar suplementos «Resto Temporada».

FECHAS ROJAS:

Peninsula/Baleares: 18 y 19 de Abril.
Baleares/Peninsula: 22 y 23 de Abril.
Suplemento 900 Pts. por pax y trayecto sobre precios programados Sem. Santa. Más suplemento Julio y Agosto.

HORARIOS E ITINERARIOS

1 febrero a 8 abril - 30 abril a 14 junio
16 septiembre a 31 diciembre

BARCELONA-PALMA - «Canguro»

SALIDAS DE BARCELONA		LLEGADAS A PALMA	
L-M-X	12.30 h.	L-M-X	20.30 h.
L-M-X-J-V-S	23.45 h.	M-X-J-V-S-D	8.00 h.
SALIDAS DE PALMA		**LLEGADAS A BARCELONA**	
M-X-V-S	12.30 h.	M-X-V-S	20.30 h.
L-M-X-J-D	23.45 h.	M-X-J-V-L	8.00 h.

BARCELONA-IBIZA - (1) «Canguro» - (2) «Albatros»

SALIDAS DE BARCELONA		LLEGADAS A IBIZA	
(2) J-D	23.00 h.	V-L	9.00 h.
(1) V	23.00 h.	S	9.00 h.
SALIDAS DE IBIZA		**LLEGADAS A BARCELONA**	
(2) S	11.00 h.	S	21.00 h.
(2) M	23.00 h.	X	9.00 h.
(1) D	23.00 h.	L	8.00 h.

BARCELONA-MAHON - «Albatros»

SALIDAS DE BARCELONA		LLEGADAS A MAHON	
X-S	23.00 h.	J-D	8.00 h.
SALIDAS DE MAHON		**LLEGADAS A BARCELONA**	
J-D	11.00 h.	J-D	20.00 h.

Q

¡Escuche!
Hören Sie zu!

En la Oficina de Turismo de Madrid una empleada habla de cómo marcha la industria del turismo en España. Escuche la casete y conteste a las preguntas:
Im Touristeninformationsbüro von Madrid spricht eine Angestellte von der Entwicklung des Tourismus in Spanien. Hören Sie sich die Kassette an und beantworten Sie auf deutsch folgende Fragen:

1. *Wie hat sich in den letzten Jahren der Tourismus in Spanien entwickelt?*
2. *Welches sind die Gründe für diese Entwicklung?*
3. *Welches waren früher die Hauptgründe für eine Reise nach Spanien?*

R

¡Escuche!
Hören Sie zu!

En los últimos años la Secretaría de Estado de Turismo ha usado como eslogan más importante 'España, todo bajo el sol'. Escuche la casete y conteste a las siguientes preguntas:
In den letzten Jahren hat die Secretaría de Estado de Turismo als Slogan 'Spanien, alles unter der Sonne' verwendet. Hören Sie sich die Kassette an und beantworten Sie folgende Fragen:

1. *Warum möchte die Secretaría de Estado de Turismo dieses Bild ändern?*
2. *Welche Aspekte Spaniens sollen ihrer Meinung nach heutzutage hervorgehoben werden und weshalb?*

Unidad 2 En una agencia de viajes

A

¡Escuche!
Hören Sie zu!

Un día de julio usted entra en una agencia de viajes en Barcelona. Tiene que esperar un momento porque la empleada está hablando con un señor. Escuche la conversación sin consultar el libro y escoja entre las alternativas.
An einem Tag im Juli betreten Sie ein Reisebüro in Barcelona. Sie müssen einen Moment warten, weil die Angestellte gerade mit einem Herrn spricht. Hören Sie sich bei geschlossenem Buch das Gespräch an, und wählen Sie die richtige Lösung.

1. El señor quiere ir a	☐ Ibiza ☐ Mallorca ☐ Menorca
2. Viaja en	☐ avión ☐ barco
3. Prefiere un hotel de	☐ dos ☐ tres ☐ cuatro estrellas
4. Prefiere	☐ deporte ☐ estar cerca de una ciudad grande ☐ aire acondicionado
5. Toma el hotel	☐ Aguamarina ☐ Esmeralda ☐ Milanos/Pingüinos
6. Se quedará	☐ seis días ☐ una semana ☐ dos semanas
7. Lleva su coche	☐ no ☐ sí
8. Saldrá	☐ el 25 ☐ el 26 ☐ el 27
9. El señor paga en total	☐ 35.640 ptas ☐ 40.345 ptas
10. El señor paga	☐ al contado ☐ por cheque

B ¡Rellene!
Ergänzen Sie!

Escuche otra vez la cinta y complete el texto:
Hören Sie sich das Band nochmals an, und vervollständigen Sie den Text:

E: ¿En qué puedo servirle?
S: ¿Me puede dar .... (1) sobre viajes a Menorca?
E: Bueno, ¿.............................. (2) quiere ir? ¿En avión o en barco?
S: En .....(3). Y, además, quisiera reservar .... en un hotel. ¿Se puede?
E: Sí, sí. Entonces, quiere reservar un hotel y el viaje en barco. ¿Qué .... (4) de hotel quiere tomar?
S: Prefiero un hotel de tres .... (5).
E: Pues entonces puede .... (6) entre el hotel Milanos/Pingüinos en Playa de Son Bou, el Hotel Aguamarina en Arenal d'en Castell y el Hotel Esmeralda en Ciudadela.
S: ¿Cuál me .... (7)?
E: No sé. Depende de qué .... (8): deporte náutico, estar cerca de una ciudad grande o un hotel con aire acondicionado.
S: Deporte .... (9).
E: Entonces le recomiendo el Hotel Milanos /Pingüinos en Son Bou. Es muy bueno.
S: Perfecto.
E: ¿Cuántos días se .... (10) en Menorca?
S: Una semana.
E: Bueno, tenemos programas de seis días que .... (11) el viaje en barco y el alojamiento.
S: ¿.............................. (12) sale el barco?
E: Los jueves a las once de la mañana y los lunes, los martes, los viernes, los sábados y los domingos a las once de la noche. ¿Quiere llevar su .... (13)?

S: No. Prefiero recorrer la isla en .... (14).
E: Vale. ¿Cuándo quiere salir?
S: El 27 de julio. ¿Me puede decir cuánto me va a .... (15) todo?
E: A ver - seis días de pensión completa son 35.640 pesetas
más una noche extra 4.705 pesetas, - son 40.345 pesetas en total.
S: ¿Puedo pagar la entrada por .... (16)?
E: ¡Cómo no!
S: Tenga. ¿Cuándo podré .... (17) los billetes?
E: La semana que viene.
S: ¡Vale! Adiós, hasta la .... (18) semana.
E: Hasta luego.

C

¿Cómo se dice en español?
Wie sagt man auf spanisch?

1. *Können Sie mir Auskünfte über Reisen nach Menorca geben?*
2. *Außerdem möchte ich eine Unterkunft in einem Hotel reservieren. Ist das möglich?*
3. *Ich möchte ein Drei-Sterne Hotel.*
4. *Ich möchte Vollpension.*
5. *Wann fährt das Schiff ab?*
6. *Ich möchte lieber mit dem Bus fahren.*
7. *Können Sie mir sagen, wieviel das Ganze kostet?*
8. *Wann kann ich die Tickets abholen?*
9. *Kann ich mit Scheck bezahlen?*

D

¡Hable!
Sprechen Sie!

Sie verbringen Ihre Ferien in der Nähe von Barcelona und möchten einen Ausflug nach Madrid machen. Sie betreten ein Reisebüro und sprechen mit der Angestellten (Emplea-da = E). Ihr/Ihre Nachbar/Nachbarin übernimmt die Rolle der Angestellten. Tauschen Sie anschließend die Rollen.

E: ¿En qué puedo servirle?
S: (Auskünfte über Reise nach Madrid)
E: Bueno. ¿cómo quiere ir? ¿En avión o en tren?
S: (Zug)
E: Muy bien. ¿Y cuándo quiere salir?
S: (Nächsten Freitag. Wenn möglich, abends)
E: Sí, sí, se puede. A las diez sale un tren.
S: (Wann kommt der Zug in Madrid an?)
E: Llegará a las ocho a la estación de Chamartin, Madrid.
S: (Muß man reservieren?)
E: Sí, hace falta reservar asiento. Es un Talgo. Voy a ver si quedan plazas libres...Sí.
¿Cuántas plazas quiere usted?
S: (Einen) (Und kann ich auch ein Zimmer in einem Hotel reservieren?)
E: ¡Claro que sí! ¿Cuántos días quiere quedarse en Madrid?

S: *(4 Tage)*
E: ¿Qué clase de hotel prefiere?
S: *(4 ****) (Welches Hotel können Sie mir empfehlen?)*
E: No sé. Depende de lo que prefiera: un hotel en una calle tranquila, un hotel en la Gran Vía o cerca de la estación de Chamartín.
S: *(In der Gran Vía).*
E: Entonces le recomiendo el Hotel Emperador Carlos. Tiene muy buena cocina internacional y madrileña. Además está en el centro de la ciudad.
S: *(Ausgezeichnet!)(Wieviel wird mich das kosten?)*
E: A ver... Cuatro días de pensión completa son 39.640 pesetas y el viaje de 4.705 pesetas... son 44.345 pesetas en total.
S: *(Mit Scheck bezahlen?)*
E: ¡Cómo no!
S: *(Bitte) (Wann Tickets abholen?)*
E: Mañana por la mañana.
S: *(Einverstanden!)(Verabschieden Sie sich)*
E: Hasta luego, señor.

E ¡Hable!

Sprechen Sie!

Sie sind in Spanien und sprechen mit einem spanischen Freund/einer Freundin darüber, daß Sie vorhaben, eine Reise innerhalb Spaniens zu unternehmen. Ihr Nachbar/Ihre Nachbarin übernimmt die Rolle des/der spanischen Bekannten und befragt Sie über Ihre Reisepläne.

- *wohin?*
- *wie lange?*
- *wann Abfahrt/Ankunft?*
- *Unterkunft: Hotel/Camping/Pension/Jugendherberge (= albergue de juventud)?*
- *Frühstück/Halbpension/Vollpension?*
- *Kosten?*
- .....?
- .....?

F ¡Lea!

Lesen Sie!

1. En el texto se dice: "El mar es un CAMINO SIN ATASCOS". Explique lo que significa esta frase.
   Im Text heißt es: "El mar es un CAMINO SIN ATASCOS". *Erklären Sie die Bedeutung dieses Satzes.*
2. Para hacer propaganda la compañía usa palabras como 'la **verdadera** Costa Brava' o **'La armonía** de sus pueblos'. Busque más ejemplos.
   *Als Werbung verwendet das Reiseunternehmen Ausdrücke wie 'la **verdadera** Costa Brava' oder **'La armonía** de sus pueblos'. Suchen Sie weitere Beispiele.*

NO CONOCE LA COSTA BRAVA SI NO LA HA VISTO DESDE EL MAR.

Sólo viéndola desde el mar se puede conocer la verdadera Costa Brava:

La armonía de sus pueblos; la increíble belleza de sus calas: todos los tonos y colores del mar y de la tierra.

Cualquier punto que elija para sus vacaciones es un buen lugar… pero ¿No es una lástima desperdiciar la oportunidad de conocer el resto?

El mar es un CAMINO SIN ATASCOS que libera de la tensión e incomodidades de la carretera.

Las embarcaciones de CRUCEROS Costa Brava la harán disfrutar de los alicientes de la navegación costera mientras le conducen agradablemente a los destinos elegidos.

En horarios regulares. Con bar a bordo.

Y desde el mar conocerá la VERDADERA Costa Brava. El paisaje que NO TODOS CONOCEN.

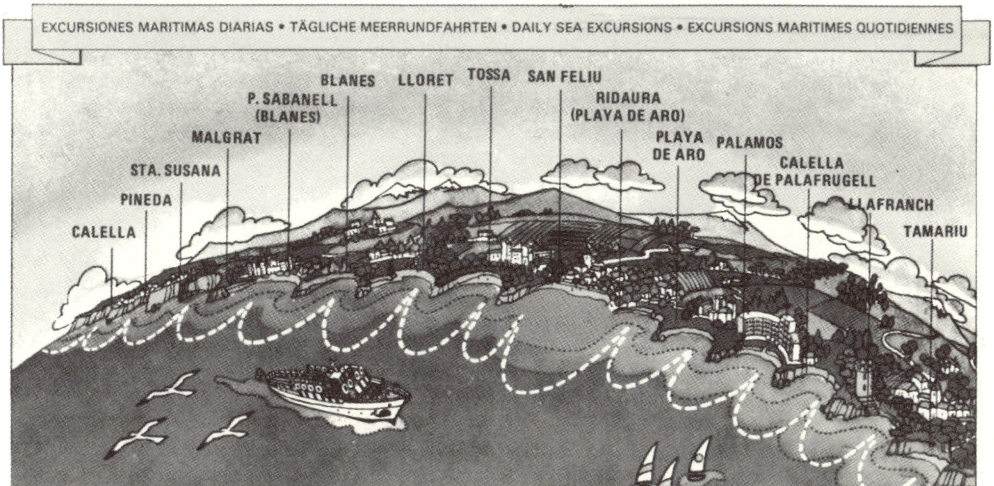

G **¡Escuche!**
Hören Sie zu!

Estamos en la agencia de viajes 'Grafinter' y hablamos con el director sobre las costumbres de viaje de los madrileños. Escuche y conteste a las siguientes preguntas:
Wir sind im Reisebüro 'Grafinter' und sprechen mit dem Direktor über die Reisegewohnheiten der Einwohner Madrids. Hören Sie sich das Gespräch an und beantworten Sie folgende Fragen:

1. *Viele Spanier nutzen eine sogenannte 'puente', um ins Ausland zu fahren. Erklären Sie den Begriff 'puente' in diesem Zusammenhang.*
2. *Wohin fahren die Spanier am häufigsten?*
3. *Wo verbringen die Spanier meistens ihr Wochenende, wenn sie wegfahren möchten?*

Viajes
GRAFINTER

AGENCIA DE VIAJES GRUPO «A»
G.A.T. 813
C.I.F. A 28-768570

H ¡Conteste!
Antworten Sie!

Conteste a las siguientes preguntas:
Antworten Sie auf folgende Fragen:

1. ¿Cuántos viajes al año realiza usted?:
   - ☐ uno
   - ☐ dos
   - ☐ tres
   - ☐ más de tres

2. ¿Adónde va?
   - ☐ al interior
   - ☐ al extranjero: España
     Francia
     Suiza
     Austria
     Alemania
     otros países

3. ¿Dónde se aloja?
   - ☐ casa de familiares o amigos
   - ☐ hoteles
   - ☐ casa propia
   - ☐ camping

4. ¿Qué medio de transporte utiliza?
   - ☐ coche propio
   - ☐ tren
   - ☐ avión
   - ☐ autocar
   - ☐ otros medios

5. ¿Cómo organiza sus viajes?
   - ☐ por agencias de viaje
   - ☐ por clubs
   - ☐ de forma particular

6. ¿Cuánto tiempo duran sus vacaciones de verano?
   - ☐ 7/14 días
   - ☐ 15/21 días
   - ☐ 22/30 días
   - ☐ más de un mes

7. ¿Cuándo va de vacaciones en verano?
   - ☐ en julio
   - ☐ en agosto
   - ☐ en septiembre

I ¡Lea!
Lesen Sie!

En la revista española **Cambio 16** se puede leer una encuesta sobre las vacaciones de los españoles. Lea ahora las cifras de la encuesta y compárelas con sus propias respuestas a las preguntas anteriores ¿Hay semejanzas y diferencias?
*In der spanischen Zeitschrift **Cambio 16** ist eine Umfrage darüber abgedruckt, wie die Spanier ihre Ferien verbringen. Sehen Sie sich die Daten der Umfrage an und vergleichen Sie sie mit Ihren eigenen Antworten des Fragebogens. Gibt es Übereinstimmungen und Unterschiede?*

LOS ESPAÑOLES VERANEAN POCO, BARATO Y CERCA

La encuesta realizada por el Gabinete de Investigación Turística y el Instituto DYM revela que los hábitos vacacionales de los españoles están marcados por el espíritu ahorrador: los españoles somos poco viajeros

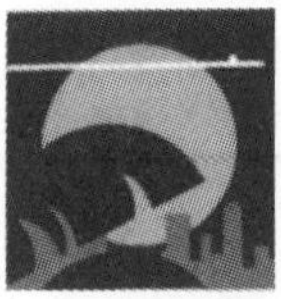

Los primeros datos de la encuesta dejan bien claro que la propensión viajera del español está directamente relacionada con dos aspectos: su situación generacional y su posición económica. Cuanto más jóvenes y cuanto más adinerados, obviamente más viajeros. De igual modo, los habitantes de los grandes núcleos urbanos viajan más que los provenientes del medio rural; y los que residen en la zona centro o norte, más que los que viven al sur. Toda una lección de economía. El ocio y su empleo son cuestión de dinero.

Hasta tal punto afecta el *status* social al veraneo que las diferencias son de uno a tres. El 69 por ciento de las personas de nivel económico alto veranean, frente al 29 por ciento que lo hacen entre quienes tienen lo que asépticamente se califica de nivel económico bajo. En todo caso, los españoles veranean en general poco. Tan sólo un 47 por ciento lo hizo el año pasado. Esas vacaciones se concentran además en el verano, dando por resultado un sólo viaje de vacaciones al año en el 62 por ciento de quienes veranean. Sólo el 19 por ciento realiza más de un viaje, cifra que asciende al 6 por ciento y al 7 por ciento para aquellos que realizan tres o más viajes.

La curiosidad del turista español por el mundo, se l[imita] al 10 por ciento qu[e] viaja al extranjero en sus va[caciones]. El 90 por cient[o] restante escoge el suelo pa[trio] para descansar y, po[r] mucho que las playas y el s[ol] hispanos sean motivo de se[ducción] planetaria, los espa[ñoles] prefieren el interio[r] peninsular para pasar su ve[raneo]: el 49 por ciento se fu[e] tierra adentro el año pasa[do], frente al 37 por cient[o] que escogió el litoral y el [...] por ciento que se desplazó [a] las islas Canarias o Baleare[s].

TURISMO INDIVIDUALISTA. S[i] se tiene en cuenta que so[n] núcleos urbanos los qu[e] proporcionan más vera[neantes] —el 53 por ciento d[e] sus habitantes— y que di[chos] núcleos se han forma[do] en las pasadas década[s] por el aluvión de la emigra[ción] agraria, cabe pensa[r] que el *regreso al puebl[o]* marca buena parte de la ac

Destino	1987	1986	1985	1984
Litoral peninsular	37	39	35	41
Interior peninsular	49	48	50	44
Islas Baleares y Canarias	4	5	6	5
Extranjero	10	8	7	9
No contesta	—	—	2	1
Régimen de estancia	**1987**	**1986**	**1985**	**1984**
Pensión completa	35	35	42	40
Media pensión	20	16	19	19
Solo alojamiento	39	44	37	40
No contesta	6	5	2	1

1987: LAS VACACIONES DE LOS ESPAÑOLES

ividad vacacional de los españoles.

Por otra parte, el turismo nterior resulta ostensiblemente más barato que el turismo playero. Todo ello explica, también, el hecho de ue el 82 por ciento de los spañoles organice su viaje le vacaciones de forma particular: tan sólo un 10 por iento lo hace por agencia.

Un espíritu individualista ue también se refleja en el nedio de transporte elegido: l 64 por ciento utiliza el coche propio. El 16 por ciento mplea el autocar. Cifras ue explican por sí solas los olapsos automovilísticos lel estío y resaltan las carenias de las carreteras espaolas.

Consecuencia del carácter conómico del veraneo hisano es también el tipo de alojamiento mayoritariamente utilizando durante las vacaciones. Más del 50 por ciento utiliza la casa de familiares o amigos y la casa propia, frente al 19 por ciento que va a hoteles, el 13 por ciento que va a casas de alquiler o el 11 por ciento que elige el barato contacto con la naturaleza de los *campings*.

Y, en el caso de los que escogen hoteles, las estadísticas hablan también por sí solas: en torno al 40 por ciento se limita a contratar su alojamiento, un 20 por ciento opta por la media pensión y un 35 por ciento escoge la pensión completa.

TODOS AL TIEMPO. Otro de los rasgos característicos de las vacaciones de los españoles es su escasa distribución en el tiempo. La inmensa mayoría veranea en un mismo periodo, produciéndose una notable concentración de la demanda turística durante los meses de julio y agosto. Concretamente, el 80 por ciento de los españoles escogen esos dos meses para darse un respiro laboral. Tan sólo un 11 por ciento se decide por septiembre.

La duración de los viajes vacacionales está también en relación con la lejanía —tanto física como económica— del lugar de residencia habitual. De ese modo, el promedio, de 21 ó 22 días, es ligeramente superior entre los mayores de 30 años de edad, y entre los habitantes de las grandes capitales —Madrid y Barcelona— que se desplazan al interior.

Aquellos que viajan al extranjero y quienes prefieren pasar sus vacaciones en las islas Canarias o en las Baleares acortan sensiblemente la duración de sus viajes. El 31 por ciento no llega a los 15 días de duración en sus vacaciones principales, el 52 por ciento oscila entre los quince y los treinta días y sólo el 17 por ciento las prolonga más de un mes.

A los ciudadanos españoles aún les queda un buen trecho para su plena incorporación europea en materia vacacional: aún está lejos el 64 por ciento de veraneantes de Dinamarca, el 61 por ciento de Gran Bretaña, el 60 por ciento de Alemania, el 58 por ciento de Francia o el 57 por ciento de Italia. ■

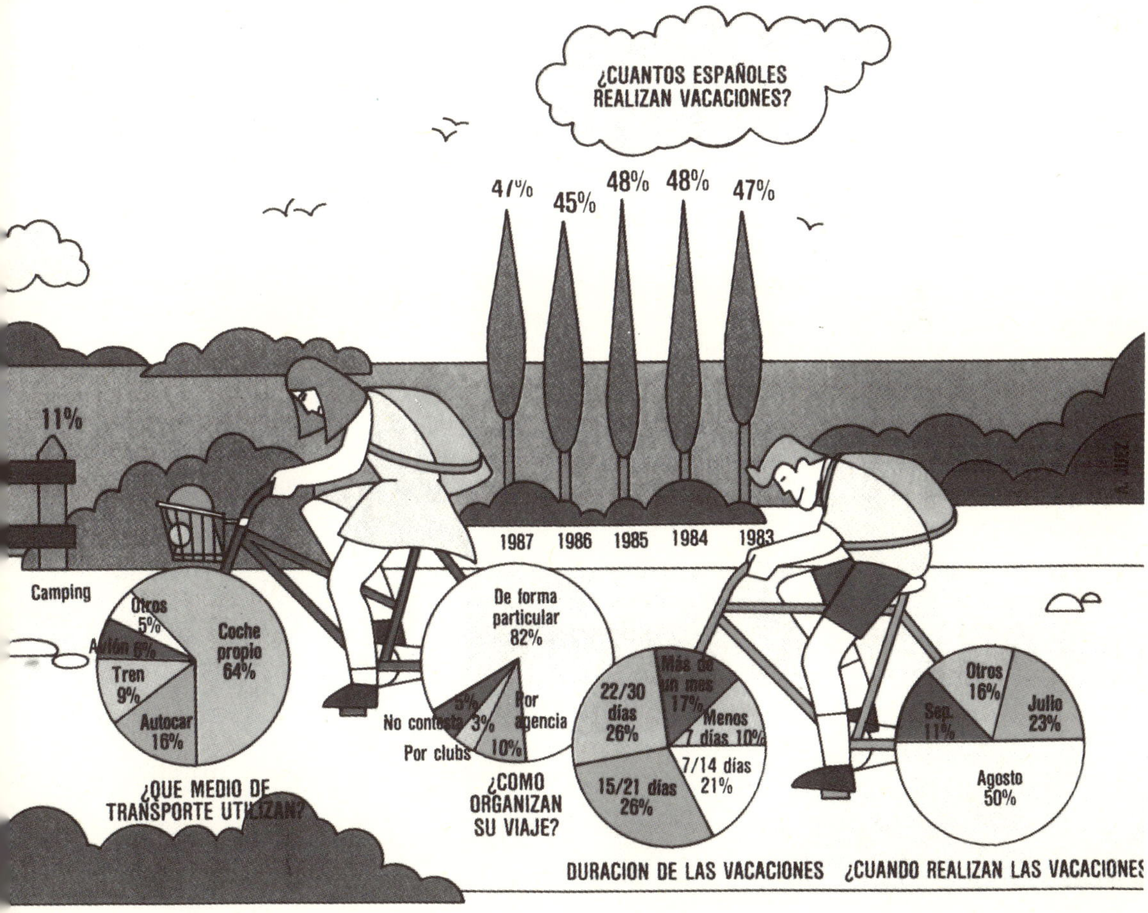

J **¡Busque!**
Suchen Sie!

Aprender vocablos de una lengua extranjera es mucho más fácil si nos damos cuenta de que muchos sustantivos y verbos tienen la misma raíz. Forme el sustantivo o verbo correspondiente de los vocablos mencionados en el texto **Los españoles...:**
Vokabeln einer Fremdsprache kann man viel einfacher lernen, wenn man sich merkt, daß viele Substantive und Verben mit dem gleichen Stamm gebildet werden. Bilden Sie das entsprechende Nomen oder Verb der im Text ***Los españoles*** *erwähnten Vokabeln:*

Verbo	**Sustantivo**
veranean	....
relacionada	....
....	posición
viajan	....
residen	....
....	empleo
califica	....
....	resultado
descansar	....
....	cuenta
....	regreso
....	transporte
explican	....
....	alojamiento
contratar	....
....	distribución
produciéndose	....
decide	....
....	duración
prefieren	....

Unidad 3 Reservar una habitación

A

¡Escuche!
Hören Sie zu!

Escuche el diálogo y rellene en el cuadro la reserva del Sr. Franken:
Hören Sie sich den Dialog an und tragen Sie die Reservierungsdaten von Herrn Franken in das Schema ein:

HOTEL
GRANVIA
BARCELONA

mes
junio

	lunes 13	martes 14	miércoles 15	jueves 16	viernes 17	sábado 18	domingo 19
hab. nº							
20			Sres Benítez	......	......	......	
21	Sr. Bornheim	......	......				
22			Srta. Tusset	......	......	......	......
23	Sra. Pérez						
24							
25	Sr. Guerrero	......	......				
26					Srta. Álvarez	......	......

B ¡Escuche!

Hören Sie zu!

Escuche otra vez la casete y complete el texto:
Hören Sie sich die Kassette nochmals an, und ergänzen Sie den Text:

Después de la entrada de España en el Mercado Común, la compañía exportadora alemana Westfalia, de Hanover, quiere ampliar sus contactos con compañías españolas del mismo sector. Por eso el director de la casa alemana le manda al señor Franken a la **Alimentaria**, una feria en Barcelona. La secretaria (S) del señor Franken busca un hotel y marca el número de teléfono. Contesta la recepcionista (R) del hotel.

(Das Telefon klingelt)

R: Hotel Gran Vía, ¡.............................. (1)!
S: Aquí Westfalia, Alemania.
R: Perdóneme, no le oigo bien. ¿Puede usted hablar más .... (2)?
S: Westfalia. Somos una compañía alemana que exporta carne.
Quisiera .... (3) una habitación para la próxima semana.
R: Un momento. A ver... La próxima semana. ¿Para .... (4) días?
S: Para tres días: de martes a viernes.
R: Desde el 14 .... (5) al 17 de junio entonces. ¿Qué tipo de habitación desea?
S: Pues una .... (6) con cuarto de baño. Tiene que ser tranquila.
R: A ver... Sí, tenemos algunas libres. ¿Su .... (7), por favor?
S: Es para nuestro representante, el señor Franken. El nombre de la .... (8) es Westfalia.
R: Un momento. ¿Quiere usted deletrear?
S: Sí, sí. El nombre del señor es F r a n k e n. El de la compañía es W e s t f a l i a. Somos de Hanover, Alemania. ¿.............................. (9) más información?
R: No, está bien. Está reservada la .... (10) a nombre del señor Franken, de la compañía Westfalia de Hanover, Alemania.
S: Estupendo. Adiós.
R: Adiós.

C ¡Conteste!

Antworten Sie!

En la recepción del hotel Gran Vía el director le hace preguntas a la recepcionista. Conteste usted por ella:
In der Rezeption des Hotels Gran Vía stellt der Direktor der Rezeptionistin einige Fragen. Antworten Sie an ihrer Stelle:

- ¿Quién ha llamado?
- ¿Qué quiere?
- ¿Para qué fecha y para cuántos días?
- ¿Qué tipo de habitación quiere?

D

¡Relacione!
Verbinden Sie!

1. Hotel Gran Vía, ¡dígame!
2. Perdóneme, no le oigo bien. ¿Puede usted hablar más alto?
3. A ver... La próxima semana. ¿Para cuántos días?
4. ¿Qué tipo de habitación desea?
5. ¿Su nombre, por favor?
6. ¿Quiere usted deletrear su nombre?

a. Para tres días: de martes a viernes.
b. Sí, sí. El nombre es F r a n k e n.
c. Pues, una individual con cuarto de baño.
d. Es para el señor Franken.
e. Aquí Westfalia, Alemania.
g. Westfalia. Somos una compañía alemana que exporta carne. Quisiera reservar una habitación para la próxima semana.

E

¡Escuche!
Hören Sie zu!

Escuche y marque la respuesta correcta:
Hören Sie zu und kreuzen Sie die richtige Antwort an:

1. El Sr. Franken ha llegado al aeropuerto con un retraso de

   ☐ una hora
   ☐ dos horas
   ☐ tres horas

2. El Sr. Franken va del aeropuerto al hotel

   ☐ en autobús
   ☐ en taxi
   ☐ en metro

3. El número de su habitación es

   ☐ el 34
   ☐ el 4
   ☐ el 24

4. El colega de la recepcionista tiene que despertar al Sr. Franken

   ☐ a las 8
   ☐ a las 7
   ☐ a las 9

F ¡Escuche!

Hören Sie zu!

Escuche otra vez la casete y complete el texto:
Hören Sie sich die Kassette nochmals an und vervollständigen Sie den Text:

Con un retraso de tres horas, el señor Franken (F) ha llegado al aeropuerto de Barcelona. Después de recoger su maleta busca un taxi para ir a su hotel que está en el centro de la ciudad. Una hora más tarde (son las horas punta y hay mucho tráfico en las calles de Barcelona) baja del coche, paga al chófer y entra en el hotel. En la recepción hay una señora (R) que está hablando con dos jóvenes. El señor Franken (F) tiene que esperar unos momentos y así puede mirarlo todo tranquilamente: el hotel está limpio y no hay mucho ruido. Cuando los dos muchachos se marchan, le toca a él.

R: ¡Buenas tardes! ¿En qué puedo .... (1)?
F: ¡Buenas tardes! Tengo una .... (2) reservada.
R: ¿A nombre de .... (3)?
F: Hans Franken, Westfalia, Hanover, Alemania.
R: Ah, sí, ya lo .... (4). Una habitación individual con cuarto de baño. Tiene usted el número 24. .... (5) al patio.
F: ¿Es tranquila?
R: Sí. sí. Las que dan al .... (6) son tranquilas. Necesito su pasaporte.
F: Aquí está. ¿Pero cuándo me lo devuelve? Es que tengo que .... (7) dinero.
R: Ahora mismo se lo devuelvo.
F: Vale. Y para mañana, ¿puede .... (8) a las ocho?
R: Claro. Lo apuntaré para mi .... (9) que estará de turno mañana.

Pronombre personal en acusativo (objeto)	▶ § 6
¿Quién tiene **el folleto**?	Juan **lo** tiene.
¿Quién tiene **los pasaportes**?	Pepe **los** tiene.
¿Quién tiene **la llave**?	Yo no **la** tengo.
¿Quién tiene **las entradas**?	Mi amiga **las** tiene.

G ¡Practique!
Üben Sie!

No hay luz en el hotel y la recepcionista no puede encontrar su nombre. Después de buscar un poco, lo encuentra.
Es brennt kein Licht im Hotel, und die Rezeptionistin kann im Gästebuch Ihren Namen nicht finden. Sie entdeckt ihn aber nach einigem Suchen.

No encuentro **su nombre**. Ah, sí, ya **lo** veo.

Y ahora usted:
Machen Sie weiter:

1. la recepción
2. el bolso
3. la habitación
4. la llave
5. las maletas
6. los cheques

Pronombre personal en acusativo (persona)	▶ § 6
¿Ha visto usted **al empleado**?	No, no **le/lo** he visto.
¿Ha visto usted **a nuestros amigos**?	No, no **les/los** he visto.
¿Ha visto usted **a la recepcionista**?	No, no **la** he visto.
¿Ha visto usted **a las chicas**?	No, no **las** he visto.

H ¡Practique!
Üben Sie!

Usted es recepcionista y dice que no le oye bien al señor.
Sie sind Rezeptionist/Rezeptionistin und sagen dem Herrn, daß Sie ihn nicht gut verstehen.

– ¿Qué dice **el señor**? No **le** oigo bien.

Siga según el modelo:
Machen Sie gemäß des Beispiels weiter:

1. el señor
2. la señora
3. los camareros
4. las chicas

Pronombre personal en dativo	▶ § 6
¿Ha hablado con **el señor**?	Sí, y **le** he dicho que todo está bien.
¿Ha hablado con **la señora**?	Sí, y **le** he dicho que todo está bien.
¿Ha hablado con **los señores**?	Sí, y **les** he dicho que todo está bien.
¿Ha hablado con **las señoras**?	Sí, y **les** he dicho que todo está bien.

I ¡Haga diálogos!

Bilden Sie Dialoge!

Haga diálogos como en el ejemplo:
Bilden Sie Dialoge wie im Beispiel angegeben:

– ¿Ya ha enseñado la habitación al Sr. Franken?
° Sí, ya le he enseñado el número 24.

1. – a los Sres. Benítez
   ° ...., 20
2. – a la Srta. Tusset
   ° ...., 22
3. – al Sr. Bornheim
   ° ...., 21
4. – al Sr. Guerrero
   ° ...., 25

J ¡Fíjese!

Beachten Sie !

Vea las siguientes frases:
Sehen Sie sich folgende Sätze an:

– La recepcionista **le** dice **(al Sr. Franken)** que tiene la habitación número 24.
– Perdóne**me**. ¿En qué puedo servir**le**?

Was können Sie sagen über:

a. Die Formen des Personalpronomens als Dativobjekt.
b. Die Stellung des Personalpronomens bei:
- *der bejahten Befehlsform.*
- *dem Infinitiv.*

c. Nennen Sie eine weitere Verbform, an die das Personalpronomen angehängt wird.

Pronombre personal en acusativo y en dativo ► § 6

Le lo(s)	——>	**se lo(s)**
Le la(s)	——>	**se la(s)**
Les lo(s)	——>	**se lo(s)**
Les la(s)	——>	**se la(s)**

K ¡Conteste!
Antworten Sie!

En el hotel Gran Vía varias personas le piden a la recepcionista que les devuelva el pasaporte. Usted es la recepcionista y contesta.
Im Hotel Gran Vía melden sich mehrere Personen bei der Rezeptionistin mit der Bitte, Ihnen den Paß zurückzugeben. Sie sind Rezeptionistin und antworten.

(Un señor):	¿Cuándo **me lo** devuelve?
Usted:	En seguida **se lo** devuelvo.

Y ahora usted:
Machen Sie weiter:

1. (Una señora):	¿Cuándo me lo devuelve usted?
Usted:	....
2. (Unos señores):	¿Cuándo nos lo devuelve usted?
Usted:	....
3. (Unas señoras):	¿Cuándo nos lo devuelve usted?
Usted:	....

L ¡Conteste!
Antworten Sie!

Una chica quiere que la recepcionista le devuelva la llave. Usted es el/la recepcionista y le contesta.
Ein Mädchen bittet den Rezeptionist/die Rezeptionistin, ihr den Schlüssel zurückzugeben. Sie sind der Rezeptionist/die Rezeptionistin und antworten.

(Una chica):	¿Cuándo me da **la llave**?
(Usted):	En seguida **se la** doy.

Y ahora usted:
Machen Sie weiter:

1. (un señor)/la cuenta
2. (una señora)/los papeles
3. (unos señores)/el periódico
4. (unas señoras)/las maletas

M ¡Traduzca!
Übersetzen Sie!

(am Telefon)

1. *Ich höre Sie nicht gut. Können Sie etwas lauter sprechen?*
2. *Ich bin Herr Franken. Ich möchte für die nächste Woche ein Zimmer reservieren. Können Sie mir ein ruhiges Zimmer geben?*
3. *Einen Moment... Also, ich habe noch ein ruhiges Zimmer frei.*
4. *Brauchen Sie noch mehr Informationen?*
5. *Nein, das ist ausreichend. Das Zimmer ist auf Ihren Namen reserviert.*

N ¡Traduzca!
Übersetzen Sie!

1. *Können Sie mir sagen, wo das Hotel Gran Vía ist? Ich finde es nicht.*
2. *Ich werde es Ihnen sofort zeigen (zeigen = enseñar).*
3. *Sie finden es hier im Stadtplan. Es ist im Zentrum der Stadt. Können Sie es sehen?*
4. *Sie wünschen? Womit kann ich dienen?*
5. *Ich bin Herr Franken aus Deutschland.*
6. *Können Sie Ihren Namen buchstabieren? Oder geben Sie mir Ihren Paß.*
7. *Bitte, geben Sie mir den Paß zurück und wecken Sie mich um acht Uhr!*

O ¡Llame por teléfono!
Rufen Sie an!

Usted trabaja en la casa Hoechst, en Frankfurt. Para su jefe, el señor Valeske, usted tiene que reservar una habitación en el hotel Felipe IV en Valladolid.
Sie arbeiten beim Unternehmen Hoechst, in Frankfurt. Sie müssen für Ihren Chef, Herrn Valeske, ein Zimmer im Hotel Felipe IV in Valladolid reservieren.

(Suena el teléfono.)

R: Hotel Felipe IV, ¡dígame!
S: *(Geben Sie Name und Adresse des Unternehmens an)*
R: Perdóneme, no le oigo bien. ¿Puede usted hablar más alto?
S: *(Wiederholen Sie und nennen Sie Ihr Unternehmen . Sagen Sie, daß Sie ein Zimmer für die nächste Woche reservieren wollen)*
R: Un momento, a ver... La próxima semana. ¿Para cuántos días?
S: *(3 Tage: von Montag bis Donnerstag)*
R: Desde el 14 hasta el 17 de junio entonces. ¿Qué habitación desea?
S: *(Einzelzimmer mit Bad; es soll ruhig sein)*
R: A ver... Sí, tenemos algunas libres. ¿Su nombre, por favor?
S: *(Ist für Herrn Valeske, geben Sie den Namen des Unternehmens an)*
R: Un momento. ¿Quiere usted hacerme el favor de deletrear?
S: *(Sie buchstabieren den Namen von Herrn Valeske und den Namen des Unternehmens; Sie erwähnen nochmals die Adresse des Unternehmens. Sie fragen, ob mehr Informationen nötig sind)*

R: No, está bien. Está reservada la habitación a nombre del señor Valeske, de la compañía Hoechst de Frankfurt, Alemania.
S: (Ausgezeichnet; Sie verabschieden sich)
R: Adiós.

P ¡Hable!
Sprechen Sie!

Usted es el Sr. Valeske que llega a su hotel en Valladolid. Le saluda la recepcionista:
Sie sind Herr Valeske, der in seinem Hotel in Valladolid ankommt. Die Rezeptionistin begrüßt Sie:

R: ¡Buenas tardes! ¿En qué puedo servirle?
F: (Begrüßung! Hinweis: Zimmerreservierung)
R: ¿A nombre de quién?
F: (Name, Unternehmen, Ort, Land)
R: Ah, sí, ya lo veo. Una habitación individual con cuarto de baño. Tiene usted el número 24. Da al patio.
F: (Ruhig?)
R: Sí, sí. Las que dan al patio son tranquilas. Necesito su pasaporte.
F: (Bitte. Wann zurück? Nötig zum Geld wechseln)
R: En seguida se lo devuelvo.
F: (Einverstanden. Morgen um 8 Uhr wecken?)
R: Claro. Lo apuntaré para mi colega que estará de turno mañana.

Q ¡Reserve!
Reservieren Sie!

Usted quiere pasar las vacaciones en España con su amigo/su amiga. Llame por teléfono al Hotel Rey Don Jaime en Barcelona y reserve una habitación doble. Su vecino/vecina hace de recepcionista.
Sie möchten zusammen mit Ihrem Freund/Ihrer Freundin die Ferien in Spanien verbringen. Rufen Sie im Hotel Rey Don Jaime in Barcelona an und reservieren Sie ein Doppelzimmer. Ihr Nachbar/Ihre Nachbarin ist Rezeptionist/in.

R ¡Hable!
Sprechen Sie!

Usted acaba de llegar a España y se presenta en la recepción del Hotel Rey Don Jaime donde le han reservado una habitación. Su vecino/vecina es recepcionista. ¡Cambie luego los papeles!
Sie sind in Spanien angekommen und melden sich bei der Rezeption des Hotels Rey Don Jaime, in dem Sie ein Zimmer reserviert haben. Ihr Nachbar/Ihre Nachbarin ist Rezeptionist/in. Wechseln Sie dann die Rollen!

S **¡Rellene!**
Füllen Sie aus!

Usted va a hacer un viaje de negocios a Santander del 12 al 19 de abril. Rellene el siguiente boletín:
Sie machen vom 12. bis zum 19. April eine Geschäftsreise nach Santander. Füllen Sie das folgende Blatt aus:

BOLETIN DE RESERVA HOTELERA

	Habitación doble	Habitación individ.
HOTEL BAHIA **** (Ciudad)	3.050 Pts.	4.225 Pts.
HOTEL SANTEMAR **** (Playa)	2.800 Pts.	4.150 Pts.
HOTEL SARDINERO *** (Playa)	2.650 Pts.	3.350 Pts.
HOTEL RHIN ** (Playa)	2.890 Pts.	3.890 Pts.

PRECIO POR PERSONA Y DIA EN BASE A ALOJAMIENTO/DESAYUNO. I. V. A. no incluido

APELLIDOS .... NOMBRE ....

DOMICILIO .... CIUDAD .... TEL. ....

DESEO ME RESERVEN:

.... HABITACION DOBLE FECHA DE ENTRADA ....

.... HABITACION INDIVIDUAL FECHA DE SALIDA ....

en el HOTEL .... o en el HOTEL ....

Remitir este Boletín a VIAJES YLLERA, S. A., Calvo Sotelo, 15, SANTANDER. Tel. 942 - 22 32 00.

T **¡Escuche y rellene!**
Hören Sie zu und füllen Sie aus!

Escuche la casete y escoja la alternativa correcta:
Hören Sie die Kassette an und wählen Sie die richtige Alternative:

1. Sabine necesita la habitación para
   - ☐ un día.
   - ☐ dos días.
   - ☐ tres días.
2. Prefiere una habitación con
   - ☐ ducha.
   - ☐ baño.
3. El precio de la habitación es de
   - ☐ seis mil setecientas pesetas.
   - ☐ siete mil setecientas pesetas.
   - ☐ siete mil sesenta pesetas.

¡Escuche!
Hören Sie zu!

Escuche la casete y conteste a las siguientes preguntas:
Hören Sie sich die Kassette an und beantworten Sie folgende Fragen:

1. *Was sind 'paradores'?*
2. *In welchen Gebäuden kann man 'paradores' meistens antreffen?*
3. *Was ist typisch für ihre Lage?*
4. *Kann man sie mit Drei- oder Vier-Sterne-Hotels vergleichen?*
5. *Wo kann man Auskünfte über Preise, Lage und Reservierungen bekommen?*

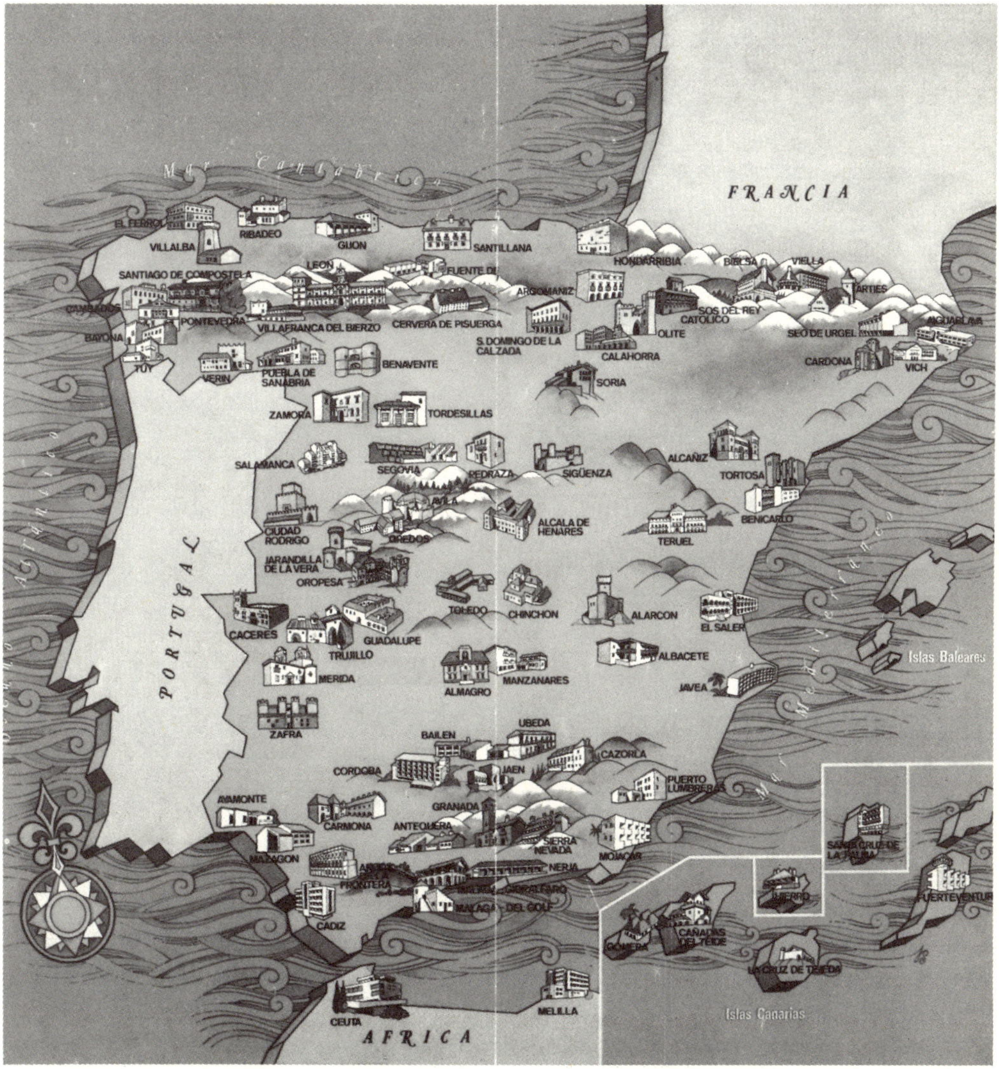

V ¡Lea!
Lesen Sie!

Lea el recorte de la guía y diga cuáles son los requisitos mínimos de los hoteles de las diversas categorías (estrellas).
Lesen Sie den Abschnitt des Reiseführers und nennen Sie die verschiedenen Hotelkategorien und deren Bedingungen.

★ Calefacción. Ascensor cuando las plantas son más de cuatro. Vestíbulo. Ducha, lavabo y WC en el 25% de las habitaciones. Lavabo en el 50%. Baño común cada siete habitaciones. Lavandería y plancha. Teléfono en todas la plantas.

★★ Radiadores portátiles. Ascensor cuando las plantas son más de tres. Vestíbulo. Bar. Baño completo en el 15% de las habitaciones. Ducha, lavabo y WC en el 45%. Lavabo en el 40%. Baño común cada seis habitaciones. Lavandería y plancha. Teléfono en todas las habitaciones.

★★★ Radiadores portátiles. Ascensor. Vestíbulo. Bar. Baño completo en el 50% de las habitaciones. Ducha, lavabo y WC en el 50%. Lavandería y plancha. Teléfono en todas las habitaciones.

★★★★ Aire acondicionado en todos los salones y dormitorios a menos que las condiciones climáticas hagan únicamente necesaria la calefacción central o la refrigeración. Ascensor. No menos de dos vestíbulos. Bar. Garaje (en las ciudades). Baño completo en 75% de las habitaciones. Ducha, lavabo y WC en el 25%. Lavandería y plancha. Teléfono en todas las habitaciones.

★★★★★ Aire acondicionado en todos los salones y dormitorios. Calefacción central. Dos o más ascensores. Varios vestíbulos. Bar. Garaje (en las ciudades). Peluquería. Baño completo en todas las habitaciones. Algunas de las *suites* han de tener sala de estar. Lavandería y plancha. Teléfono en todas las habitaciones.

Unidad 4 En la feria

A

¡Escuche!
Hören Sie zu!

alimentaria

El señor Franken (F) está en la feria. Después de visitar varios stands, pasa por el de la casa Westfalia. Allí ve al Sr. García (G) que sale a saludarle. Escuche la siguiente conversación sin consultar el libro y diga si son falsas o ciertas las afirmaciones:
Herr Franken (F) ist jetzt auf der Messe. Nachdem er mehrere Stände besucht hat, geht er zum Stand der Firma Westfalia. Dort sieht er Herrn García (G), der ihn begrüßt. Hören Sie sich folgendes Gespräch an und sagen Sie, ob die Behauptungen richtig oder falsch sind:

1. El Sr. Franken tuvo un retraso de dos horas.
2. Llegó a las nueve y media a su hotel.
3. Tardó media hora en llegar allí.
4. Se quedó toda la noche en el hotel.
5. La Puñalada está en la Gran Vía.
6. El Sr. García pasará por el hotel del Sr. Franken.

B

¡Complete!
Ergänzen Sie!

Escuche otra vez la casete y complete el texto:
Hören Sie sich die Kassette nochmals an und vervollständigen Sie den Text:

G: ¡Buenos días!, señor Franken. ¿Cómo está usted?
F: Muy bien, gracias. ¿Y usted?
G: Estupendo. ¿Y qué tal .... (1)?
F: Pues parece que toda Europa está de viaje: muchísima gente en los aeropuertos. Llegué con un .... (2) de tres horas.
G: ¿Ya ha almorzado?
F: Todavía no he .... (3) nada. Hay tantas cosas que ver....
G: Pues aquí al lado podemos .... (4) algo. ¿Vamos?
F: Vale.
(Los dos se sientan en una cafetería y piden un plato combinado y una cerveza.)
G: Llegó .... (5), ¿no?
F: Sí, a las nueve y media. Y tardé una hora en .... (6) al hotel.
G: ¿En qué hotel está?
F: En el hotel 'Gran Vía'. Es un hotel muy bonito. Está instalado en un palacio señorial del siglo XIX. Además, tengo una habitación .... (7).
G: ¿Y qué hizo por la .... (8)?

F: Pues cené en el hotel y, después, salí a dar un .... (9). Antes de acostarme, miré la tele y leí la Vanguardia.
G: ¿Ya ha visto cosas interesantes en la feria?
F: Sí, muchas. Se .... (10) que cada año se interesan más empresas extranjeras por el .... (11) español, sobre todo alemanas y holandesas.
(El camarero pone los platos y las bebidas sobre la mesa. Durante la comida los dos hablan de negocios. Después de terminar, toman un café. Dice el señor Franken:)
F: Quisiera invitarle a .... (12) esta noche. Seguro que conoce algún restaurante bueno por aquí.
G: Claro que sí. Conozco un restaurante bueno que se llama La Puñalada. Está en el Paseo de Gracia. Allí sirven .... (13) catalanes excelentes. ¿A qué hora paso por su hotel?
F: A las nueve, ¿le .... (14)?
R: Vale.

Pretérito Indefinido	► **§§ 21, 16, 18**
Anoche **cené** en el hotel y, después, **salí** a dar un paseo. ¿Qué **hizo** ayer? – Ayer **fui** al restaurante.	

C ¡Complete!
Ergänzen Sie!

Complete las frases siguientes con las formas del **pretérito indefinido**.
Ergänzen Sie folgende Sätze mit den passenden Formen des **pretérito indefinido:**

1. Anoche Isabel y yo .... *(cenar)* en casa de un amigo holandés.
2. Ana, ¿.............................. *(leer, tú)* el periódico de anteayer?
3. El lunes .... *(ver, yo)* algo muy interesante en la televisión.
4. ¿Cuándo .... *(llegar)* tus tíos de Argentina?
5. ¿Qué .... *(hacer, vosotros)* ayer por la mañana?
6. Después de salir del aeropuerto, el señor Franken .... *(subir)* a un taxi.

D ¡Conteste!
Antworten Sie!

Conteste usted en español por el señor Franken:
Antworten Sie auf spanisch für Herrn Franken:

1. ¿A qué hora salió Vd. del aeropuerto de Barcelona?
2. ¿A qué hora llegó al hotel?
3. ¿A qué hora cenó?
4. ¿A qué hora salió para dar un paseo?
5. ¿A qué hora volvió al hotel?
6. ¿A qué hora apagó la televisión?

1 
2 
3 
4 
5 
6 

E ¡Conteste!
Antworten Sie!

Un colega del Sr. García le hace unas preguntas sobre el señor Franken. Conteste por el Sr. García:
Ein Arbeitskollege befragt Herrn García über Herrn Franken. Antworten Sie für ihn:

1. ¿Quién es ese extranjero?
2. ¿Cuándo llegó y a qué hora?
3. ¿En qué hotel está?
4. ¿Qué hizo anoche?

F ¡Escriba!
Schreiben Sie!

Sie haben eine Brieffreundin in Spanien. Schreiben Sie über eine Reise, die Sie gerade gemacht haben. Erzählen Sie ihr:

- *Wohin Sie gereist sind*
- *Wie Sie gereist sind? (Auto, Zug, Flugzeug, etc.)*
- *Wie lange die Reise gedauert hat*
- *Wo Sie gewohnt haben (Hotel, Pension, Camping, bei Freunden oder Verwandten)*
- *Was Sie während Ihres Aufenthaltes dort gemacht haben (z.B. Freunde, Museen besucht, Sehenswürdigkeiten besichtigt, eine Diskothek besucht, usw.)*

G ¡Cuente!
Erzählen Sie!

Erzählen Sie Ihrem Nachbarn/Ihrer Nachbarin, was Sie am Wochenende gemacht haben. Geben Sie dabei auch die Uhrzeit an:

- *aufstehen*
- *frühstücken* (desayunar)
- *Zeitung lesen*
- *Sport treiben* (practicar deportes)
- *Spaziergang machen*
- *Einkaufen gehen* (ir de compras)
- *fernsehen*
- *Radio hören* (escuchar la radio)
- *Freunde besuchen*
- *Restaurant besuchen*
- .....
- .....
- .....
- *ins Bett gehen.*

H ¡Escuche!
Hören Sie zu!

En la oficina Nuria e Ignacio charlan sobre el fin de semana. ¿Cómo pasó Ignacio el sábado?
Im Büro unterhalten sich Nuria und Ignacio über das Wochenende. Wie hat Ignacio den Samstag verbracht ?

I ¡Escuche!
Hören Sie zu!

Escuche la conversación entre Concha y un empleado de un hotel en Madrid y conteste a las siguientes preguntas:
Hören Sie sich das Gespräch zwischen Concha und einem Angestellten eines Hotels in Madrid an und antworten Sie auf folgende Fragen:

1. ¿Qué función tiene el empleado del hotel?
2. ¿Qué clase de viajeros suele llegar a este hotel en verano? ¿Y en invierno?
3. ¿Qué tipo de problemas suele tener el turista fuera del hotel?
4. La mayoría pide una habitación con baño y televisión. ¿Qué más incluye el precio de esta habitación?
5. ¿Dónde suelen comer los clientes del hotel?

J ¡Lea!
Lesen Sie!

El Sr. García quiere invitar a cenar al Sr. Franken. Busque para él restaurantes en la **Guía de Barcelona:**

- de tres estrellas
- con precios de 3.500 a 5.000 pesetas, o sea de $$$$
- que sirvan cocina catalana

Herr García möchte Herrn Franken zum Abendessen einladen. Suchen Sie für ihn im Führer von Barcelona Restaurants mit:

- *drei Sternen*
- *Preisen von 3.500 bis 5.000 Peseten (Restaurants mit $$$$)*
- *katalanischer Küche*

Reno
☆☆☆☆ (1-1 a 31-7 y 1-9 a 31-12). c/ Tuset, 27 ✉ 08006 ☎ 200 91 29 $$$$.
Cocina clásica, resuelta con elegancia.

Aitor
☆☆☆ Cierra domingo, Semana Santa, del 15 de agosto al 15 de septiembre y Navidad. c/ Carbonell, 5 ☎ 319 94 88 V, $$.
Especialidades de la cocina vasca tradicional como el *marmitako* o los lomos de merluza con salsa de chipirones.

Amaya
☆☆☆ Abierto todo el año. Ramblas, 20-24 ✉ 08002 ☎ 302 10 37 $$$.
Cocina sólida. Muy buenas habas a la catalana y bien preparado el besugo al horno o a la donostiarra.

Azulete
☆☆☆ Vía Augusta, 281 ✉ 08017 ☎ 203 59 43 $$$$.
Cocina de estilo y muy peculiar. Terraza muy agradable. Carta de vinos muy amplia. Cómodo de aparcar y algo alejado del centro y de los circuitos nocturnos.

Botafumeiro
☆☆☆ (1-1 a 31-7 y 1-8 a 31-12) c/ Mayor de Gracia, 81 ✉ 08017 ☎ 217 96 42 $$$$.
Sabrosas empanadas gallegas y croquetas. Excelente marisco en la, quizás, mejor marisquería de Barcelona. Si se tiene prisa, lo mejor es probar las ostras en la barra, junto con un vino gallego, como el Ribeiro o el Alvariño. Lo mejor de Barcelona

Los Caracoles
☆☆☆ c/ Escudellers, 14 ✉ 08002 ☎ 302 31 85 $$$.
Paellas, arroces a la marinera, exquisitos mejillones y pollo al ast son los platos más habituales en este siempre popular restaurante.

Can Culleretes
☆☆☆ c/ Quintana, 5 ✉ 08002 ☎ 317 64 85 $$$.
El decano de los restaurantes barceloneses. Con dos siglos de tradición. Todo un templo gastronómico de la cocina catalana. Los platos del día son los más interesantes.

La Dorada
☆☆☆ Travesera de Gracia, 44-46 ✉ 08006 ☎ 200 63 22 $$$$.
Templo de la cocina andaluza en Barcelona. Pescadito frito, así como mariscos y guisos. Productos frescos y nobles.

Gran Duca
☆☆☆ Cierra en agosto. Paseo Nuestra Señora del Coll, 16 ✉ 08023 ☎ 210 32 05 $$$.
Lo mejor de italia, sobre todo friulano o veneto. Cocina fundamentalmente imaginativa. Constante renovación de platos.

Finisterre
☆☆☆ Avda. Diagonal, 469 ☎ 239 55 76 DC, MC, V $$$$$.
Restaurante de siempre. Cocina catalana e internacional muy compleja y muy bien elaborada.

Flash-Flash
☆☆☆ Cierra agosto. c/ La Granada, 25 ✉ 08005 ☎ 237 09 90 $$$.
Casi infinita variedad de tortillas. Atractiva decoración y muy amable ambiente. Resuelve el hambre de cualquier noctámbulo.

Florián
☆☆☆ (1-1 a 31-7 y 1-9 a 31-12) c/ Bertrand i Serra, 20 ✉ 08022 ☎ 212 46 27 $$$$.
La mejor ocasión para visitarlo es cuando el mercado abunda en setas. También se luce con algunos guisos de toro y con algunas ensaladas muy inspiradas en la cocina italiana, cocina que junto a las tradicionales catalanas y española domina la carta. Buena carta de vinos.

Giardinetto Notte
☆☆☆ Cierra agosto. c/ La Granada, 22 ✉ 08005 ☎ 218 75 36 $$$$.
Adecuado para cenar de madrugada en un ambiente de fundadores de la *gauche divine*.

Guría
☆☆☆ Cierra dos semanas de agosto. c/ Casanova, 97-99 ☎ 253 63 25 AE, DC, MC, V, $$$.
El más clásico y lujoso de los buenos restaurantes vascos de Barcelona. Le pueden sorprender con un exquisito *txangurro* o unos pimientos rellenos de calamar. Excelente bodega.

Casa Isidre
☆☆☆ Cerrado agosto. c/ Flores, 12 ✉ 08001 ☎ 241 11 39 $$$$.
Local pequeño, decorado con muy buen gusto. Tradición y prestigio en su cocina catalana. Excelentes platos de caza. Muy buena carne y setas en temporada.

Lagunak
☆☆☆ Cerrado agosto. c/ Berlín, 19-21 ☎ 322 12 56 Ⓟ ✱ EC, MC, V $$$$$.
Cocina vasco-navarra. Productos de excelente calidad y esmeradísima elaboración.

El Mascaró de Proa
☆☆☆ Cierra domingo noche y lunes. c/ Doctor Dou, 2, c/Carmen, 40 ☎ 317 06 99 MC, V, $$.
Si pide un pescado a la brasa, como la lubina rellena de cigalas y ostras, sabrá lo que es bueno. Muy buenas también las verduras del tiempo.

L'Olivé
☆☆☆ c/ Muntaner, 171 ✉ 08036 ☎ 230 90 27 $$$$.
Cocina familiar y tradicional catalana en un sencillo, pequeño y agradable local, siempre lleno. La terraza está muy bien en verano.

La Puñalada
☆☆☆ Paseo de Gracia, 104 ✉ 08008 ☎ 218 47 91 $$$$.
Tradicional restaurante que recibe su nombre de un suceso criminal. Son muy demandados los platos catalanes: *habas y civet* y la simple *butifarra amb monxetes*.

El Recó de l'Arnau
☆☆☆ Cierra domingo. c/ Tapias, 21 (Paralelo) ☎ 329 81 53 AE, EC, MC, V $.
Cocina de mercado, sabrosa y casera que disfruta un público asiduo entre los que figura gente de teatro. Local antiguo y agradable. Los calamares rellenos y la crema de ajos tiernos saben de maravilla.

Solera Gallega
☆☆☆ c/ París, 176 ✉ 08036 ☎ 322 91 40 $$$.
Buenas especialidades gallegas, como el rodaballo en sus diversas presentaciones. Bueno el vino turbio de la casa.

Tramonti
☆☆☆ Cierra en agosto. Avda. Diagonal, 501 ☎ 250 15 35 AE, MC, V $.
Cocina de la región italiana de Liguria, y no se limita sólo a las pastas.

K ¡Lea!
Lesen Sie!

Después de haber cenado, el Sr. Franken y el Sr. García quieren salir. El Sr. García propone ir a un tablao de flamenco. Busque en la **Guía de Barcelona** qué posibilidades hay.
Nachdem Herr Franken und Herr García gegessen haben, wollen sie ausgehen. Herr García schlägt vor, eine Flamenco-Vorstellung zu besuchen. Suchen Sie im Führer von Barcelona, welche Möglichkeiten es gibt.

montan *performances* culturales insólitas en discotecas al uso. La sala vive, en todo caso, de la originalidad —las mesas son féretros, las paredes tienen nichos, hay un altar negro...— *Necronomicón*, c/ Riereta 20-22, con espacio para el vídeo y el teatro, ofrece buena música moderna hasta altas horas de la madrugada.

La *marcha* tiene buena música con discos de importación en *Distrito Distinto* y *Otto Zutz*. *Distrito Distinto*, avda. Meridiano, 140, es de las más modernas, reina la informalidad joven y la gente lo mismo se reúne en la pista que en la terraza. *Otto Zutz*, c/ Lincoln, 15, aglutina a los modernos que usan ropas caras; la cola para entrar no es pequeña, pues los porteros —con frecuencia de manera mal educada— hacen de barrera de control selectiva del público que pretende entrar; es de los *más* en la ciudad. El local de vanguardia en cuanto a nuevos grupos musicales se refiere es *Zeleste*, c/ Platería, 65, lugar ya mítico en la música *pop* y *rock* de avanzada en Barcelona por las actuaciones en directo; además ofrece una joya gratis: al salir, de madrugada, contemple la belleza gótica de la cercana y maravillosa iglesia de Sta. María del Mar. Un clásico de la modernidad, conviene acudir pasada la medianoche para encontrar su mejor ambiente.

Más *tecno* y discotequera, aunque también de público joven que se mueve en torno al *pop* y al *rock*, es el *Studio 54*, avda. Paralelo 64, donde el personal puede bañarse con los rayos láser de la pista o el chapuzón veraniego en la piscina.

También son populares *Heavy Metal*, c/ Sants, 387, con jóvenes de los barrios de la periferia, y *Duetto*, c/ Consejo de Ciento, 294 —arriba vídeo, abajo marcha—.

. El *flamenco* va ganando cada día más adeptos en la noche barcelonesa y todo el que se precie se lanza a bailar unas sevillanas. *La Venta Andaluza*, c/ Obradors, 11, tiene actuaciones profesionales e improvisadas. *El Patio Andaluz*, c/ Aribau, 242, paredes blancas, rejas de forja, claveles reventones, guitarra, cante, baile y cena-espectáculo hasta las 3 de la madrugada. *Los Tarantos*, pza. Real, 17 ☎ 317 80 98, ofrece también un buen espectáculo flamenco, en un local que es clásico en Barcelona.

El *jazz* tiene buenos aficionados y mejores *templos* en esta ciudad. *Els Quatre Gats*, c/ Montsió, 5, cuenta con actuaciones de primera fila. *La Cova del Drac*, c/ Tuset, 30, rivaliza con la anterior en lo que hace a figuras. *Abraxas*, c/ Gelabert, 26, es otro de los muy frecuentados. *L'Auditori*, c/ Balmes, 245, ofrece jazz ortodoxo en un ambiente tranquilo.

Music-Halls, Salas de fiesta, *Night Clubs*

La vieja tradición portuaria impregna la zona del *Paralelo*, que va desde el paseo de Colón, junto al muelle, hasta la plaza de España y su notable mitología erótico-folclórica de citas de calle y portal. Es el antiguo sabor de los goces fortuitos y toda su parafernalia de precauciones, luces aceitosas y gestos equívocos. Pero es también una tradición que no se agota en las esquinas, sino que se extiende en los ritos del *music-hall*, conservados con el respeto que merecen las antiguas reliquias. Los espectáculos del *Arnau*, avda. Paralelo, 60, con su ballet de la casa, y *El Molino*, c/ Vila , 99, mantienen el fervor de su público. Junto a ellos, *Bagdad*, c/ Conde del Asalto, 103, espectáculo *porno*, o *Barcelona de noche*, c/ Tapias, 5, un cabaret con impronta de *travestis*. El estilo carpetovetónico más recalcitrante y actuaciones años 50, impera en *Bodega Apolo*, avda. Paralelo, 59.

Belle Epoque, c/ Muntaner, 246 es un *music-hall* de decoración modernista y avanzados medios técnicos. La *Bodega Bohemia*, c/ Lancaster, 2, es lugar nostálgico con imitadores y espontáneos que imitan a lo viejos artistas que aquí cantaban en tiempos pasados. *No*, c/ Aribau, 24 es una discoteca joven y de moda por las tardes, y una sala con atrac ciones por la noche. *Scala*, paseo de S. Juan, 47-49, es la sala de es pectáculos más importante de Barcelona, con gran escenario, montaje espectaculares y artistas internacionales; suele pasar dos espectáculo uno con cena y otro más tarde.

Música en directo

BCN, c/ Mariano Cubí, 183, bar, sala de actuaciones, discoteca. Va rios niveles y distinto público. Modernidad en buena zona.

Café de las Artes, c/ Valencia, 234 (esquina a Balmes). De 9:00 18:00 horas, desayunos, aperitivos y comidas rápidas. A partir de la 18:00 hasta la madrugada, música moderna, *afro*, *funky* y grupos espa ñoles de moda.

Els Quatre Gats, c/ Montsió, 5. Actuaciones de jazz. Bar-tertulia.

Falstaff, c/ Sant Pere Mitjá, 9-11. Música Clásica y whisky.

Karma, pza. Real, 10. Actuaciones en directo los fines de semana. Am biente abigarrado.

Salas de baile

Para bailar con orquesta en vivo y hasta altas horas están, entre otro *Imperator*, c/ Córgega, 325, muy fácil de encontrar pues se encuentr en el cruce de Diagonal con el paseo de Gracia, es lugar de gente c media edad, impecable y conservadoramente vestida. Verdaderamen encantador, con sus molduras y angelotes de yeso dorado y sus grande cortinones rojos. *La Paloma*, c/ Tigre, 27, es una auténtica joya del pa sado con público de todas las épocas: *fox*, mambo, bolero, tango, *ch cha-chá* y también algo de *rock* para bailar en plan *camp*, y los marte boxeo en la cancha que se monta en la pista de baile; el ambiente tier el discreto encanto de *fin de siglo*. *Cibeles*, c/ Córcega, 363, es para mu chos el mejor salón de baile con orquesta de la ciudad; combina públic de media edad con jóvenes en busca de antiguas costumbres. *Boler* avda. Diagonal, 405, junto a Vía Augusta, tiene una decoración moderr y confortable de moquetas y sofás; organiza concursos de baile. Orque ta propia y baile hasta las 4 de la madrugada. Aún más moderno, y de más éxito en los últimos tiempos, es *Sutton*, c/ Tusset, 13; elegant con porteros para aparcar el coche, orquesta propia y con carné de so cio o *ticket* de entrada, es sitio donde acuden ricos y famosos en busc de rememorar los bailes de sociedad en los que fue tan rica la Barcelor burguesa del s. XIX.

Parques de Atracciones

Aguapark Isla Fantasía, autopista a Mataró, junto a salida nº 6. Vilass de Dalt ☎ 751 45 53 y 751 52 60

Parque de Atracciones, ctra. Montjuïc, s/n ☎ 241 70 24 y 242 31 7

Tibidabo, Tibidabo ☎ 417 03 38 y 211 79 90

Zoo

Zoo de Barcelona, parque de la Ciudadela, s/n ☎ 309 25 00. Tod tipo de animales, representaciones ecologistas los sábados. Abierto di riamente de 9:30 a 19:30 horas.

82

8

L **¡Lea!**
Lesen Sie!

Busque en el recorte las respuestas a las siguientes preguntas:
Suchen Sie in dem Textauszug die Antworten auf folgende Fragen:

1. *An welchen Wochentagen gab es die meisten Besucher?*
2. *Welcher war der größte Stand ?*
3. *Wieviele Firmen gab es auf der Messe?*
4. *Welche Veranstaltungen gab es während der sechs Messetage?*

506.000 visitantes en Alimentaria

Durante seis días han visitado esta VII edición de Alimentaria 506.000 personas, la mayoría de las cuales lo han hecho entre las jornadas del sábado y el domingo. La feria ocupó una totalidad de 90.000 metros cuadrados y estuvo dividida en 10 sectores, los más extensos de los cuales fueron el pabellón de Intervín, con 11.024 metros cuadrados; Granconsumo, con 11.000 metros cuadrados, e Internacional, con 10.638 metros cuadrados. El número de expositores directos ha sido de 1.700, y el de firmas representadas de 6.000. Muchas han sido las personalidades que han pasado este año por el salón, entre ellas el presidente de la Generalitat, Jordi Pujol; el ministro de Agricultura, Carlos Romero, y el presidente del Gobierno de Navarra, Gabriel Urralburu. Entre las personalidades extranjeras destaca la visita del embajador de Portugal, Fernando Reina; el secretario de Estado para el Comercio de Bélgica, Etienne Knoobs; el ministro de Agricultura de Inglaterra, John Gunner, y de Irlanda, Joe Malsh.

Alimentaria ha contado con un amplio abanico de debates y jornadas sobre los mercados nacionales e internacionales, así como catas de vinos, quesos, patés, etc., concursos gastronómicos, exposiciones, reuniones de empresas y jornadas técnicas que afectan a todos los sectores del mundo alimentario.

M ¡Lea!
Lesen Sie!

Lea el texto y conteste a las preguntas:
Lesen Sie den Text und beantworten Sie folgende Fragen:

1. ¿Qué productos de origen alemán se mencionan en el texto?
2. ¿Cómo se puede ver que está creciendo el número de productos alemanes importados por Casa Westfalia?
3. ¿Cómo se puede saber que los productos de Casa Westfalia tienen cada vez más éxito?
4. ¿Cómo debe ser, según Casa Westfalia, la relación entre la importación y la exportación?
5. ¿Qué producto alemán se vende con mucho éxito?

Gran éxito de los embutidos alemanes en Alimentaria

Los excelentes embutidos alemanes que elabora desde hace dieséis años Casa Westfalia tuvieron una presencia muy destacada en esta edición de Alimentaria 88, con un stand repleto de colorido, originalidad y buen gusto. Especial atracción entre los visitantes de la feria tuvieron los productos que esta empresa con sede en la localidad gerundense de La Bisbal importa desde hace dos años de Alemania, como son las salchichas en lata de todos los tamaños, los patés de pavo o el pecho de pavo relleno. Como aval del éxito que están encontrando en nuestro país estos productos alemanes, Casa Westfalia, importaba desde el mes de noviembre un camión mensual, en estos momentos esa cantidad se ha duplicado, y en los próximos meses se va a pasar a un camión por semana.

Pero el éxito de los productos que esta empresa labora en su factoría española también es importante. Baste decir que el año pasado la producción aumentó en un 27 por 100, y este año el ritmo supera el 30 por 100. Como consecuencia de todo ello, Casa Westfalia tuvo que ampliar el año pasado sus instalaciones, y ya está en marcha el proyecto de construir una nueva fábrica amplia y moderna en las inmediaciones de La Bisbal.

La idea básica de Casa Westfalia es que las importaciones que realiza desde Alemania tengan su contrapartida en la exportación. Como dicen los directivos de esta compañía, España no debe ser una calle de una sola dirección, y se proponen, cuando ello sea posible, iniciar sus ventas en el potente y complejo mercado alemán. La experiencia la van a iniciar con la exportación de quesos, pero es evidente que su deseo sería vender sus productos cárnicos.

De momento, y ello es evidente, los productos alemanes de Casa Westfalia tienen un enorme futuro en nuestro país, y especialmente las salchichas tipo Frankfurt, que han logrado una aceptación unánime entre los consumidores españoles.

La esmerada calidad, fruto de un escrupuloso control en la selección de la materia prima, que es la base de sus productos, han logrado que esta empresa esté en constante progreso, en consonancia con la originalidad de sus productos.

Unidad 5 Leyendo el periódico

A

¡Lea!
Lesen Sie!

Lea el siguiente recorte del periódico y cuente en alemán qué pasó:
Lesen Sie folgenden Abschnitt und erzählen Sie auf deutsch, was passierte:

EL PAIS

EDICIÓN DE ANDALUCÍA — **DIARIO INDEPENDIENTE DE LA MAÑANA**

Redacción, Administración y Talleres: Miguel Yuste, 40 / 28037 Madrid / ☎ (91) 754 38 00 / Precio: 125 pesetas. Sin suplemento semanal: 65 pesetas / Año XIV. Número 4.376

Una gángster española

Hace muy pocos días, unos minutos después de abrirse una sucursal del Banco de Andalucía, en Sevilla, pasó por la puerta una mujer joven que parecía extranjera. Era muy alta y llevaba un abrigo verde y unas botas altas. Se había puesto unas enormes gafas oscuras para cubrirse la cara.

Después de haber entrado, la mujer se quedó esperando en el banco, sin decir nada, y parecía buscar algo en su bolso. Pero cuando vio que no había clientes en el banco, fue rápidamente a la ventanilla de caja, donde había dos empleados, uno de ellos una señorita.

De repente la mujer sacó un revólver de su bolso, lo puso contra la cabeza de la señorita, y pidió al empleado todo el dinero de la caja, diciendo que, si no se lo entregaba en seguida, mataría a la joven.

El cajero trató primero de persuadirla, diciendo que era una tontería lo que hacía, pero la mujer se enfadó, le mandó callar y parecía que iba a matar a la chica de la caja. Entonces el empleado no discutió más y le entregó a la mujer todo el dinero de la caja, casi medio millón de pesetas.

La mujer lo cogió, lo puso en su bolso junto con el revólver y salió corriendo a la calle. Pero al salir del banco, la vio un guardia que, al oír los gritos de los empleados del banco, la siguió y la detuvo. Pronto llegaron otros muchos guardias, que llevaron a la mujer en coche a la comisaría. Allí se descubrió que la mujer, Manuela Fernández, era de una buena familia sevillana, pero, desde que su marido se murió el año pasado, le faltaba dinero. Trabajaba en una tienda de modas y había cogido dinero de la caja de la tienda. Tenía miedo de ser descubierta y de perder su trabajo. Para devolver ese dinero había tratado de robar en el banco.

El revólver que utilizó en el banco era de juguete.

B ¡Escoja!
Wählen Sie!

1. En el primer párrafo (renglones 1– 12) se dice que la mujer

   a. no era española sino extranjera.
   b. tenía aspecto de ser extranjera.
   c. no era extranjera sino española.

2. En el segundo párrafo (renglones 13 – 23) se dice que la mujer, después de entrar,

   a. vio que no había clientes en el banco.
   b. esperó hasta que ya no hubiera clientes en el banco.
   c. fue inmediatamente a la ventanilla de caja.

3. La mujer amenazó con su revólver

   a. al cajero.
   b. a la señorita.
   c. a todos los empleados del banco.

4. En los renglones 33 – 34 se dice que

   a. la mujer trató de convencer al cajero.
   b. el cajero trató de convencer a la mujer.
   c. la señorita trató de convencer a la mujer.

5. En los renglones 45 – 53 se dice que la mujer

   a. salió corriendo con el dinero sin ser detenida.
   b. salió corriendo pero fue detenida en la calle.
   c. no pudo salir sino que fue detenida en el banco.

6. En los renglones 53 – 70 se dice que la mujer había tratado de robar

   a. porque era de buena familia y le faltaba dinero.
   b. para poder enterrar a su marido que había muerto.
   c. para devolver dinero que había robado en su puesto de trabajo.

Pretérito indefinido de los verbos irregulares ▶ § 18
La mujer **fue** rápidamente a la ventanilla de caja. La joven **puso** el dinero en su bolso.

C ¡Complete!
Ergänzen Sie!

Complete las siguientes frases, empleando las formas correctas del **pretérito indefinido**:
*Ergänzen Sie die folgenden Sätze und verwenden Sie die korrekten Formen des **pretérito indefinido**!*

1. Hace muy pocos días, unos minutos después de abrirse una sucursal del Banco de Andalucía, ... una mujer joven.
2. Después de haber entrado, la mujer ....
3. Pero cuando (la mujer) vió que no había clientes en el banco, (la mujer) .... rápidamente a la ventanilla.
4. De repente, la mujer .... de su bolso un revólver, lo .... contra la cabeza de la señorita, y .... al empleado todo el dinero que había.
5. Primero, el cajero .... de persuadirla.
6. Pero la mujer se .... y le .... callar.
7. Entonces el empleado no .... más y le .... a la mujer todo el dinero de la caja.
8. La mujer lo ...., lo .... en su bolso junto con el revólver y .... corriendo a la calle..

9. Pero, al salir del banco, la .... un guardia que la .... y la ....
10. Pronto .... otros muchos guardias que .... a la mujer a la comisaría.

D

¡Complete!
Ergänzen Sie!

Complete el siguiente texto con las formas del **pretérito indefinido:**
*Ergänzen Sie folgenden Text mit den Formen des **pretérito indefinido:***

A. Ayer ..... *(1, enterarse, yo)* de que ..... *(2, haber)* un robo en el Banco de Andalucía.
B. ¿Quién te lo ..... *(3, decir)*?
A. Pues, me lo ..... *(4, decir, ellos)* en la caja del mismo banco.
B. ¿Qué ..... *(5, hacer)* el cajero?
A. El cajero ..... *(6, entregar)* todo el dinero de la caja. Primero no quería dar nada, pero cuando le ..... *(7, poner, ellos)* un revólver contra la cabeza, no ..... *(8, discutir, él)* más. Después de cinco minutos ..... *(9, irse, ellos)* rápidamente.
B. ¿Cuánto dinero les *(10, dar)* el cajero?
A. No me lo .... *(11, decir)*.
B. ¿La policía los ..... *(12, detener)*?
A. No sé.

E

¡Cuente!
Erzählen Sie!

Cuente en español a su vecino/vecina lo que hizo ayer, utilizando tanto los verbos mencionados a continuación como la hora. Empiece así:
Erzählen Sie auf spanisch, was Sie gestern gemacht haben. Verwenden Sie sowohl die nachfolgenden Verben als auch eine Zeitangabe. Beginnen Sie folgendermaßen:

A las siete me desperté. Me levanté en seguida y ....

despertarse	salir de casa	hacer muchas cosas
levantarse	llegar al instituto	dar un paseo
lavarse	llegar al trabajo	encontrarse con
peinarse	volver	charlar
vestirse	almorzar	cenar
desayunar		mirar la tele
		escribir
		leer
		acostarse

Pretérito Imperfecto ► §§ 22, 16, 18

1. En el banco **había** una mujer joven que **parecía** extranjera. **Era** muy alta y **llevaba** un abrigo verde y unas botas altas.
2. **Trabajaba** en una tienda de modas.
3. Siempre **llevaba** un abrigo verde.

F ¡Busque!

Suchen Sie!

Busque en el texto **'Una gángster española'** las formas del **pretérito imperfecto**, explicando por qué se usan, y diga la forma del infinitivo.
*Suchen Sie im Text **'Una gángster española'** die Formen des **pretérito imperfecto**! Sagen Sie, warum sie verwendet werden, und nennen Sie die Infinitivformen!*

G ¡Complete!

Ergänzen Sie!

Complete el siguiente texto con las formas del **pretérito imperfecto**:
*Ergänzen Sie folgenden Text mit den Formen des **pretérito imperfecto**:*

La señora Benítez salió de casa para ir al banco.
.... *(1. Ser)* un día espléndido. .... *(2, Hacer)* sol.
Nunca .... *(3, ir)* al banco cuando .... *(4, llover)*.
No le .... *(5, gustar)* la lluvia.
Cuando .... *(6, hacer)* mal tiempo, ... *(7, preferir)* quedarse en casa.
Cuando la señora entró en el banco, el cajero .... *(8, estar hablando)* con un cliente.
Mientras .... *(9, hablar, ellos)*, la señora .... *(10, esperar)* delante de una taquilla cerrada.
No .... *(11, haber)* mucha gente en el banco.
Un empleado .... *(12, estar escribiendo)* a máquina.
No .... *(13, tener)* prisa.

H ¡Rellene!
Ergänzen Sie!

Desde hace ocho años Ana María vive en Alemania. Antes de emigrar con sus padres a un barrio satélite de Múnich, vivía en un pueblo pequeño en el sur de España que se llama Morilla. Después de vivir tantos años en una ciudad grande, sueña con su vida de antes. Ayúdela a describir cómo era su pueblo, poniendo los infinitivos en las formas correctas del **pretérito imperfecto**.
*Seit 8 Jahren wohnt Ana María in Deutschland. Bevor sie mit ihren Eltern in eine Trabantenstadt von München auswanderte, lebte sie in einem kleinen Dorf im Süden Spaniens, das Morilla heißt. Nachdem sie so viele Jahre in einer Großstadt gelebt hat, träumt sie von ihrem früheren Leben. Helfen Sie ihr beim Beschreiben ihres Dorfes, indem Sie die Infinitivformen in die Formen des **pretérito imperfecto** setzen!*

Mi pueblo .... *(1, ser)* pequeño y bonito. .... *(2, llamarse)* Morilla y .... *(3, estar)* en el sur de España. Todas las casas .... *(4, ser)* blancas y muchas .... *(5, tener)* balcones con plantas y flores.

En Morilla sólo .... *(6, vivir)* cien personas pero el pueblo .... *(7, tener)* de todo. .... *(8, Haber)* una escuela pequeña y delante de la escuela .... *(9, haber)* una iglesia. .... *(10, Haber)* dos tiendas: una .... *(11, ser)* una carnicería y la otra .... *(12, vender)* de todo: frutas, legumbres, chocolates, pan y leche. El señor de la carnicería, el carnicero, ... *(13, ser)* alto y un poco gordo. .... *(14, hablar)* mucho y .... *(15, tener)* ocho hijos. Su señora .... *(16, ser)* pequeña y delgada.

La señora de la otra tienda no .... *(17, tener)* hijos; sólo .... *(18, tener)* un gato. El gato .... *(19, ser)* gordo. Creo que .... *(20, comer)* chocolates y .... *(21, tomar)* leche de la tienda durante la noche.

Los lunes y los viernes .... *(22, haber)* un autobús que .... *(23, ir)* de Morilla a Málaga. .... *(24, Salir)* del pueblo a las siete de la mañana y .... *(25, regresar)* por la tarde. A veces .... *(26, llegar)* a las nueve y media, a veces .... *(27, llegar)* a las once. En verano .... (28, ser) agradable ir en autobús a la playa.

En agosto .... *(29, haber)* una fiesta en el pueblo. Todos .... *(30, tener)* un día de vacaciones y por la tarde .... *(31, haber)* un baile. .... *(32, ser)* muy divertido el baile: dos señores .... *(33, tocar)* música con un violín y una guitarra y la gente .... *(34, bailar)* toda la noche. Durante el verano los niños .... *(35, tener)* tres meses de vacaciones: julio, agosto y septiembre). Siempre .... *(36, tener)* muchas cosas que hacer. .... *(37, Jugar)* al fútbol y .... *(38, hacer)* excursiones al campo o a la playa con los amigos.

Los sábados por la tarde, la gente .... *(39, dar)* un paseo. Y como el pueblo de Morilla .... *(40, ser)* tan pequeño, ... *(41, ser)* posible recorrer todo el pueblo en diez minutos. Todos .... *(42, encontrar)* a los amigos y .... *(43, hablar)* con ellos.

I **¡Cuente!**

Erzählen Sie!

Stellen Sie sich vor: Sie sind nach Spanien ausgewandert und beschreiben einem spanischen Freund, wie Ihr Dorf/Ihre Stadt war, in dem/der Sie früher wohnten. Hier folgen einige Stichwörter:

- *Anzahl Einwohner*
- *Gebäude (Laden, Schule, Kirche, Häuser)*
- *Verkehr*
- *Leute*
- *Gewohnheiten*
- *Freizeitbeschäftigung*
- *Feste*
- *Schulferien*
- ....
- ....

J ¡Escuche!
Hören Sie zu!

Escuche la conversación entre Sabine y una señora madrileña y conteste a las siguientes preguntas:
Hören Sie sich das Gespräch zwischen Sabine und einer älteren Frau aus Madrid an und beantworten Sie folgende Fragen:

1. ¿Cómo se llama la señora?
2. ¿Cuantos años tiene?
3. ¿Cuántos hijos tiene?
4. ¿Dónde viven sus hijos?
5. ¿Cuántos nietos y bisnietos tiene?
6. ¿Cuándo vino a Madrid?
7. ¿Dónde vivía antes?
8. ¿Vuelve mucho allí?
9. ¿Le gusta más la vida del pueblo o de la ciudad?
10. ¿Cómo se nota que ha cambiado mucho la vida en el pueblo?
11. ¿Qué dice de los coches en el pueblo?
12. ¿Cómo era antaño su pueblo?
13. ¿Cuáles eran las fiestas del pueblo?

Pluscuamperfecto	▶ **§§ 23, 16, 18**
El empleado no reconoció a la mujer porque ella **se había puesto** unas enormes gafas oscuras.	

K ¡Complete!
Ergänzen Sie!

Complete el texto siguiente con las formas del **pretérito pluscuamperfecto**:
*Vervollständigen Sie folgenden Text mit den Formen des **pretérito pluscuamperfecto**:*

Cuando el muchacho bajó del autobús, el Banco de Andalucía ..... *(1, abrir)* unos minutos antes. Pero al entrar en el banco, se dio cuenta de que ..... *(2, olvidar)* los cheques. Los ..... *(3, dejar)* en el hotel. Los ..... *(4, poner)* en la mesilla, cuando ..... *(5, ponerse)* el abrigo. ..... *(6, Coger)* un plano de Sevilla y ..... *(7, marcharse)* sin pensar en ellos.

L ¡Cuente!
Erzählen Sie!

Un muchacho fue testigo del robo del Banco de Andalucía y se lo comentó a usted. Cuéntele a su vecino/vecina el acontecimiento empleando la oración indirecta y las formas del **pretérito pluscuamperfecto**. Empiece así:
Ein Junge war Zeuge des Überfalls auf die Banco de Andalucía und hat Ihnen den Raub beschrieben. Sie erzählen Ihrem Nachbarn/Ihrer Nachbarin das Ganze weiter und verwenden dafür die indirekte Rede und die Formen des ***pretérito pluscuamperfecto****. Beginnen Sie folgendermaßen:*

El muchacho me dijo que la mujer había entrado en el banco unos minutos después de abrir el banco. Se había puesto unas gafas enormes. Después había .....

M ¡Lea!
Lesen Sie!

I. Lea el siguiente recorte de EL PAÍS y cuente en pocas palabras lo que pasó:
Lesen Sie folgende Zeitungsnachricht aus EL PAÍS und erzählen Sie kurz, was passiert ist:

Desaparece el conductor de un furgón blindado con 320 millones

P. M., **Madrid**

Los dos trabajadores de la empresa de seguridad Transportes Candi que regresaban con la recaudación de la pastelería Mallorca, en la madrileña calle de Alberto Alcocer, se quedaron *petrificados (1)* el viernes por la tarde: el furgón del que habían descendido dos minutos antes había desaparecido, y con él, el conductor, Dionisio Rodríguez Martín, y 340 millones de pesetas recogidos a lo largo de la tarde. El furgón apareció dos horas después, aunque no el trabajador, a quien busca la policía. De los 340 millones, sólo fueron *recuperados (2)* 20, en billetes pequeños y monedas.

La desaparición del furgón se produjo hacia las 19.45. El jefe de la sucursal de la pastelería Mallorca, Alberto Alcocer, 48, se *extrañó (3)* cuando vio entrar de nuevo a los dos trabajadores de Transportes Candi que acababan de recoger la *recaudación (4)*. 'Nos dijeron que no estaba el coche, e inmediatamente se pusieron en contacto con su empresa.'

Inmediatamente la policía dio la orden de *búsqueda (5)* a los coches patrulla. Podía tratarse de un secuestro. Durante las dos horas siguientes, la policía buscó, sin éxito, el furgón blindado y a su conductor, Dionisio Rodríguez Martín, de 40 años, 1,83 metros de estatura, usuario de peluca para tapar su calvicie y habitual de las gafas de sol para ocultar su fuerte estrabismo en el ojo izquierdo.

Pasadas las diez de la noche, el 091 recibió la llamada de un ciudadano, extrañado de que un furgón de una empresa de seguridad estuviera aparcado en el estacionamiento del hipermercado Jumbo, en la calle del Maestro Lassalle, a medio kilómetro de donde había desaparecido. En su interior fue encontrada una *escopeta (6)* Franchi, propiedad de la empresa de seguridad, y el revólver que tenía asignado Dionisio Rodríguez. También fueron encontradas 15 bolsas con un total de 20 millones de pesetas en monedas y billetes pequeños.

II. En el texto van numeradas unas palabras. Trate de deducir del contexto el significado de estas palabras con ayuda de las siguientes preguntas:
- ¿De qué clase de palabra se trata (sustantivo, adjetivo, verbo, etcétera)?
- ¿Cómo está relacionada la palabra con otras palabras del texto?
- ¿Qué significa el resto de la frase?

Im Text gibt es einige numerierte Wörter. Versuchen Sie anhand der folgenden Fragen, die Bedeutung dieser Wörter aus dem Kontext herauszufinden:
- *Um welche Wortart handelt es sich (Substantiv, Adjektiv, Verb, usw.)?*
- *Welchen Zusammenhang gibt es zwischen diesem Wort und anderen Wörtern im Text?*
- *Was bedeutet der Rest des Satzes?*

N

¡Escriba!
Schreiben Sie!

Sie lesen in Ihrer Tageszeitung folgende unglaubliche Geschichte. Schreiben Sie einem spanischen Freund/einer spanischen Freundin, was passiert ist. Versuchen Sie, für die schwierigen Ausdrücke einfachere zu verwenden!

Ein Bewohner der Parkstraße hatte sein Auto in der Einfahrt seines Hauses stehenlassen. Er wollte es in die Garage stellen, aber dazu mußte er zuerst ein Fahrrad aus dem Weg räumen. Nachdem er das gemacht hatte und wieder hinausgegangen war, sah er sein Auto im Wasser des Teiches schaukeln. Es trieb Richtung Teichmitte. Nachdem er selber ins Wasser gegangen war, um das Auto zum Ufer zu schieben, versuchte ein Nachbar, mit seinem Auto das schwimmende Auto aufs Trockene zu ziehen. Das gelang ihm aber nicht. Stattdessen geriet sein Wagen ebenfalls ins Wasser und stieß mit dem seines Nachbarn zusammen. Beide Fahrzeuge mußten mit einem Abschleppwagen aus dem Wasser gezogen werden.

O

¡Escuche!
Hören Sie zu!

Escuche la conversación entre Nuria e Ignacio y cuente en alemán en qué consiste la noticia de la que habla Nuria.
Hören Sie sich das Gespräch zwischen Nuria und Ignacio an und erzählen Sie auf deutsch, wovon die von Nuria erwähnte Nachricht handelt!

P

¡Escuche!
Hören Sie zu!

Escuche la conversación entre la empleada de Turismo en Madrid y Concha y cuente en alemán lo que pasó con los dos australianos el 24 de diciembre.
Hören Sie sich das Gespräch zwischen Concha und der Angestellten des Touristeninformationsbüros in Madrid an und erzählen Sie, was mit den beiden Australiern am 24. Dezember passiert war!

Q

¡Cuente!
Erzählen Sie!

Cuente ahora en español alguna historia (divertida) que le pasó a usted, sobre la que leyó en el periódico o que oyó por la radio.
Erzählen Sie jetzt auf spansich eine kuriose Begebenheit, die Ihnen passiert ist, die Sie in der Zeitung gelesen oder im Radio gehört haben!

R

¡Escuche!
Hören Sie zu!

Estamos en un quiosco. Esuche la conversacion entre el turista y la vendedora de periódicos. Conteste a las siguientes preguntas del turista:
Wir sind in einem Kiosk. Hören Sie sich das Gespräch zwischen dem Touristen und der Zeitungsverkäuferin an! Beantworten Sie folgende Fragen:

1. ¿Cuántos periódicos nacionales se venden?
2. ¿De qué países son los periódicos extranjeros?
3. ¿Cuáles son los periódicos nacionales más vendidos?
4. ¿Cuáles son solamente para Madrid?
5. ¿Cuáles son los periódicos de deportes?
6. Revistas, ¿se venden mucho?
7. ¿Cuáles son las más importantes?
8. ¿De qué tratan?
9. ¿Los fines de semana la gente compra más?

S

¡Escuche!
Hören Sie zu

Escuche lo que dice Julián sobre los periódicos en España y conteste en español a las siguientes preguntas:
Hören Sie sich an, was Julián über die Zeitungen in Spanien sagt und beantworten Sie folgende Fragen auf spanisch:

1. ¿Qué periódicos lee Julián?
2. ¿Qué le parecen los periódicos que han salido últimamente?
3. ¿Qué artículos lee?

Unidad 6 ¡A Latinoamérica!

A **¡Lea!**
Lesen Sie!

Antes de leer el texto, piense en lo que ya sabe sobre Latinoamérica en cuanto a:
- geografía
- civilizaciones antiguas
- situación política

Überlegen Sie vor der Lektüre, was Sie über Lateinamerika schon wissen, in Bezug auf:
- *Geographie*
- *alte Kulturen*
- *politische Lage*

¡A Sudamérica .... en bicicleta!

Michele René e Yvan Poirot son dos franceses con un sentido de la aventura extraordinario y una gran pasión por el ciclismo. Hace poco hicieron un viaje en bicicleta ¡de 18.000 kilómetros! Fueron a Brasil, Uruguay, Chile y el Perú. ¿Por qué fueron a Sudamérica? Dice Michele: "Las montañas, el terreno difícil, las civilizaciones antiguas, la situación política actual... Todo aquello me atrae."

Empezaron en Brasil pero cuando habían hecho dos mil kilómetros les robaron las bicicletas. Menos mal que la televisión, la radio y la prensa hablaron de su desventura. Y a los pocos días las bicis reaparecieron.

Viajaban unos 120 kilómetros al día. De noche dormían en sitios muy extraños: en casa del cura de un pueblo, en una estación de bomberos, en la comisaría, en casas de campesinos... Pocas veces tuvieron que sacar sus tiendas y dormir al aire libre. Conocieron toda clase de personas, desde los más ricos hasta los más humildes. La gente les recibía con mucha hospitalidad. Incluso se quedaron cuatro días en un hotel de lujo en una isla chilena sin pagar nada.

¿Qué comieron? Dice Michele: "Comimos igual que la gente del país donde estábamos: sopa y plátanos en Bolivia; tomates, sardinas y queso en Argentina..."

La parte más dura del viaje fue pasar por la cordillera de los Andes. Subieron hasta una altura de 4.600 metros por caminos peligrosos y difíciles. Las noches eran muy frías y tuvieron muchos pinchazos.

De su aventura dicen: "La bicicleta es el mejor pasaporte. Permite pasar por todos los sitios y entrar en contacto con cualquiera."

A nuestra pregunta: "Y en su próximo viaje, ¿adónde irán?" nos contestan: "A Centroamérica..., claro está. ¿Adónde irían ustedes después de haber recorrido la parte sur del continente?"

1. ¿Cuáles son los adjetivos correspondientes?

a) aventura	e) Perú
b) Brasil	f) montaña
c) Uruguay	g) civilización
d) Chile	h) altura

2. ¿Cuál es el contrario de .... ?

a) rico
b) frío
c) difícil
d) la desventura
e) reaparecer

3. ¡Busque los sinónimos de ....!

a) desventura
b) extraordinario
c) humilde
d) atraer

4. Escriba el infinitivo de los verbos correspondientes.

a) el pinchazo
b) actual
c) incluso
d) hicieron
e) fueron

5. Indique los sustantivos correspondientes (con el artículo definido).

a) robar
b) atraer
c) dormir
d) comer

6. Explique en español el significado de:
"La gente les recibía con mucha hospitalidad."

7. ¿Qué otras posibilidades hay para viajar?

a) ir en bicicleta
b) ....
c) ....
d) ....

B ¡Cuente!
Erzählen Sie!

Ein Freund erzählt Ihnen von einer langen Reise, die er im Auto durch Europa und Nordafrika gemacht hat. Sie haben gerade in einer Zeitschrift den Text 'A Sudamérica... en bicicleta' gelesen. Das ist doch etwas ganz anderes!. Erzählen Sie Ihrem Freund auf deutsch, was Sie gelesen haben!

C ¡Conteste!
Antworten Sie!

1. ¿Qué significa "un sentido de la aventura extraordinario y una gran pasión por el ciclismo"?
2. ¿Por qué fueron Michele e Yván a Brasil, Uruguay, Chile y al Perú?
3. ¿Qué pasó con sus bicicletas en la primera parte del viaje?
4. ¿Dónde pasaban las noches?
5. ¿Qué cuentan sobre sus experiencias con los sudamericanos?
6. ¿Qué dicen sobre las comidas en su viaje?
7. ¿Por qué fue tan duro el viaje por la cordillera de los Andes ?
8. ¿Qué opinan sobre su medio de transporte?

Condicional	► **§§ 25, 16, 18**
¿Adónde **irían** ustedes?	Wohin **würden** Sie **fahren**?
¿Qué **haría** usted?	Was **würden** Sie **machen**?

D ¡Complete!
Vervollständigen Sie!

Complete con las formas correctas del **condicional**:
Setzen Sie die richtigen Formen des ***condicional*** *ein:*

1. Nos escribió que .... *(llegar, ella)* al aeropuerto a las nueve.
2. ¿No me habías contado que ..... *(ir, tú)* a Nueva York dentro de un año?
3. Me aseguró que ..... *(levantarse, él)* muy de mañana.
4. Nos habían comunicado que ..... *(recibir, nosotros)* la reserva cuanto antes.
5. Me dijo que ..... *(salir, usted)* a las ocho de la mañana.
6. Le contestaron que .... *(venir, ellos)* a tiempo.
7. Nos preguntó qué ..... *(poder)* hacer por nosotros.
8. Sabíamos que él no ..... *(tener)* el dinero suficiente para hacer un viaje a Sudamérica.
9. Estábamos seguros de que ..... *(hacer)* buen tiempo.
10. Nos dijeron que ..... *(haber)* mucha gente en la manifestación, pero no fue así.

E ¡Complete!
Ergänzen Sie!

Imagínese que le ha tocado el gordo en la lotería y que va a hacer un viaje por Latinoamérica. ¿Qué haría usted?
Stellen sie sich vor, Sie hätten den Haupttreffer in der Lotterie erzielt und möchten quer durch Lateinamerika reisen. Was würden Sie unternehmen?

1. ..... *(Empezar)* en [México, Venezuela, Argentina, ...].
2. ..... *(Ir)* en [bicicleta, coche, tren, avión].
3. ..... *(Viajar)* unos [100, 300, 500, 1000] kilómetros al día.
4. ..... *(Dormir)* en [una tienda de campaña, una pensión, un hotel barato, un hotel de lujo, casa particular].
5. ..... *(Comer)* [platos típicos, comida internacional, ...].

F ¡Cuente!
Erzählen Sie!

Imagínese que le gustaría hacer un viaje largo. Cuente a su compañero/su compañera adónde iría, cómo viajaría, cuántos kilómetros recorrería por día, dónde pasaría la noche y otros detalles.
Stellen Sie sich vor, Sie würden eine große Reise machen. Erzählen Sie Ihrem Nachbarn/Ihrer Nachbarin, wohin Sie fahren würden, auf welche Weise, wieviele Kilometer pro Tag, wie und wo Sie die Nacht verbringen würden und andere Einzelheiten!

G ¡Escuche!
Hören Sie zu!

Escuche la casete y diga qué haría Nuria si le tocara el gordo:
Hören Sie sich die Kassette an und sagen Sie, was Nuria täte, wenn sie den Hauptgewinn in der Lotterie erzielen würde.

H ¡Lea y resuma!
Lesen Sie und fassen Sie zusammen!

Lea los siguientes textos y resuma el contenido global en alemán.
Lesen Sie folgende Texte und fassen Sie den Inhalt global auf deutsch zusammen!

La América Latina antes de la conquista
El 12 de octubre se celebra en todo el mundo hispano el "Día de la Hispanidad". En ese día se conmemora el descubrimiento de América por Cristóbal Colón el 12 de octubre de 1492. Es el comienzo de la conquista y de la colonización de gran parte del continente por los españoles y los portugueses. También es el comienzo de la convivencia de razas y culturas totalmente distintas. Los conquistadores encontraron en América Latina muchísimos pueblos indígenas y entre ellos civilizaciones muy desarrolladas.

Los incas

Un ejemplo importante y muy conocido de una civilización muy desarrollada es la de los incas en los Andes.

Esta civilización se caracteriza por un alto grado de organización social, económica, religiosa y política. En menos de un siglo los incas habían logrado extender su territorio de unos 50 kilómetros cuadrados a un territorio de más de 900.000 kilómetros cuadrados que comprendía gran parte de lo que hoy son el Perú, Ecuador y Bolivia, el norte de Chile y el noroeste de Argentina.

Su lengua era el quechua, que aún hoy día se habla en estos territorios. La sociedad de los incas tenía una organización política muy jerárquica con un emperador como dueño absoluto, con funcionarios civiles para la administración y la organización de los servicios públicos y con sacerdotes para hacer el culto a los dioses.

Este culto era muy importante para los incas, ya que se consideraban totalmente dependientes de los dioses que personificaban los elementos de la naturaleza.

El pueblo tenía que pagar impuestos por trabajar para sus señores y para la comunidad, un sistema tributario que en algunos aspectos recuerda el sistema comunista.

Un aspecto importante de la sociedad inca era su red de comunicaciones: los incas eran famosos por sus carreteras que comunicaban todas las partes del imperio entre sí y en las que, por ejemplo, podían correr mensajeros para llevar mensajes al emperador con una rapidez increíble de hasta 250 kilómetros por día.

Los aztecas

Otra civilización bastante desarrollada es la de los aztecas en México. Los aztecas eran originalmente un pueblo con una cultura pobre que había adoptado la lengua, el náhuatl, y la cultura de los pueblos vecinos en el centro de México. A partir del segundo cuarto del siglo XV los aztecas fueron el pueblo de mayor poder y riqueza en lo que hoy es México. Sus conquistas tenían motivos no sólo económicos (necesitaban los tributos de los pueblos conquistados), sino también religiosos, ya que el rito religioso exigía sacrificios humanos en cantidades horrorosas para poder evitar así la destrucción por los dioses y para poder mantener el equilibrio del mundo y de la vida.

Había tres clases sociales principales. El primer grupo lo formaban los nobles, los sacerdotes y los guerreros, el segundo grupo eran los comerciantes, los artistas y los artesanos, y el tercer grupo eran los que no poseían bienes y tenían que pagar tributos. Entre ellos había campesinos y esclavos, casi todos prisioneros de los pueblos vecinos que habían capturado los aztecas.

La producción y los tributos reunidos se distribuían entre la población en los mercados locales llamados 'tianguis'. Los aztecas comerciaban también con los pueblos vecinos por rutas de comercio que les llevaban a zonas lejanas como Centroamérica y Yucatán.

Los mayas

Quizás la civilización más desarrollada en América fue la de los mayas. En el corazón de la selva de la península de Yucatán en México los mayas habían creado una de las culturas más fascinantes del Nuevo Mundo.

Los mayas tenían una escritura propia y un sistema numérico muy avanzado. Su calendario está basado en observaciones astronómicas de increíble exactitud: los mayas hacían sus cálculos con un error de menos de cinco minutos por año.

Además, en las difíciles condiciones de la selva desarrollaron una agricultura eficiente que se basaba en el cultivo del maíz. ¿Cómo producían los mayas alimentos para una población de más de dos millones en medio de la selva impenetrable? Con ayuda de un radar de la Nasa se ha descubierto que los mayas inventaron una técnica para proteger sus cosechas de la excesiva humedad de la selva: construyeron una red de canales para desecar el suelo y evitar así la inundación de las cosechas por el exceso de lluvia.

Pero cuando llegaron los españoles a la península de Yucatán, encontraron en la selva restos de ciudades abandonadas. ¿Por qué abandonaron los mayas sus ciudades? ¿Fueron epidemias o desastres naturales? ¿O fueron crisis políticas, guerras internas o invasiones? No lo sabemos: aunque se han reunido muchos datos sobre esa cultura, quedan todavía muchos misterios sin resolver.
(Adaptación de artículos de El Sol y Cuadernos del México Prehispánico, 3 y 4)

I **¡Indique!**
Zeigen Sie!

Indique en el mapa dónde vivían los incas, los aztecas y los mayas.
Zeigen Sie auf der Karte, wo die Inkas, die Azteken und die Mayas lebten!

J ¡Conteste!
Antworten Sie!

1. ¿Qué consecuencias tuvo el descubrimiento de América?
2. ¿Qué dice el texto sobre los siguientes aspectos de los incas?
   - el territorio
   - la lengua
   - la sociedad
   - el culto religioso
3. ¿Cómo estaba organizada la red de comunicaciones de los incas?
4. ¿El náhuatl era la lengua original de los aztecas?
5. ¿Qué motivos tenían los aztecas para conquistar a los pueblos vecinos?
6. ¿Cómo estaba organizada la sociedad azteca?
7. ¿Para qué llegaban los aztecas hasta territorios tan lejanos como Yucatán y Centroamérica?
8. Mencione dos aspectos en los que estaban muy avanzados los mayas.
9. ¿Cómo sabían los mayas alimentar a tanta gente?

K ¡Lea y conteste!
Lesen und antworten Sie!

Busque en el texto las respuestas a las siguientes preguntas:
Suchen Sie im Text die richtigen Antworten auf folgende Fragen:

1. ¿Por qué los españoles y los portugueses buscaron nuevas rutas comerciales?
2. ¿Por qué dio Colón a las tierras descubiertas el nombre de 'las Indias'?

La época de los grandes descubrimientos

Por las rutas del Este y del Oeste

A lo largo de la segunda mitad del siglo XV una serie de acontecimientos iba a modificar de modo inesperado la marcha de la historia.

Los principales protagonistas de todo ello fueron los portugueses y los españoles.

Las *causas* que prepararon estos hechos fueron:

a) *económicas*. La toma de Constantinopla por los turcos cierra los caminos comerciales Europa-Asia. Por consiguiente, Europa intenta buscar nuevas rutas por las que puedan llegar al llamado *País de las especias*, sin pasar por el imperio turco.

Así, los marineros portugueses pensaron llegar a las Indias por las costas de África y doblando luego por el extremo sur. Era la *ruta del Este*. El intrépido navegante Vasco da Gama consiguió dicho propósito en 1498 al llegar a la ciudad de Calicut.

A los españoles les estaba reservado el descubrimiento de la *ruta del Oeste*, protagonizado dicho descubrimiento por obra de Cristóbal Colón.

b) *científicas*. El hallazgo de la brújula y los adelantos técnicos en la construcción de las naves permitieron la navegación de altura. Si a esto añadimos el afán de aventura y de fama del hombre renacentista, tendremos la clave de los resultados espectaculares conseguidos en los siglos XV y XVI.

Colón: el sueño convertido en realidad

Nacido en Génova, Cristóbal Colón manifestó claramente su vocación marinera. Convencido de que la tierra era redonda y de que no era tan grande la distancia entre las costas occidentales de Europa y las orientales de Asia, tuvo la idea de alcanzar, por Occidente, las Indias descritas por Marco Polo.

Expuso su plan al rey de Portugal, Juan II. Como éste se negó a ayudarle, Colón se dirigió a la corte de los Reyes Católicos. Al fin su proyecto fue aprobado por la reina Isabel, que prometió su ayuda a Colón.

Después de largos meses de navegación, y cuando los marineros ya desesperaban de llegar, vieron las tierras soñadas. Era el 12 de octubre de 1492 cuando llegaron a una isla de las Bahamas. A las tierras descubiertas Colón les dio el nombre de 'las Indias'.

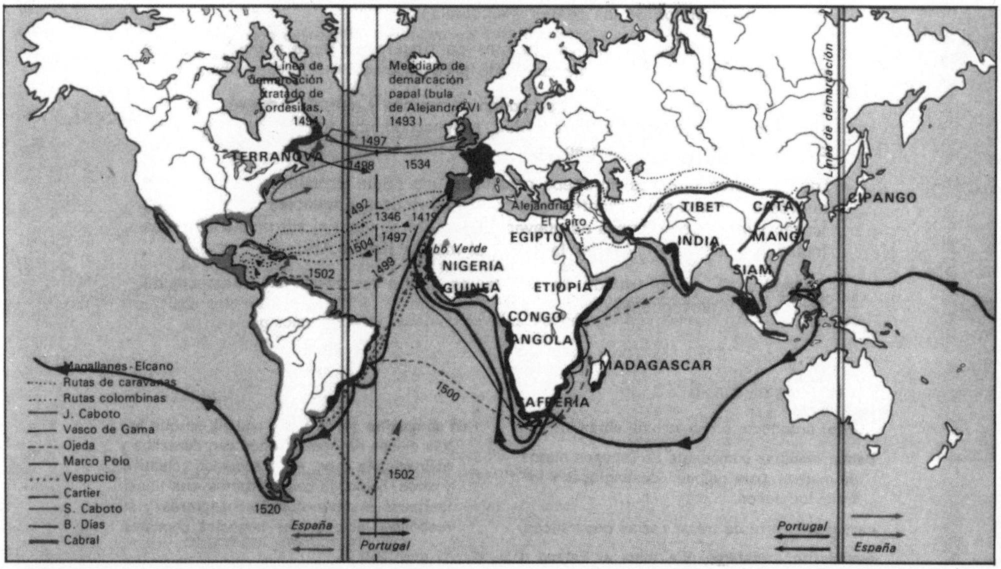

L **¡Conteste por escrito!**
Antworten Sie schriftlich!

Busque en el texto las respuestas a las siguientes preguntas:
Suchen Sie im Text die Antwort auf folgende Fragen:

1. ¿Por qué el Brasil fue colonia portuguesa mientras que casi todos los demás países americanos fueron colonias españolas?
2. ¿Cómo pudieron someter los pocos españoles a tantos indios?

Retornaban los dioses con las armas secretas

A su paso por Tenerife, durante su primer viaje, había presenciado Colón una formidable erupción volcánica. Fue como un presagio de todo lo que vendría después en las inmensas tierras nuevas que interrumpirían, asombrosamente, la ruta occidental hacia el Asia. América estaba allí, adivinada desde sus costas infinitas; la conquista se extendió, como una marea furiosa, en oleadas sucesivas. Los adelantados sucedían a los almirantes y las tripulaciones se convertían en huestes invasoras. Las bulas del Papa habían hecho apostólica concesión del África a la corona de Portugal, y a la corona de Castilla habían otorgado las tierras 'desconocidas como las hasta aquí descubiertas por vuestros enviados y las que se han de descubrir en lo futuro...': América había sido donada a la reina Isabel. En 1508, una nueva bula concedió a la corona española, a perpetuidad, todos los diezmos recaudados en América: el codiciado patronato universal sobre la Iglesia del Nuevo Mundo incluía el derecho de presentación real de todos los beneficios eclesiásticos.'

El Tratado de Tordesillas, suscrito en 1494, permitió a Portugal ocupar territorios americanos más allá de la línea divisoria trazada por el Papa, y en 1530 Martim Alfonso de Sousa fundó las primeras poblaciones portuguesas en Brasil, expulsando a los franceses intrusos. Ya para entonces los españoles, atravesando selvas infernales y hostiles desiertos infinitos, habían avanzado mucho en el proceso de la exploración y la conquista. En 1513, el Pacífico sur resplandecía ante los ojos de Vasco Núñez de Balboa; en el otoño de 1522, retornaban a España los dieciocho sobrevivientes de la expedición de Hernando de Magallanes que habían unido por vez primera ambos océanos y habían verificado que el mundo era redondo al darle la vuelta completa; tres años antes habían partido de la isla de Cuba, en dirección a México, las diez naves de Hernán Cortés, y en 1523 Pedro de Alvarado se lanzó a la conquista de Centroamérica; Francisco Pizarro, un analfabeto criador de cerdos, entró triunfante en el Cuzco, en 1533, apoderándose del corazón del imperio de los incas; en 1540, Pedro de Valdivia atravesaba el desierto de Atacama y fundaba Santiago de Chile. Los conquistadores penetraban el Chaco y revelaban el Nuevo Mundo desde Perú a las bocas del río más caudaloso del planeta.

Había de todo entre los indígenas de América: astrónomos y caníbales, ingenieros y salvajes de la Edad de Piedra. Pero ninguna de las culturas nativas conocía el hierro ni el arado, ni el vidrio ni la pólvora, ni empleaba la rueda, como no fuera en los carritos votivos. La civilización que se abatió sobre estas tierras desde el otro lado del mar vivía la explosión creadora del Renacimiento: América aparecía como una invención más, incorporada junto con la pólvora, la imprenta, el papel y la brújula al bullente nacimiento de la Edad Moderna. El desnivel de desarrollo de ambos mundos explica la relativa facilidad con que sucumbieron las civilizaciones nativas. Hernán Cortés desembarcó en Veracruz acompañado por no más de 100 marineros y 508 soldados; traía 16 caballos, 32 ballestas, 10 cañones de bronce y algunos arcabuces, mosquetes y pistolones. Eso les bastó. Y sin embargo, la capital de los aztecas, Tenochtitlán, era por entonces cinco veces mayor que Madrid y duplicaba la población de Sevilla, la mayor de las ciudades españolas. Francisco Pizarro, por su lado, entró en Cajamarca con 180 soldados, 37 caballos, y encontró un ejército de 100 mil indios.

Los indígenas fueron también derrotados por el asombro. El emperador Moctezuma recibió, en su palacio, las primeras noticias: un cerro grande andaba moviéndose por el mar. Otros mensajeros llegaron después: '...mucho espanto le causó el oír cómo estalla el cañón, cómo retumba su estrépito, y cómo se desmaya uno; se le aturden a uno los oídos. Y cuando cae el tiro, una como bola de piedra sale de sus entrañas: va lloviendo fuego...' Los extranjeros traían 'venados' que los soportaban 'tan alto como los techos'. Por todas partes venían envueltos sus cuerpos, 'solamente aparecen sus caras. Son blancas, son como si fueran de cal. Tienen el cabello amarillo, aunque algunos lo tienen negro. Larga su barba es...' Moctezuma creyó que era el dios Quetzalcóatl quien volvía. Ocho presagios habían anunciado, poco antes, su retorno. Los cazadores le habían traído una ave que tenía en la cabeza una diadema redonda con la forma de un espejo, donde se reflejaba el cielo con el sol hacia el poniente. En ese espejo Moctezuma vio marchar sobre México los escuadrones de los guerreros. El dios Quetzalcóatl había venido por el este y por el este se había ido: era blanco y barbudo. También blanco y barbudo era Viracocha, el dios bisexual de los incas. Y el este era la cuna de los antepasados heroicos de los mayas.

Las bacterias y los virus fueron los aliados más eficaces. Los europeos traían consigo, como plagas bíblicas, la viruela y el tétanos, varias enfermedades pulmonares, intestinales y venéreas, el tracoma, el tifus, la lepra, la fiebre amarilla, las caries que pudrían las bocas. La viruela fue la primera en aparecer. ¿No sería un castigo sobrenatural aquella epidemia desconocida y repugnante que encendía la fiebre y descomponía las carnes? 'Ya se fueron a meter en Tlaxcala. Entonces se difundió la epidemia: tos, granos ardientes, que queman', dice un testimonio indígena, y otro: 'A muchos dio la muerte la pegajosa, apelmazada, dura enfermedad de granos'. Los indios morían como moscas; sus organismos no oponían defensas ante las enfermedades nuevas. Y los que sobrevivían quedaban debilitados e inútiles. El antropólogo brasileño Darcy Ribeiro estima que más de la mitad de la población aborigen de América, Australia y las islas oceánicas murió contaminada luego del primer contacto con los hombres blancos.

Unidad 7 ¡Haga algo diferente!

A ¡Cuente!

Erzählen Sie!

Sehen Sie sich die Zeichnungen an und werben Sie für die verschiedenen Arten, die Ferien zu verbringen. Beginnen Sie wie folgt:
"Machen Sie einmal etwas anders. Verbringen Sie Ihre Ferien in/an/auf..."

1

2

3

4

5

6

B ¡Escuche!
Hören Sie zu!

Escuche la casete y resuma en alemán lo que se dice en cada letra sobre:

1. ¿Dónde se recomienda pasar las vacaciones?
2. ¿Qué se recomienda hacer allí?

Hören Sie zu und fassen Sie auf deutsch bei jedem Buchstaben zusammen, was gesagt wird über:

1. *mögliche Ferienorte.*
2. *mögliche Freizeitangebote.*

C ¡Busque!
Suchen Sie!

Busque el texto que corresponda a cada dibujo:
Suchen Sie jetzt zu den Bildern die dazugehörenden Textteile:

a)

Este verano, ¿se va a tender al sol otra vez en una playa abarrotada de turistas? ¡Pase estas vacaciones en una isla de ensueño! Tiéndase al sol en una playa desierta. Dedíquese a la pesca, la vela o el esquí acuático. Explore una isla de clima suave y vegatación exótica. ¡Descubra paisajes de increíble belleza!

b)

¡Vacaciones inolvidables en una ciudad fascinante! Una ciudad antigua y moderna a la vez donde encontrará rincones pintorescos y modernos centros polideportivos. Visite sus museos y galerías de arte, teatros y salas de conciertos. Admire la magnífica arquitectura de sus iglesias. Conozca la elegante vida nocturna de sus bares, restaurantes y salas de fiestas.

c)

¡Sol y tipismo en un pintoresco pueblo de pescadores! Visite un lugar encantador que el turismo no ha transformado en un paraíso artificial. Tiéndase al sol y báñese en playas de aguas limpísimas. Disfrute la sabrosa comida local en restaurantes típicos. Visite las pequeñas tiendas de artesanía local. No se pierda las tradicionales fiestas llenas de alegría y colorido.

d)

Pase unas vacaciones inolvidables en la costa. Disfrute del sol en playas de arena blanca. Báñese en el mar. Practique su deporte favorito. Diviértase en el ambiente refinado de la vida nocturna. Saboree lo mejor de la cocina internacional en restaurantes de primera categoría. Baile en modernas discotecas y salas de fiesta. Alójese en hoteles de primera categoría con todas la facilidades deportivas.

e)

Haga algo diferente este verano. Algunas personas descansan solamente cuando no están haciendo nada. Para otros el descanso consiste en cambiar de actividad. Si quiere unas vacaciones estimulantes venga a nuestros campamentos educativos. Ofrecemos cursos intensivos en diferentes materias: idiomas, fotografía, montañismo, arqueología, espeleología. Viva cerca de la naturaleza en un ambiente de compañerismo que no olvidará.

f)

Estas vacaciones respire el aire puro de las montañas. Pase sus vacaciones en un parque nacional. Acampe junto a un lago en medio de verdes prados. Practique el piragüismo o pesque trucha en ríos de aguas cristalinas. Escale montañas magníficas en medio de paisajes extraordinarios. Asómbrese de la variedad de la fauna y la flora de las montañas. Viva en plena naturaleza.

Imperativo usted-ustedes	▶ § 16
¡Visit**e**/visit**en** un lugar encantador! ¡Com**a**/com**an** pescado fresco! ¡Viv**a**/viv**an** en plena naturaleza! ¡**Haga/hagan** algo diferente este verano!	

D

¡Complete!
Vervollständigen Sie!

Complete las frases con las formas correctas del **imperativo usted/ustedes**:
Ergänzen Sie folgende Sätze mit den passenden Formen des ***imperativo****:*

1. ¡..... *(disfrutar, usted)* la playa y el paisaje!
2. ¡..... *(beber, ustedes)* leche fresca de Cantabria!
3. ¡..... *(vivir)* España!
4. ¡..... *(bañarse, ustedes)* en el Mar Mediterráneo!
5. ¡..... *(divertirse, -ie-, usted)* en la Costa del Sol!
6. ¡..... *(conocer, usted)* los Picos de Europa.
7. ¡..... *(practicar, usted)* el windsurf y la vela en la Costa Brava.!
8. ¡..... *(ir, ustedes)* a visitar la Exposición Mundial.
9. ¡..... *(decir, usted)* siempre la verdad!
10. ¡..... *(pagar, usted)* la cuenta!

Imperativo tú-vosotros	▶ § 16
¡**Mira/mirad** cómo está el coche! ¡**Come/comed** los bocadillos! ¡**Cierra/cerrad** las ventanas! ¡**Sal/salid** de aquí! ¡**Levántate/levantaos** en seguida!	

E

¡Complete!
Ergänzen Sie!

Complete, siempre que sea posible, las frases del ejercicio D con las formas correctas del **imperativo tú/vosotros**.
Ergänzen Sie, wo dies möglich ist, die Sätze der Aufgabe D mit den passenden Formen des ***imperativo tú/vosotros****!*

Imperativo y los pronombres personales	▶ §§ 16, 6
¿**Me** puede dar **la llave**?	¡Dé**mela**!
¿Abro **la puerta**?	No, ¡no **la** abra!

F ¡Complete!
Ergänzen Sie!

Complete las frases con las formas correctas del **imperativo usted/ustedes** y sustituya las partes en negrita como en el ejemplo:
*Ergänzen Sie die Sätze mit den passenden Formen des **imperativo usted/ustedes** und ersetzen Sie die fett gedruckten Satzteile gemäß des Beispiels:*

¿**Me** puede dar **la llave**? ——>	¡Démela!
1. ¿**Me** puede dar **el periódico**?	¡.............................. !
2. Vds. no deben beber **esta agua**.	¡No .... !
3. ¿Puede subir **las maletas**?	¡.............................. !
4. Vd. tiene que decirme **la verdad**.	¡.............................. !
5. Vds. no deben hacer **esto**.	¡No .... !
6. Vd. puede leer **esta carta**.	¡.............................. !
7. Vd. puede traerme **dos cafés**.	¡.............................. !
8. Vds. deben pagar **las bebidas**.	¡No .... !
9. Vd. tiene que conocer **a mi amiga**.	¡.............................. !
10. Vd. tiene que escuchar **la cinta**.	¡.............................. !

G ¡Complete!
Ergänzen Sie!

En los siguientes eslogans faltan los imperativos. Póngalos y cuente cuáles son las empresas o los productos a los que pueden referirse los eslogans:
In folgenden Slogans fehlen die Imperative. Setzen Sie diese Formen ein und sagen Sie, für welche Unternehmen oder Produkte die Slogans Werbung machen:

1. ¡.............................. *(Beber, usted)* el refresco más conocido del mundo!
2. ¡.............................. *(Ponerse, usted)* al volante del nuevo ....!
3. ¡.............................. *(Venir, usted)* a conocer los diferentes modelos y equipos telefónicos de ....!
4. ¡.............................. *(Seguir, -i-, usted)* la huella de los neumáticos ....!
5. ¡No .... *(quedarse, usted)* atrás en la informática y .... *(conocernos, usted)* más a fondo. Para más información, ... *(ponerse, usted)* en contacto con nosotros!
6. Lo que no está escrito, ¡.............................. *(escribirlo, usted)* con ....!
7. Si usted quiere conocer los grandes temas de la historia, ¡.............................. *(suscribirse, usted)* a ....!
8. Nuestra compañía le acerca a Curaçao, el tesoro del Caribe. ¡.............................. *(Informarse, usted)* en su agencia de viajes!
9. ¡.............................. *(Distinguir, usted)* al comprar los conjuntos de .... y .... *(distinguirse)* al vestirlos!
10. ¡.............................. *(oír, usted)* la alta fidelidad de .... y .... *(comprarlo, usted)*!

H ¡Lea!
Lesen Sie!

En el siguiente texto se describen las tareas de una empleada de Información y Turismo en Madrid. Apunte en alemán en qué consisten.
Im folgenden Text werden die Aufgaben einer Angestellten des Verkehrsvereins in Madrid beschrieben. Notieren Sie auf deutsch, worin diese bestehen!

N°	DESCRIPCION DE LAS TAREAS	HORAS/MES	%
	– Funciones gestoras de máxima responsabilidad. – Informar y prestar asesoramiento al turista nacional y extranjero en español e idiomas extranjeros (francés e inglés) sobre temas relacionados con itinerarios, transportes, alojamientos, monumentos y museos, balnearios, etc. en el mostrador y por teléfono. – Ayuda y orientación en caso de accidentes, enfermedad, averías, robos, etc. – A las peticiones por escrito de la información antedicha, contestación por el mismo procedimiento en el idioma del solicitante. – Confección y mecanografía de hojas informativas de datos recopilados por el personal de la Oficina y el Jefe de la misma para su distribución al público por su interés y mejora de la información sobre horarios de trenes y autobuses a lugares de interés turístico, relación de líneas aéreas, de embajadas y consulados, de Oficinas de Turismo extranjeras en Madrid etc. – Cumplimentar los diversos escritos oficiales. – Atender a personalidades relacionadas con el mundo del turismo: periodistas, directores de agencias de viajes, etc.		
	TOTAL	150	100 %

I ¡Escuche!
Hören Sie zu!

Habla una empleada de la Oficina de Turismo de la Plaza de España en Madrid sobre los turistas que vienen a su oficina. Escuche y conteste a las siguientes preguntas:
Eine Angestellte der Oficina de Turismo an der Plaza de España in Madrid spricht über die Touristen, die zu ihr ins Büro kommen. Hören Sie zu und beantworten Sie folgende Fragen:

1. *Welche Information brauchen die Touristen am häufigsten?*
2. *Womit haben sie oft Probleme?*

J **¡Escriba!**
Schreiben Sie!

Sie arbeiten beim Verkehrsverein Ihrer Gemeinde und müssen einen Prospekt für spanischsprechende Besucher Ihrer Stadt/Gegend erstellen. Informieren Sie über die Einwohnerzahl, Industrie, Sehenswürdigkeiten, Hotels, Verkehrsverbindungen und wichtige Anschriften!

K **¡Lea!**
Lesen Sie!

Lea el siguiente anuncio en El Mundo y diga cómo puede usted aumentar su rendimiento personal.
Lesen Sie folgende Anzeige aus El Mundo und sagen Sie, wie Sie mehr aus Ihrer Zeit machen können!

AUMENTE SU RENDIMIENTO PERSONAL

Programe su tiempo
y notará mayores resultados
con menos esfuerzo.
Organice sus actividades
y verá con qué facilidad alcanza
sus objetivos
Controle sus gastos
y sentirá seguridad en su situación
financiera

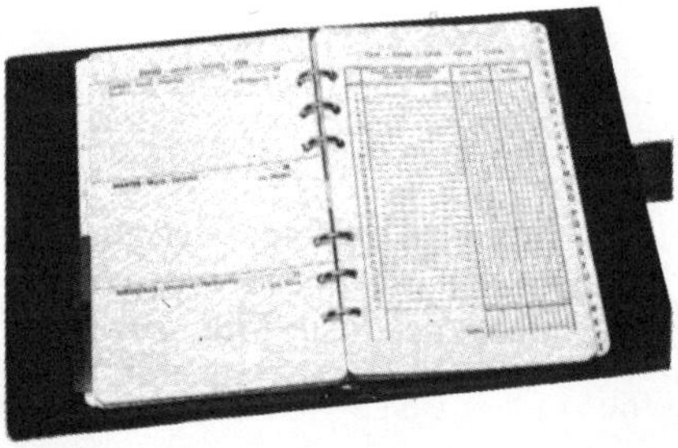

Es una oficina portátil. Es mucho más que una agenda.
Su uso le dará prestigio.

CONTIENE:
Calendario
Datos Personales
Agenda diaria
Agenda de direcciones
Cuenta Corriente
Porta documentos
Planificación anual
Hojas en blanco
Gastos
(Consulte más posibilidades)

En legítima PIEL .... **11.000 Ptas.**
En legítima PIEL (Material en idioma inglés) .... **10.000 Ptas.**
En elegante plástico .... **5.800 Ptas.**

GARANTIA
Si usted no está plenamente satisfecho con nuestros productos, dispone de 20 días para devolverlos y le reintegraremos su dinero.

VENDOM, S.A.

RELLENE el talón adjunto y envíelo a:
Apdo. de Correos 33053. 28080 Madrid
O DEJE SU PEDIDO EN EL TELEFONO **352 47 77**

L **¡Escuche!**
Hören Sie zu!

Hablamos con Paloma Alonso que trabaja en la empresa madrileña Cultek. Escuche la conversación y conteste en alemán a las preguntas:
Wir sprechen mit Paloma Alonso, die bei der Firma Cultek in Madrid arbeitet. Hören Sie sich das Gespräch an und antworten Sie auf deutsch auf folgenden Fragen:

1. *Welche Produkte vertreibt die Firma?*
2. *Wer kauft diese Produkte?*
3. *Wie ist das Marketing organisiert?*
4. *Welche Methoden wenden sie an, um ihre Produkte zu verkaufen?*
5. *Welche Medien setzen Sie dazu ein?*
6. *Welche Kontakte haben Sie mit dem In- und Ausland?*

RED COMERCIAL

CENTRAL

DELEGACIONES

DISTRIBUIDORES

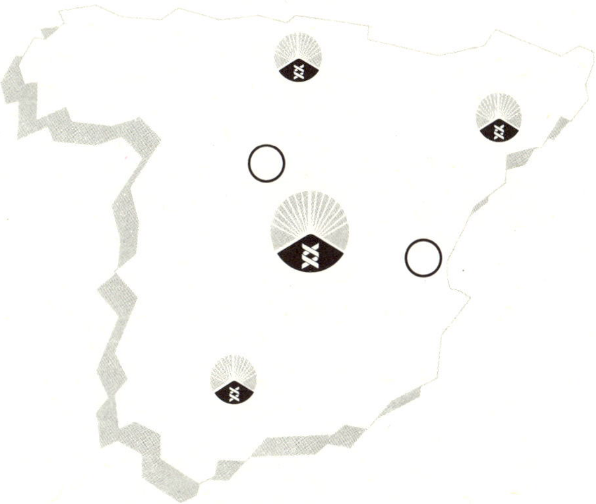

Delegaciones

Cultek, S.L.
Entenza, 332-334
08029 BARCELONA
☎ : 93 - 321 05 50
Telex : 50 847 RTMA E
Fax : 93 - 230 49 99

Cultek, S.L.
San Francisco Javier, 22- 3º 5
41018 SEVILLA
☎ : 95 - 465 78 53
Fax : 95 - 466 05 56

Teknovas, S.A.
Grupo Begoñalde, 7
48007 BILBAO
☎ : 94 - 446 62 62
Fax : 94 - 446 66 89

Central

Cultek, S.L.
Caídos de la División Azul, 20
28016 MADRID
☎ : 91 - 457 08 90
Telex : 46 658 CLTK E
Fax : 91 - 457 65 95

Distribuidores

J.L. Asensio, S.L.
Valladolid
☎ : 983 - 261154

Durviz, S.L.
Valencia
☎ : 96 - 3476409

Unidad 8 Les rogamos nos informen...

A **¡Lea!**
Lesen Sie!

Lea usted las siguientes cartas y conteste a las preguntas:
Lesen Sie folgende Briefe und beantworten Sie die Fragen:

1. ¿Por qué escribe la empresa Intervino una carta a Federico Paternina?
2. ¿Qúe respuesta da la empresa Bodegas Federico Paternina?

Carta 1

Weinimport Intervino
Postfach 24 78 34
D-5000 Düsseldorf

Bodegas Federico Paternina
Apartado 426
E-26003 Haro Ollauri (La Rioja)
España

Düsseldorf, 2 de octubre de 19..

Estimados señores:

Con mucho interés hemos leído su anuncio en la revista 'Essen & Trinken'. Somos importadores de vinos y nos interesa conocer sus productos.
Les rogamos nos informen detalladamente de sus vinos, de los precios y de las condiciones de pago y entrega. En espera de sus prontas noticias, les saludamos atentamente.

Weinimport Intervino

p.p. Peter Hermsen

Carta 2 Oferta

Sres. Weinimport Intervino
Postfach 247834

D-5000 DÜSSELDORF

Bodegas Federico Paternina
Apartado 426
26003 Haro Ollauri (Rioja)
España

Haro, 21 de octubre de 19..

Estimados señores:

Acusamos recibo de su carta del 2 cte., por la cual les damos las gracias. A continuación les informamos sobre nuestras bodegas.

Las bodegas antiguas de nuestra empresa se hallan en Ollauri y las modernas en Haro. Estas tienen una superficie de 120.000 metros cuadrados. En nuestra empresa trabajan unas 150 personas.

No tenemos viñedos propios. Por eso, para los riojas tintos compramos vinos hechos y, normalmente, mostos para los blancos y los rosados. Nuestra empresa produce unos 92.000 hectolitros al año, de los cuales cerca del 70% son tintos (Banda Azul, Viña Vial, Gran Reserva y Conde de los Andes), el 20% blancos (Banda Dorada, Rinsol, Reserva Blanca) y el 10% rosados (Banda Rosa). Los vinos de nuestra casa han obtenido en sus diversas categorías toda clase de premios, como por ejemplo medallas de oro y de plata en Londres, Milán y Liubliana. Del millón de cajas que la bodega vende anualmente, un tercio va al extranjero.

A su demanda les remitimos nuestro catálogo y la lista de precios. Nuestros precios se entienden fob Bilbao. Sírvanse ver nuestras condiciones de pago y entrega en la hoja adjunta.

Por correo separado les enviamos algunas muestras de los diferentes vinos de nuestra casa. Les rogamos los prueben y que nos comuniquen su opinión sobre su calidad.

En espera de sus noticias, les saludamos muy atentamente.

Bodegas Federico Paternina

Francisco Buyo

p.p. Francisco Buyo

Anexos: 1 catálogo
1 lista de precios
1 hoja de condiciones

B ¿Cierto o falso?
Richtig oder falsch?

	C	F
1. Las bodegas modernas de Federico Paternina se hallan en Ollauri.		
2. En la empresa trabajan más de 100 personas.		
3. La empresa compra vinos hechos porque no tiene viñedos propios.		
4. La mayoría de los vinos que produce la empresa son vinos blancos.		
5. La empresa vende más en España que en el extranjero.		

C ¡Relacione!
Verbinden Sie die Satzteile!

Relacione las partes correspondientes (en algunos casos hay varias posibilidades):
Verbinden Sie die Satzteile (in einigen Fällen gibt es mehrere Möglichkeiten):

1. Con mucho interés
2. Me interesa
3. Soy
4. Le ruego
5. En espera de
6. le saludo

a) (que) me informe detalladamente.
b) importador de vinos españoles.
c) su respuesta.
d) muy atentamente.
e) probar la calidad de sus productos.
f) he leído su carta.

1. Acuso recibo
2. A continuación
3. Las bodegas antiguas
4. En nuestra empresa
5. A su demanda
6. Nuestros precios
7. Sírvanse
8. Por correo separado
9. Les rogamos

a) leer las condiciones de venta.
b) (que) comprueben la calidad.
c) le envío nuestro catálogo.
d) le mando algunas muestras.
e) de su escrito del 22 del mes pasado.
f) le informo sobre mi bodega.
g) hay unos 80 trabajadores.
h) se entienden cif Hamburgo.
i) se encuentran en Cenicero.

D ¿Cómo se dice en español?
Wie sagt man auf spanisch?

1. *Sehr geehrte Damen und Herren!*
2. *Wir haben Ihre Anzeige gelesen.*
3. *Wir sind daran interessiert, Ihre Produkte kennenzulernen.*
4. *Wir bitten Sie, uns ausführlich zu informieren.*
5. *In Erwartung Ihrer Nachricht verbleiben wir hochachtungsvoll.*

1. *Wir bestätigen den Empfang Ihres Briefes.*
2. *Wir geben Ihnen Auskünfte über unser Unternehmen.*
3. *Auf Ihre Anfrage hin schicken wir Ihnen unseren Katalog und unsere Preisliste.*
4. *Bitte sehen Sie sich unsere Zahlungs- und Lieferbedingungen an.*
5. *Mit gesonderter Post senden wir Ihnen einige Proben der verschiedenen Weine unseres Unternehmens.*

Pronombres relativos	▶ § 12
Del millón de cajas **que** la bodega vende anualmente, un tercio va al extranjero. Acusamos recibo de su carta del 2 cte., **por la que/por la cual** les damos las gracias.	

E **¡Complete!**
Ergänzen Sie!

Complete las siguientes frases con el **pronombre relativo** correspondiente:
*Ergänzen Sie folgende Sätze mit dem passenden **Relativpronomen**:*

1. La mayoría de los vinos .... produce la empresa son vinos tintos.
2. Del millón de cajas .... la bodega vende anualmente, un tercio va al extranjero.
3. En la lista pueden ver los precios, ... se entienden fob Bilbao.
4. Les enviamos unas muestras con .... pueden comprobar la calidad de los diferentes vinos de nuestra casa.
5. Acusamos recibo de su carta por .... les damos las gracias.
6. Nuestra empresa produce unos 92.000 hectolitros al año, de .... cerca del 70 % son tintos.
7. En respuesta a su demanda les mandamos nuestro catálogo en .... pueden ver los precios.
8. En el catálogo pueden ver también los vinos con .... nuestra empresa ha ganado toda clase de premios.

Subjuntivo als Ausdruck einer Bitte	▶ § 29
Les rogamos (que) nos inform**en** detalladamente sobre sus vinos.	

F **¡Complete!**
Ergänzen Sie!

Complete las frases con la forma correcta del **subjuntivo**:
*Ergänzen Sie die Sätze mit der passenden Form des **subjuntivo**:*

1. Les ruego que me ..... *(informar, ustedes)* detalladamente.
2. Les aconsejo que ..... *(probar, ustedes)* esos vinos. Son muy buenos.
3. No quiero que ..... *(pagar, tú)* la cuenta. Es que los productos no han llegado todavía.
4. Nos ruegan que les ..... *(enviar, nosotros)* algunas muestras de los diferentes productos de nuestra casa.
5. Les recomiendo que ..... *(ponerse, ustedes)* en contacto conmigo.
6. Le ruego que ..... *(escribir, ustedes)* una carta a las bodegas Federico Paternina.

G ¡Relacione!
Verbinden Sie die Satzteile!

Haga frases según el modelo:
Bilden Sie Sätze gemäß des Beispiels:

Le **aconsejamos** que nos **informe** detalladamente de sus productos

(No) le(s)	aconsejar querer desear rogar esperar recomendar pedir exigir	(que)	enviar una carta. informar detalladamente de los productos. mandar un catálogo. dar información sobre su empresa. comprobar la calidad de las mercancías. conocer nuestros productos. ver nuestras condiciones de pago. (las mercancías) llegar en buen estado. llamar por teléfono. ponerse en contacto conmigo. (los vinos) obtener premios.

H ¡Traduzca!
Übersetzen Sie!

1. *Ich hoffe, so schnell wie möglich eine Anwort von Ihnen zu erhalten.*
2. *Wir bitten Sie, uns einen Katalog und eine Liste mit den Zahlungsbedingungen zu schicken.*
3. *Wir hoffen, daß unsere Weine in Madrid prämiert werden.*

I ¡Complete!
Ergänzen Sie!

Complete las frases con la forma correcta del **subjuntivo** o del **indicativo**:
*Ergänzen Sie die Sätze mit der passenden Form des **subjuntivo** oder **indicativo**:*

1. Las bodegas dicen que .... *(haber, ellas)* ganado muchos premios.
2. Comprobamos que la calidad de los productos .... *(ser)* buena.
3. No queremos que .... *(recibir, usted)* tarde las muestras.
4. Les hemos dicho que .... *(ponerse, ellos)* en contacto con nosotros.
5. Les informamos que no .... *(tener, nosotros)* viñedos propios.

J ¡Lea!
Lesen Sie!

Lea el texto y diga en alemán cuáles son las cuatro categorías de vino de Rioja y en qué se distinguen:
Lesen Sie den Text und sagen Sie auf deutsch, welche vier Kategorien von Riojaweinen es gibt und inwiefern sie sich unterscheiden!

Las categorías del vino de Rioja

Todas las botellas de vino de Rioja deben tener una contraetiqueta numerada, en la que se indica la categoría del vino. El grupo que no ha envejecido en la barrica, o apenas lo ha hecho, se llama vino sin crianza.
Las tres categorías de vino envejecido en madera se designan como vino de crianza, reserva y gran reserva.
Para la crianza del vino rigen unas normas mínimas de envejecimiento de un año en barrica y un año de depósito, tina y/o botella. Ningún rioja de esta categoría puede tener, por lo tanto, menos de dos años.
El término "reserva" entró en uso a fines del siglo pasado, cuando los compradores franceses "reservaban" los vinos en determinadas empresas. Ahora se entiende legalmente por este término el vino tinto que ha envejecido por lo menos tres años, uno de ellos, como mínimo, en barrica. Para tener derecho a la calificación de gran reserva, un rioja debe haber envejecido por lo menos dos años en barrica y tres en botella.
("Vinos de Rioja", Hubrecht Duijker, *Barcelona 1985*)

K **¡Lea!**
Lesen Sie!

Lea y conteste en alemán a las siguientes preguntas:
Lesen und beantworten Sie auf deutsch folgende Fragen:

1. *Wieviele Jahrgänge hat der Autor während seiner Besuche bei Marqués de Cáceres kennengelernt?*
2. *Was hält er von den 'reservas' von 1970, 1973 und 1975?*

Un 1975 distinguido

Durante mis visitas a Marqués de Cáceres pude trabar conocimiento con siete cosechas de tinto, entre ellos tres reservas: los de 1970, 1973 y 1975. Sólo por estos vinos se deducía ya que la bodega estaba elaborando, en su corta existencia, vinos cada vez mejores. En el de 1970 eché en falta un poco de cuerpo y fuerza; el de 1973 ya ofrecía más sabor y carácter, y el 1975 era uno de los mejores riojas que jamás he probado. Resultó ser un vino muy completo, con un color vivo y con cuerpo, sabrosísimo, afrutado, madera noble y una calidad distinguida. Ya había probado el mismo vino un año antes, pero entonces todavía era un vino muy plano, de modo que el último año de envejecimiento en botella tenía sentido. No cabe duda de que el reserva 1975 de Bodegas Marqués de Cáceres reforzará su reputación. Y si Rioja consiguiera producir vinos de este tipo a una escala algo mayor, habría llegado la hora de que algunas regiones vinícolas francesas comenzaran a preocuparse muy en serio.

L **¡Escriba!**
Schreiben Sie!

Sie arbeiten bei der deutschen Firma Koch in Berlin, die Weine importiert. Schreiben Sie einen Brief an die Bodegas Marqués de Cáceres, in dem Sie sagen:

- *daß Sie durch eine Anzeige auf die Weine von Marqués de Cáceres aufmerksam geworden sind;*
- *daß Ihre Firma daran interessiert ist, die Produkte von Bodegas Marqués de Cáceres ('crianzas' und 'reservas') kennenzulernen;*
- *daß Sie ausführliche Informationen über deren Weine, Preise, Zahlungs- und Lieferbedingungen erhalten möchten.*

Schreiben Sie den Brief formgerecht unter Verwendung von:
- *Anschrift*
- *Datum*
- *Anrede*
- *Grußformel*

M **¡Escuche!**
Hören Sie zu!

Hablamos con María José Díaz de Alda sobre su día de trabajo. Escuche la siguiente conversación y conteste a las preguntas:
Wir sprechen mit María José Díaz de Alda über ihren Arbeitstag. Hören Sie sich folgendes Gespräch an und beantworten Sie die Fragen:

1. ¿A qué hora empieza a trabajar?
2. ¿Dónde desayuna?
3. ¿Qué desayuna?
4. ¿Qué hacen sus colegas?
5. ¿Qué hace la gente que empieza a trabajar a las ocho?

N **¡Escuche!**
Hören Sie zu!

Escuche lo que dice María José sobre la comida y la cena y conteste a las preguntas:
Hören Sie zu, was María José über das Essen sagt und beantworten Sie folgende Fragen:

1. ¿Dónde suele comer María José? ¿Por qué?
2. ¿Toma vino en las comidas?
3. ¿Qué bebe la mayoría de la gente del entorno de María José?

O **¡Escuche!**
Hören Sie zu!

Escuche lo que dice María José sobre sus platos preferidos y conteste en español a las siguientes preguntas:
Hören Sie zu, was María José über ihre Lieblingsgerichte sagt und beantworten Sie auf spanisch folgende Fragen:

1. ¿Qué platos prefiere María José?
2. ¿Qué dice sobre el cocido madrileño?
3. ¿Suele merendar?
4. María José habla sobre una costumbre típica de los españoles. ¿Cuál es?

Unidad 9 Les pasamos el pedido siguiente

A

¡Lea!
Lesen Sie!

Lea usted las siguientes cartas y conteste en alemán a las preguntas:
Lesen Sie folgende Briefe und beantworten Sie auf deutsch die Fragen:

1. *Wovon handelt der Brief von Weinimport Intervino an Federico Paternina?*
2. *Was antwortet Federico Paternina?*

Carta 1

Weinimport Intervino
Postfach 24 78 34
D–5000 Düsseldorf

Bodegas Federico Paternina
Apartado 426
E-26003 Haro-Ollauri (Rioja)
España

S/ref	S/carta	N/ref
FB/VF	21-10-19..	PH/JV

Düsseldorf, 4 de noviembre de 19..

Asunto: Pedido de vinos

Estimados señores:

Acusamos recibo de su oferta del 12 ppdo., por la cual les damos las gracias. También les comunicamos que hemos recibido las muestras mencionadas en su carta. La calidad de sus vinos nos ha satisfecho. Para hacer un ensayo en nuestro mercado, les pasamos el pedido siguiente:

800 botellas de vino tinto, Viña Vial, reserva de 1983, al precio de Pts 700 cada una.

Sírvanse mandarnos también material de propaganda para los clientes interesados.

En espera de sus noticias y de la confirmación del pedido, les saludamos muy atentamente.

Weinimport Intervino

Peter Hermsen

p.p. Peter Hermsen

Carta 2

Weinimport Intervino
Postfach 24 7834
D-5000 <u>DÜSSELDORF</u>

Bodegas Federico Paternina
Apartado 426
26003 Haro Ollauri (Rioja)
España

S/ref	S/carta	N/ref
FB/VF	4-11-19..	PH/JV

Haro, 17 de noviembre de 19..

Asunto: Confirmación de su pedido del 4-11-19..

Muy señores nuestros:

Les agradecemos su carta del 4 cte. con el pedido adjunto que confirmamos como sigue:

800 botellas de vino tinto, reserva de 1983 Viña Vial, al precio de Ptas 700 cada una.

Celebramos mucho que nos hayan favorecido con su pedido, que hemos ejecutado inmediatamente, despachando hoy la mercancía por barco. Esperamos que el envío llegue a su poder en buen estado.

Adjunto a la presente les mandamos la factura (por valor de Ptas 560.000) y unos folletos en español.

Esperamos que Vds. estén satisfechos con la pronta ejecución de este pedido y que a esta primera orden sigan otras.

Les saludamos muy atentamente,

Bodegas Federico Paternina

Francisco Buyo

p.p. Francisco Buyo

Anexos: 1 factura
10 folletos

B ¡Busque!
Suchen Sie!

Busque las partes correspondientes de la primera carta y póngalas en el orden debido:
Suchen Sie die entsprechenden Teile des ersten Briefes und setzen Sie diese Teile in die richtigen Reihenfolge:

a material de propaganda para los clientes interesados

b Para hacer un ensayo en nuestro mercado

c Estimados Señores:

d También les comunicamos

e En espera de sus noticias y de la confirmación del pedido

f 800 botellas de vino tinto. Viña Vial, reserva de 1983, al precio de ptas. 500 cada una.

g por la cual les damos las gracias.

h les pasamos el pedido siguiente:

i las muestras mencionadas en su carta.

j Asunto: Pedido de vinos

k que hemos recibido

l Weinimport Intervino
p.p. Peter Hermsen

m S/ref FB/VF S/carta 21-10-19.. N/ref PH/JV

n Düsseldorf, 4 de noviembre de 19..

o les saludamos muy atentamente

p Sírvanse mandarnos también

q Sres. Bodegas Federico Paternina
Apartado 426
E-26003 HARO-OLLAURI (Rioja)

r La calidad de sus vinos nos ha satisfecho.

s Acusamos recibo de su oferta del 12 ppdo.

C ¿Cómo se dice en español?
Wie sagt man auf spanisch?

Carta 1

1. *Wir bestätigen den Empfang Ihres Angebotes.*
2. *Auch teilen wir Ihnen mit, daß wir die Muster empfangen haben, die Sie in Ihrem Schreiben erwähnten.*
3. *Um einen Versuch auf unserem Markt zu machen, erteilen wir Ihnen folgenden Auftrag: ...*
4. *Bitte schicken Sie uns auch Werbematerial für interessierte Kunden.*
5. *In Erwartung Ihrer Auftragsbestätigung grüßen wir Sie hochachtungsvoll.*

Subjuntivo nach Verben des Gefühls ► § 30
Celebramos mucho **que** nos **hayan** favorecido con su pedido.

D ¡Relacione!
Verbinden Sie die Satzteile!

Haga frases según el ejemplo con las formas correctas del **subjuntivo**:
*Bilden Sie Sätze gemäß des Beispiels mit den passenden Formen des **subjuntivo**:*

Celebramos que nos hayan favorecido con su pedido.

Celebramos	que (no)	haber favorecido con su pedido.
Lamentamos		ponerse en contacto con nosotros.
Sentimos		haber recibido las muestras.
Nos alegra		haber despachado pronto la mercancía.
Nos molesta		estar de acuerdo con nuestras condiciones.
Es bueno		estar satisfecho de la pronta ejecución.
Le(s) agradecemos		gustar nuestros productos.
Es raro/extraño		el envío llegar a su poder en buen estado.
		estar interesado en nuestros vinos.
		haber enviado un catálogo.

E ¡Traduzca!
Übersetzen Sie!

1. *Ich freue mich, daß die Ware in gutem Zustand angekommen ist.*
2. *Wir bedauern es, daß Sie mit unseren Zahlungsbedingungen nicht einverstanden sind.*
3. *Wir danken Ihnen für die sofortige Begleichung der Rechnung.*
4. *Wir bedauern es, daß Sie sich nicht eher mit uns in Verbindung gesetzt haben.*
5. *Es freut uns, daß Sie mit der Qualität des Weines zufrieden sind.*

F ¡Complete!
Ergänzen Sie!

1. Le doy las gracias por la carta que .... *(confirmar, yo)* como sigue.
2. Celebro que usted .... *(haber)* ejecutado mi pedido inmediatamente.
3. Le comunico que .... *(haber, yo)* recibido sus muestras.
4. Les agradezco que nos .... *(haber, ustedes)* mandado también material de propaganda.
5. Siento que no .... *(poder, yo)* pasarle la orden.

G ¡Traduzca!
Übersetzen Sie:

1. *Wir danken Ihnen für Ihren Brief vom 15. d. M.*
2. *Wir bestätigen Ihren Auftrag, wie folgt:*
3. *Wir freuen uns sehr, daß Sie uns mit Ihrem Auftrag beehrt haben.*
4. *Wir hoffen, daß die Sendung in gutem Zustand in Ihren Besitz gelangen wird.*
5. *Wir fügen diesem Schreiben die Rechnung bei.*
6. *Wir hoffen, daß Sie mit der schnellen Ausführung Ihres Auftrages zufrieden sind, und daß auf diesen ersten Auftrag weitere folgen werden.*

H **¡Lea!**
Lesen Sie!

Sie arbeiten bei Recapesa, einem Unternehmen für Autoersatzteile (recambios y maquinaria para automoción) von Peugeot in Barcelona, und Sie bekommen ein Schreiben mit einem Werbeblatt von Suministros del Noroeste. Erzählen Sie auf deutsch, was im Brief gesagt wird!

SUMINISTROS DEL NOROESTE, S/A

RECAMBIOS, MAQUINARIA Y EQUIPOS PARA AUTOMOCION E INDUSTRIA
IMPORTACION-EXPORTACION

Vía Norte, 6
VIGO

Oficinas Teléf. 986 - 41 94 14
Almacén Teléf. 986 - 41 81 68
Telex 83320 SUNO E

NUEVOS TELEFONOS
Almacén: 43 31 77
Oficina: 43 33 72

Su referencia — Su escrito del — N/. referencia — N/. escrito del — VIGO

Muy Sres. nuestros:

KONI ha conseguido desarrollar desde hace muchos años el amortiguador más prestigioso del mundo, gracias al estudio técnico del amortiguador para Fórmula I. En los últimos 14 años, todos los ganadores del Campeonato del Mundo han equipado KONI.

Ello le ha permitido desarrollar un programa de amortiguadores con la idea de mejorar las prestaciones y personalizar los vehículos de los "entusiastas de PEUGEOT/TALBOT".

Les adjuntamos tríptico descriptivo con todas las aplicaciones para estos vehículos. Para una mayor información ó solicitar más folletos, agradeceremos se pongan en contacto con esta su casa y les haremos saber las condiciones que les aplicaremos, las cuales sin duda redundarán en mejorar làs atenciones hacia sus clientes.

Entretanto, aprovechamos la oportunidad para saludarles muy atentamente,

SUMINISTROS DEL NOROESTE, S.A.

Cuenta corriente: Banco de Vizcaya - Hispano Americano

I ¡Lea!
Lesen Sie!

Lesen Sie den Prospekt von Koni-Stoßdämpfern und nennen Sie vier Gründe, warum Koni-Stoßdämpfer so gut sind.

¿Por qué KONI?

Porque los especialistas adaptan los amortiguadores **KONI** Special "D" a cada coche individual! Gracias a la construcción especial los técnicos de **KONI** estan en condiciones de diseñar amortiguadores "a medida" para cada tipo de coche. Tanto si se trata de un coche de carreras de Fórmula o de su propio automóvil los amortiguadores **KONI** estan adaptados a las caracteristicas del coche de suerte que se garantiza la combinación ideal entre una **adherencia máxima a la carretera y una comodidad espléndida.**

Durante un programa extenso de ensayos en el laboratorio así como en la pista de pruebas de **KONI**, los amortiguadores son sometidos a un examen exhaustivo y deben probar su validez en superficies muy diferentes de la carretera y en circunstancias cambiantes constantemente.

La duración de todos los amortiguadores es limitada por el desgaste natural Eso no es un problema con amortiguadores **KONI** Special "D" – porque todos son **ajustables** en sus fuerzas de amortiguación En lugar de cambiarlos se ajustan de una manera simple y la seguridad original y la gran comodidad se restablecen quedando otra vez como nuevos **¡pues la duración de los amortiguadores KONI es el doble por lo menos!**

Al igual que el campeón mundial de Grand Prix ¡solícite sólo amortiguadores **KONI** para su coche!

KONI
MANTIENE SUS RUEDAS EN LA CARRETERA

J ¡Escriba!
Schreiben Sie!

Schreiben Sie einen Brief an Suministros del Noroeste, in dem Sie folgenden Auftrag erteilen:
100 Gestelle Stoßdämpfer für den Peugeot 205, der Marke Koni, 50 vom Typ S 87 5084 (vorn), zum Preis von 8.000 Peseten pro Gestell, 50 vom Typ A 26 1220 (hinten), zum Preis von 6.000 Peseten pro Gestell. Achten Sie auf den richtigen Aufbau und die genaue Ausführung des Briefes.

K ¡Escriba!
Schreiben Sie!

Sie arbeiten bei Suministros del Noroeste und bekommen den obengenannten Brief von Recapesa. Bestätigen Sie den Empfang und sagen Sie, daß Sie die Stoßdämpfer sofort abgeschickt haben. Fügen Sie die Rechnung bei! Achten Sie auf den richtigen Aufbau und die genaue Ausführung des Briefes!

L ¡Escuche!
Hören Sie zu!

Doña María y el señor Hernández hablan sobre el Mercado Común. Doña María está preocupada por la competitividad de su empresa en la nueva situación. Escuche lo que dicen doña María y el señor Hernández y conteste a las preguntas;
Doña María und Herr Hernández sprechen über die EG. Doña María ist um die Konkurrenzfähigkeit ihrer Firma in der neuen Situation besorgt. Hören Sie, was Doña María und Herr Hernández sagen und beantworten Sie folgende Fragen:

1. *Wer hat, nach Meinung von Herrn Hernández, den größten Vorteil von der Neugestaltung des europäischen Binnenmarktes?*
2. *Warum wird es ab 1992 mehr Konkurrenz geben?*
3. *Was muß ein Betrieb, Doña Marías Meinung nach machen, um mithalten zu können?*
4. *Hat Doña María eine positive oder negative Meinung über die Entwicklung des Marktes? Und Herr Hernández?*
5. *Welche Unternehmen werden in Zukunft, nach der Meinung von Herrn Hernández, keine Probleme haben?*
6. *Wie kann man dieses Ziel erreichen?*
7. *Welche Art von Unterstützung kann man erhalten?*
8. *Welche anderen Vorteile entstehen dabei?*

M ¡Relacione!
Verbinden Sie!

Relacione las expresiones equivalentes en español y en alemán:
Verbinden Sie die entsprechenden spanischen Ausdrücke mit den deutschen:

1. *besorgt*	a. *cumplir con las expectativas*
2. *Widerstand leisten*	b. *invertir*
3. *der Meistbegünstigte*	c. *la tecnología punta*
4. *der Mann auf derStraße*	d. *la competencia*
5. *die Konkurrenz*	e. *el hombre de a pie*
6. *eine übermäßige Ausgabe*	f. *un desembolso excesivo*
7. *die Erwartungen*	g. *preocupado*
8. *steuerliche Vorteile*	h. *las ventajas fiscales*
9. *investieren*	i. *enfrentarse con*
10. *ausgestattet mit*	j. *de cara al año fiscal*
11. *wirtschaftliche Stabilität*	k. *desgravamientos interesantes*
12. *die Ziele erreichen*	l. *las subvenciones estatales*
13. *die Spitzentechnologie*	m. *el gran beneficiado*
14. *die staatlichen Subventionen*	n. *alcanzar las metas*
15. *interessante Steuervergünstigungen*	o. *la solidez económica*
16. *im Hinblick auf das Steuerjahr*	p. *equipado de*

Unidad 10 Amigo por correspondencia

A

¡Lea!
Lesen Sie!

Lea la carta de Cristina y conteste a las siguientes preguntas:
Lesen Sie den Brief von Cristina und antworten Sie auf folgende Fragen:

1. ¿Cuántos años tiene Cristina?
2. ¿Dónde vive la chica?
3. ¿Qué cuenta de su familia?
4. ¿Dónde trabaja?
5. ¿Qué cuenta de su escuela?
6. ¿Qué dice sobre la ciudad en la que vive?
7. ¿Qué hace en su tiempo libre?
8. ¿Qué quiere saber de su posible amigo/amiga?
9. ¿Qué espera de la persona con quien va a cartearse?

Mataró, 28 de diciembre de 19...

¡Hola!

Me llamo Cristina y tengo 17 años. Quisiera mantener correspondencia con una chica o un chico de Alemania. Vivo en Mataró, una ciudad industrial a unos 30 kilómetros al norte de Barcelona. ¿Dónde vives tú?

Tengo una hermana de 23 años y un hermano de 15 años. Mi padre trabaja de cajero en el Banco de Bilbao. Mi madre es enfermera en el Centro Médico de nuestra ciudad. ¿Qué hacen tus padres?

Por la mañana trabajo en el Ayuntamiento y por la tarde estoy en la Escuela Pía Santa Ana. Soy alumna del tercer curso de Formación Profesional, sección administrativa y comercial. Tengo clase de 5 a 9 y media. Asignaturas importantes son lengua castellana, lengua catalana, inglés, matemáticas, contabilidad, economía e informática. Y tú, ¿en qué tipo de enseñanza estás?

Vivimos en el centro de la ciudad. Puedo ir a pie a mi trabajo y a la escuela. Mataró tiene unos cien mil habitantes. Muchas personas trabajan en la industria textil y en el cultivo de frutas y flores. El primer ferrocarril de España es el de Mataró-Barcelona (1848). Tenemos una playa muy larga. Los domingos está llena de gente, sobre todo de Barcelona. Y tú, ¿vives en una ciudad o un pueblo? ¿Quieres contarme algo sobre el lugar en el que vives?

Voy a la playa cuando hace buen tiempo. Los sábados por la tarde suelo ir al Palacio de Deportes para jugar al baloncesto. Por la noche voy con mis amigas al cine o veo la televisión.

¿Qué intereses tienes tú? No es necesario que tengas los mismos intereses que yo. Pero es importante que seas aproximadamente de la misma edad que yo.

Si te gusta tener una catalana como amiga por correspondencia, escríbeme cuanto antes. Saludos cordiales.

Cristina

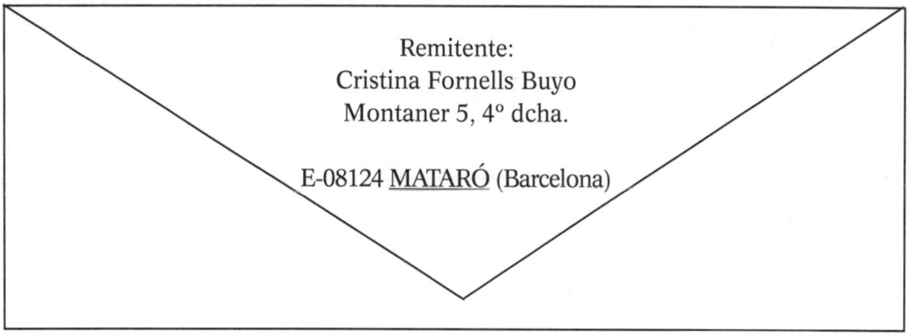

B ¡Conteste!
Antworten Sie!

En lugar de Cristina su vecino/vecina le va a hacer algunas preguntas. Contéstelas y cambien después los papeles:
Anstelle von Cristina wird Ihnen Ihr Nachbar/Ihre Nachbarin einige Fragen stellen. Beantworten Sie diese und tauschen Sie dann die Rollen:

1. ¿Dónde vives?
2. ¿Qué hacen tus padres?
3. Y tú, ¿en qué tipo de colegio estás?
4. ¿Vives en una ciudad o un pueblo?
5. ¿Quieres contarme algo sobre el lugar donde vives?
6. ¿Qué te gusta hacer en tu tiempo libre?

Subjuntivo nach unpersönlichen Ausdrücken ► § 29
"**Es importante que sea** de la misma edad que yo." "No **es necesario que tengas** los mismos intereses que yo."

C ¡Hable!
Sprechen Sie!

Se mencionan algunas características que debería tener su amigo/amiga por correspondencia. Escoja las cinco más importantes y comience así:
Es werden einige Eigenschaften erwähnt, die Ihr(e) Brieffreund(in) haben sollte. Wählen Sie die fünf wichtigsten und beginnen Sie folgendermaßen:

(No) Es necesario que ...
(No) Hace falta que ...
(No) Es importante que ...

- escribir muchas cartas
- tener sentido del humor
- gustarle la música pop
- pensar como yo
- interesarle la política
- ser aficionado/-a a los deportes
- ser muy serio/-a y formal
- ser comprensivo/-a

D ¡Hable!
Sprechen Sie!

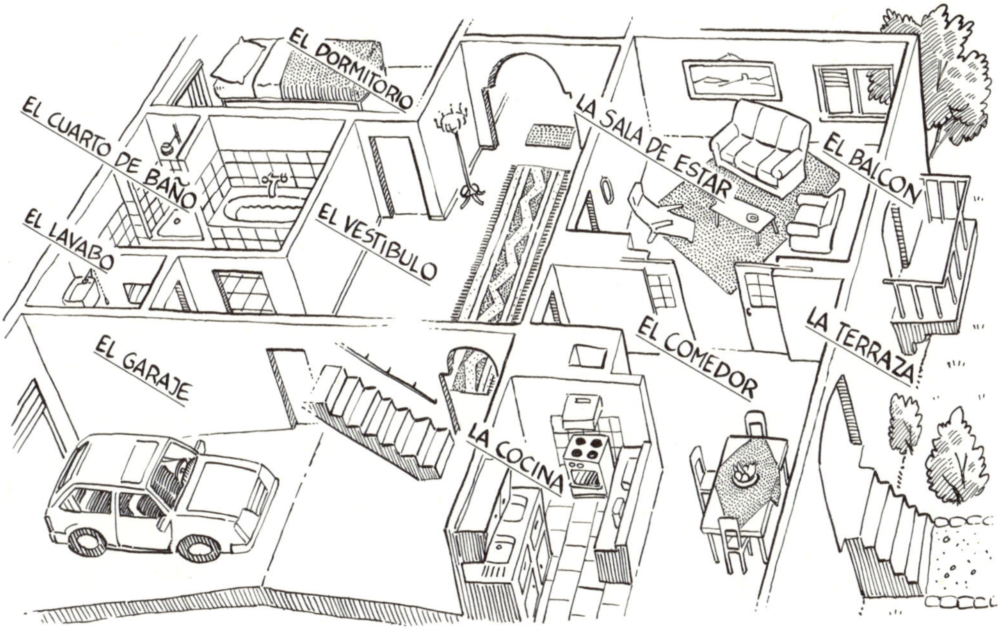

Usted busca una nueva casa pero tiene algunos deseos muy concretos. Indique dónde debe estar situada y cómo debe ser la casa. Emplee las expresiones mencionadas en A y las condiciones mencionadas en B:
Sie suchen eine neue Wohnung. Sie haben aber viele Wünsche. Geben Sie an, wo und wie die Wohnung sein soll. Verwenden Sie zuerst im Hauptsatz eine der unter A genannten Ausdrücke und erwähnen Sie im Nebensatz die unter B genannten Voraussetzungen:

A)
es preciso que
es importante que
es necesario que
hace falta que
me gusta que

B)
estar situado en el campo/en la ciudad
tener dos/tres/cuatro dormitorios
jardín/balcón/garaje/terraza
ser grande/pequeña/lujosa/bonita
costar menos de ..... pesetas.
tener una cocina moderna/
calefacción central/
una sala de estar grande
haber poco ruido en la calle

E **¡Escriba!**
Schreiben Sie!

Sie möchten Ihre Sommerferien in Spanien verbringen. Sie schreiben einen Brief auf spanisch an die Oficina de Turismo, in dem Sie sich nach einer Ferienwohnung erkundigen. Sie haben aber konkrete Wünsche in Bezug auf Größe, Preis, Lage, Ausstattung und teilen diese gleich mit.

F **¡Hable!**
Sprechen Sie!

Sie möchten Ihren Urlaub an der Nordküste Spaniens verbringen. Dazu rufen Sie beim Verkehrsverein in Santander an. Sie bitten die Angestellte/den Angestellten um Auskunft über bestimmte Unterkunftsmöglichkeiten und geben an, welche Voraussetzungen sie haben sollen, z.B. Lage nicht weit vom Strand und vom Zentrum , Drei- oder Vier-Sterne Hotel, mit Parkplatz, öffentliche Verkehrsmittel, Preise unter ...Ptas., usw. Ihr(e) Nachbar(in) übernimmt die Rolle der Angestellten .

G **¡Escriba!**
Schreiben Sie!

Schreiben Sie einen Brief an Cristina, in dem Sie erwähnen
- *wer Sie sind, wie alt Sie sind, und wo Sie wohnen*
- *in welcher Schule Sie sind, welchen Stundenplan und welche Fächer Sie haben /bzw. wo Sie beschäftigt sind*
- *wie Ihr Wohnort ist*
- *welche Hobbys Sie haben und wie Sie Ihre Freizeit verbringen*
- *daß Sie mit ihr auf spanisch korrespondieren möchten, um Ihre Kentnisse zu verbessern*
- *daß es wichtig sei, daß sie Ihnen häufig schreibt*
- *daß es wichtig sei, daß sie Popmusik mag, usw. (Denken Sie sich einige Interessen aus, die Sie für wichtig halten)*

Schreiben Sie den Brief formgerecht unter Verwendung von:

- *Anschrift*
- *Datum*
- *Anrede*
- *Grußformel*

H

¡Haga una encuesta!
Machen Sie eine Umfrage!

Haga una encuesta entre sus compañeros de clase. Haga preguntas en español sobre:
Machen Sie eine Umfrage unter Ihren Kursmitgliedern. Stellen Sie auf spanisch Fragen über:

1. El lugar donde viven.
2. Su familia.
3. Su escuela y las asignaturas que prefieren. /Su trabajo.
4. Su tiempo libre.
5. ¿Qué esperan de su amigo/amiga ideal (emplee expresiones como: (no) es importante que, (no) es necesario que, hace falta que, etcétera)
6. ¿Qué deseos tiene en cuanto a su (futura) profesión?

I

¡Escuche!
Hören Sie zu!

Escuche la casete y conteste en alemán a las siguientes preguntas:
Hören Sie die Kassette an und beantworten Sie auf deutsch folgende Fragen:

1. *Aus wievielen Personen besteht die Familie von Iraida?*
2. *Wann steht sie auf?*
3. *Wo frühstückt sie?*
4. *Wann kommt sie an der Schule an?*
5. *Wie weit ist die Schule entfernt?*
6. *Welches sind ihre Lieblingsfächer?*
7. *Wer ist ihr Lieblingslehrer und weshalb?*
8. *Wann kehrt sie nach Hause zurück?*
9. *Was ißt sie am liebsten?*
10. *Wie verbringt sie den Nachmittag?*
11. *Geht sie abends aus?*
12. *Wann geht sie schlafen?*

J ¡Escuche!
Hören Sie zu!

Escuche la casete y resuma en español lo que cuenta Merche sobre:
Hören Sie die Kassette an und fassen Sie auf spanisch zusammen, was Merche sagt über:

- sus estudios
- su familia
- sus pasatiempos
- su futuro

K ¡Escuche!
Hören Sie zu!

Escuche lo que dice Ignacio Alonso y conteste en español a las siguientes preguntas:
Hören Sie sich an, was Ignacio Alonso sagt, und beantworten Sie auf spanisch folgende Fragen:

1. ¿Cuántos años tiene?
2. ¿Qué ha estudiado?
3. ¿Qué trabajo tiene?
4. ¿A qué hora suele levantarse?
5. ¿A qué hora comienza a trabajar?
6. ¿Qué hace hasta la comida?
7. ¿Qué suele comer?
8. Por la tarde, ¿hasta qué hora está en la oficina?
9. Durante la semana, ¿qué suele hacer por la noche ?
10. Y los fines de semana, ¿qué suele hacer por la noche?

L ¡Cuente!
Erzählen Sie!

Un(a) amigo(a) español(a) le cuenta cómo es el sistema escolar en España basándose en el siguiente esquema. Ahora le toca a usted explicarle a él/ella cómo está organizado el sistema escolar en Alemania/Austria/Suiza.
Ihr spanischer Freund (Ihre spanische Freundin) erzählt Ihnen über das spanische Schulsystem und geht dabei vom folgenden Schema aus. Jetzt sind Sie an der Reihe, ihm/ihr zu erklären, wie das deutsche/österreichische/Schweizer Schulsystem organisiert ist.

EL SISTEMA ESCOLAR EN ESPAÑA

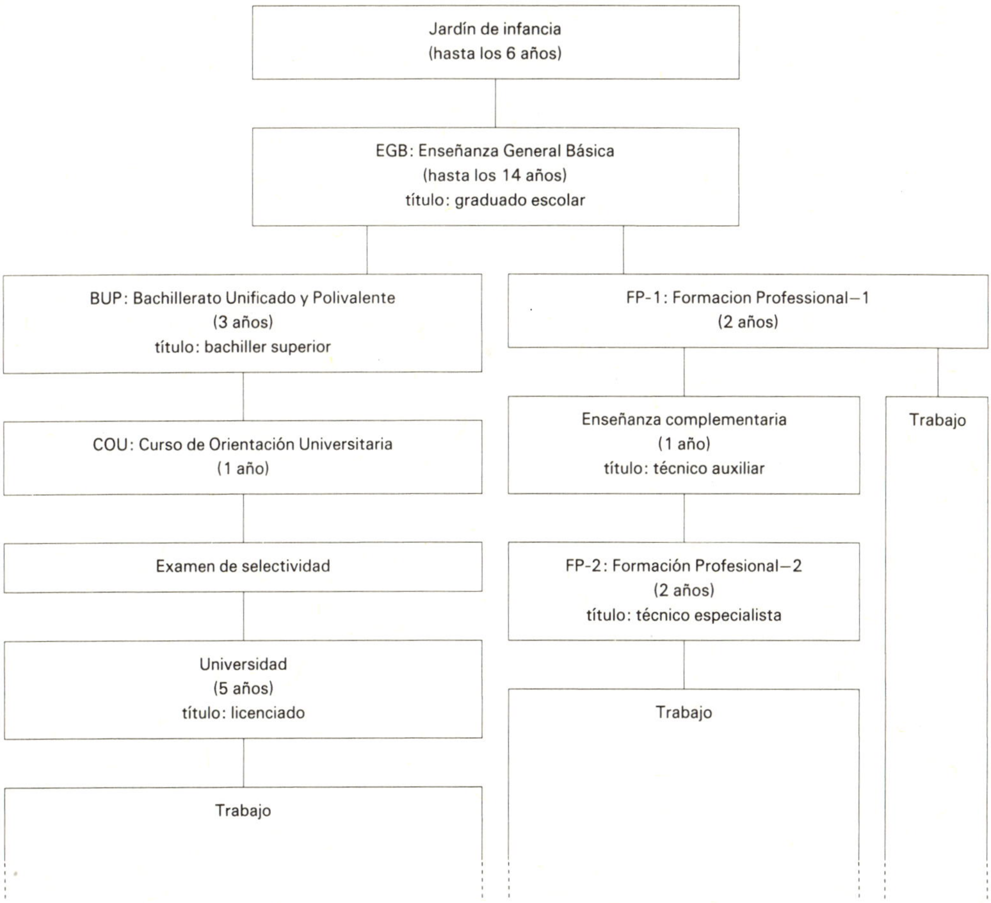

M ¡Escriba!

Schreiben Sie!

Schreiben Sie einen informativen Text (etwa 300 Wörter) über:

- *Ihren persönlichen Alltag*
- *die Schule/ die Arbeit*
- *Ihre Eßgewohnheiten*
- *Freizeit/ Wochenende*

N **¡Lea!**
Lesen Sie!

Sie möchten einen Sprachkurs in Spanien belegen. Auf Ihren Wunsch hin schickt Ihnen ein Sprachinstitut ein Informationsblatt, aus dem Sie einige Möglichkeiten entnehmen können.

1. *Lesen Sie das Informationsblatt und fassen Sie auf deutsch zusammen, welche Möglichkeiten es gibt!*
2. *Wählen Sie einen Kurs und füllen Sie die beigefügte Anmeldung aus!*

CENTRO INTERNACIONAL DE LENGUA Y CULTURA ESPAÑOLA

Bordadores, 10 - 46001-Valencia (España)
Teléfonos 331 04 63 - 332 16 78 - Fax 332 19 81 - Télex 63140 CIL

Nº 1 CURSO INTENSIVO

- 20 horas de clase semanales. De lunes a viernes, desde las 9 hasta las 13h.
- 4 niveles (desde elemental a avanzado).
- Temas: Estructura gramatical, ejercicios, comprensión oral, conversación, vocabulario, composición, español comercial, literatura y cultura españolas.
- Cursos durante todo el año.
- Estancias desde 2 semanas.
- Uso de video, cassettes, diapositivas, discos y peliculas como complemento en la enseñanza.
- Una o dos actividades sociales por semana.
- Alojamiento en familias españolas.
- Ver precios y fechas en la hoja adjunta.

Nº 2 CURSO COMBINADO

- Este curso es el mismo que el curso intensivo (4 horas de clase diarias en grupo), más 1 ó 2 horas diarias de clase privada.
- Alojamiento en familias españolas.
- Fechas: cualquier época del año. Minimo, 2 semanas.
- Ver precios en la hoja adjunta.

Nº 3 CURSO PERSONA A PERSONA

- El estudiante podrá elegir entre 4, 5 ó 6 horas diarias de clases privadas.
- Alojamiento en familias españolas.
- Fechas: desde septiembre a junio ambos inclusive. Minimo una semana.
- Ver precios en la hoja adjunta.

Nº 4 MINI ESTANCIAS DE GRUPOS ACOMPAÑADOS DE SUS PROFESORES

- Estancias entre 2 y 8 noches.
- Pensión completa en casa de una familia española.
- Recepción del grupo a su llegada.
- Toda la documentación necesaria y los consejos pertinentes se le darán a la persona responsable del grupo.
- Si el grupo lo desea C.I.L.C.E. puede organizar las visitas turisticas con o sin guia, excursiones, clases, etc... Se enviarán precios a los interesados.
- Fechas: Desde septiembre hasta junio, ambos inclusive.
- Ver precios en la hoja adjunta.

Nº 5 CURSOS ESPECIALES PARA PROFESIONALES

- Duración del curso, horario y temas según los intereses del grupo.
- Fechas, desde septiembre a junio, ambos inclusive. Minimo 2 semanas.
- Programa de actividades: visitas y conferencias organizadas según los intereses del grupo.
- Posibilidad de alojamiento en familias españolas.
- División del grupo según su conocimiento del español. Minimo de estudiantes por clase, 3.
- Comida con los profesores, opcional.
- El precio de este curso dependerá del número de horas y de las actividades pedidas.
- Se enviará un presupuesto a los interesados.

Nº 6 CURSOS PARA JOVENES ACOMPAÑADOS DE UN RESPONSABLE

- 2 horas de clase diarias. Temas especiales.
- Alojamiento en pensión completa. Familias muy cuidadósamente seleccionadas.
- No habrá dos estudiantes de la misma nacionalidad en la misma casa. Este punto sirve para todos los cursos.
- Recepción a la llegada del grupo.
- Excursiones y actividades organizadas por C.I.L.C.E., según los intereses del grupo.
- Duración de la estancia, de 2 a 4 semanas.
- Precio: Se enviará, a las organizaciones que lo deseen, un precio que incluirá todo lo organizado.

✂- -

INSCRIPCION

Mayúsculas, por favor
NOMBRE Y APELLIDO ....
Fecha de nacimiento .... Profesión .... Nacionalidad ....
Dirección permanente ....
¿Cuánto tiempo ha estudiado español? ....
¿Dónde? ....
¿Ha visitado España con anterioridad? .... ¿Cuánto tiempo? ....
¿Desea que le busquemos alojamiento? ....

Deseo matricularme en el curso:
Número 1. Intensivo
Número 2. Combinado .... Número de horas privadas por día ....
Número 3. Persona a persona .... Número de horas por día ....
Desde .... hasta .... Fecha y firma ....
He leído el folleto y estoy de acuerdo con las condiciones.

Unidad 11 Carta al director

A **¡Lea!**
Lesen Sie!

Lea la carta y diga en alemán por qué Antonio Fonseca escribe esta carta.
Lesen Sie den Brief und sagen Sie auf deutsch, weshalb Antonio Fonseca diesen Brief schreibt!

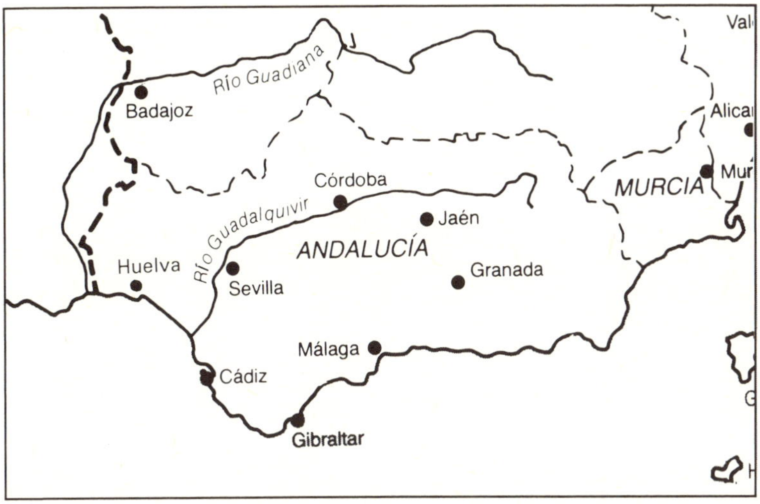

Sr. Director:

Acabo de leer su artículo en 'Natura' de la semana pasada. Le escribo para felicitarle por haber llamado la atención sobre la grave contaminación en muchas zonas de España.

Desde hace más de veinte años vivo en Huelva a orillas del río Odiel. Al oír este nombre, mucha gente piensa en la Costa de la Luz con sus playas de arena blanca donde se puede tomar el sol y bañarse en el Océano Atlántico. Además, a poca distancia está el Parque Nacional de Doñana, uno de los parques naturales más importantes de Europa.

Por esas razones muchas personas creen que Huelva es un lugar muy agradable para vivir. Para decir la verdad, no es así ni mucho menos: el aire en nuestra ciudad está muy contaminado y en los alrededores se puede observar una progresiva degeneración de la flora. Me molesta que haya tanta contaminación del aire en nuestra ciudad. Muchas veces no me siento a gusto paseando por Huelva, porque todo huele a dióxido de azufre (SO_2). Y temo que, en un futuro no lejano, la situación se agrave aún más.

Muchos creen que sólo hay polución en los grandes núcleos urbanos como Barcelona, Madrid y Bilbao, y que en el resto del país la situación no es tan grave. Pero se olvidan de que sufrimos también las consecuencias de la lluvia ácida que es originada, como usted también señala en su artículo, por la reacción química entre los ácidos y la humedad de la atmósfera. Estos son arrastrados por la atmósfera de las zonas de contaminación a otras zonas, a veces a miles de kilómetros de donde fueron expulsados. Allí caen como lluvia y causan daño a la vegetación, como se puede notar también claramente en nuestra región. Es bueno que la gente se dé cuenta de la situación. Yo estoy harto de que siga la polución del aire y de la tierra en nuestra región y de que el gobierno no haga nada.

Antonio Fonseca

B ¡Lea!
Lesen Sie!

Lea otra vez la carta y resuma en una o dos frases cada párrafo:
Lesen Sie nochmals den Brief und fassen Sie jeden Absatz in einem oder zwei Sätzen zusammen!

C ¡Relacione!
Verbinden Sie!

Relacione las partes correspondientes (en algunos casos hay varias posibilidades):
Verbinden Sie die Satzteile (in einigen Fällen gibt es mehrere Möglichkeiten):

1. Acabo de
2. Desde hace más de veinte años
3. Al oír hablar de Huelva, mucha gente piensa
4. Es bueno
5. El aire en nuestra ciudad
6. Me molesta
7. Muchos creen
8. Pero se olvidan de
9. Muchas veces no me siento a gusto
10. Estoy harto de

a. está muy contaminado.
b. que haya tanta contaminación.
c. en la Costa de la Luz con sus playas de arena blanca.
d. que nosotros también sufrimos las consecuencias de la lluvia ácida.
e. leer su artículo en Natura.
f. paseando por Huelva.
g. vivo en Huelva.
h. que siga la polución.
i. que sólo hay contaminación en los grandes núcleos urbanos.
j. que el gobierno no haga nada.
k. que la gente se dé cuenta de la situación.

Subjuntivo nach Verben und unpersönlichen Ausdrücken des Gefühls ▶ **§§ 29, 30**
Me molesta que haya tanta contaminación del aire. **Es bueno que** la gente se **dé** cuenta de la situación.

D ¡Explique!
Erklären Sie!

Busque en la carta más frases en las que haya **subjuntivo** y explique su uso.
*Suchen Sie jetzt im Brief weitere Sätze, in denen **subjuntivo** verwendet wird und erklären Sie weshalb!*

E ¡Complete!
Ergänzen Sie!

Complete las frases con la forma correcta del **subjuntivo** o del **indicativo**:
*Ergänzen Sie die Sätze mit der passenden Form des **subjuntivo** oder des **indicativo**:*

1. Todo el mundo cree que sólo .... *(haber)* contaminación en el Ruhrgebiet (la Cuenca del Ruhr).
2. A muchos les molesta que el gobierno no .... *(tomar)* las medidas necesarias.
3. Muchos ciudadanos temen que .... *(construirse)* más centrales nucleares.
4. En las ciudades se nota que .... *(intensificarse)* el tráfico.
5. A nadie le gusta que la situación .... *(ser)* tan grave.
6. Podemos observar que también fuera de los núcleos urbanos .... *(seguir)* la polución.

Pasiva refleja	▶ **§§ 9, 37**
En las playas españolas **se puede** tomar bien el sol. En los núcleos urbanos **se construyen** muchos pisos.	

Voz pasiva	▶ **§ 37**
La lluvia ácida **es originada por** reacciones químicas. Los ácidos **son arrastrados por** la atmósfera.	

F ¡Complete!
Ergänzen Sie!

Complete las frases como en los ejemplos:
Ergänzen Sie die Sätze gemäß des Beispiels:

En Brasil no *se habla* español.
Esta exposición *ha sido organizada por* la Caixa Layetana.

1. En muchas partes de España .... *(cenar)* a las diez.
2. En Huelva .... *(cultivar)* fresas.
3. Estas fresas .... *(exportar)* por las cooperativas.
4. ¿Sabes que en los Estados Unidos .... *(hablar)* inglés y español?
5. En 1492 América .... *(descubrir)* por Cristóbal Colón.
6. Por eso en 1992 .... *(celebrar)* en España el quinto centenario del descubrimiento de América.
7. En Barcelona .... *(construir)* los coches SEAT.
8. Los contaminantes .... *(vigilar)* por la administración española.
9. No sólo en La Rioja sino también en muchas otras regiones de España .... *(producir)* vinos excelentes.
10. El aire de los núcleos urbanos .... *(contaminar)* sobre todo por el tráfico.

G ¡Traduzca!
Übersetzen Sie!

1. *Ich habe gerade Ihren Artikel gelesen und möchte Sie auf die Luftverschmutzung in dieser Gegend aufmerksam machen.*
2. *Wenn die Leute den Namen dieser Gegend hören, denken Sie an die schöne Natur und an die saubere Luft.*
3. *Man glaubt, daß es nur in den städtischen Zentren Luftverschmutzung gibt.*
4. *Aber, um die Wahrheit zu sagen, so ist es ganz und gar nicht:*
   die Luft in dieser Gegend ist sehr mit Schwefeldioxid und Blei (= el plomo) verschmutzt.
5. *Diese Luftverschmutzung wird von der Industrie und den Autos verursacht.*
6. *Auch die Abgase (= los gases de combustión), die durch den Wind aus anderen verschmutzten Gebieten mitgeführt (= arrastrar) werden, verursachen in unserer Gegend den sauren Regen.*
7. *Ich befürchte, daß sich die Lage in naher Zukunft noch verschlimmern wird.*
8. *Es ist gut, daß die Leute erfahren, wie ernst (= grave) die Lage in dieser Gegend ist.*
9. *Außerdem bin ich es leid, daß ich nicht spazierengehen kann, weil die Luft so nach Schwefeldioxid riecht.*
10. *Es stört mich, daß die Behörden (= las autoridades) so untätig sind und keine Maßnahmen ergreifen.*

H ¡Escriba!
Schreiben Sie!

Senden Sie einen Leserbrief an die Zeitschrift "Natura", in dem Sie schreiben:
- *daß Sie gerade den Artikel und den Leserbrief über die Verschmutzung in Spanien gelesen haben*
- *daß Sie der Zeitschrift zu der Berichterstattung über die schlimme Situation in Spanien gratulieren*
- *daß es auch in Ihrer Gegend Verschmutzung gibt; die Luft ist ernsthaft verschmutzt und man sieht auch einen fortschreitenden Verfall der Pflanzenwelt*
- *daß dies von der Industrie verursacht wird, die Schwefeldioxid ausstößt, und durch den Verkehr, der viel Blei an die Luft abgibt*
- *daß außerdem von anderen Gebieten Säuren herangeführt werden, die in Ihrer Gegend sauren Regen verursachen*
- *daß es gut ist, daß die Leser von "Natura" bemerken, daß die Situation nicht nur in Spanien, sondern auch in anderen Gebieten Europas schlecht ist*
- *daß Sie es satt haben, daß Ihre Regierung so wenig unternimmt und keine Maßnahmen ergriffen werden*
- *daß Sie hoffen, daß die Zeitschrift mit der Veröffentlichung von Artikeln über die Umwelt fortfährt, um so auf das aufmerksam zu machen, was in Europa passiert*

I ¡Escriba!
Schreiben Sie!

Auch in Ihrem Land gibt es Luftverschmutzung. Schreiben Sie einen Leserbrief an 'Cambio 16' über einen ähnlichen Vorfall, den Sie selbst erlebt oder worüber Sie gelesen haben!

J **¡Hable!**
Sprechen Sie!

Stellen Sie sich vor, Sie wohnen in einer Gemeinde, in der sich die chemische Fabrik Chemik GmbH befindet! Immer öfter beschweren sich Bewohner verschiedener Stadtteile über Luftverschmutzung durch Schwefeldioxid. In einer Versammlung sollen die Probleme diskutiert werden. Die unterschiedlichsten Meinungen sind vertreten, und jede Gruppe verteidigt ihre Standpunkte. Bilden Sie Gruppen und bereiten Sie sich auf die Diskussion vor.

1. *Die Betriebsführung des Unternehmens hat vor, die Fabrik weiterzuführen.*
   Argumente sind u.a:
   - *Alternative zu teuer*
   - *Arbeitsplätze (= puestos de trabajo) für die Einwohner*
   - *Beitrag für die Wirtschaft*
   - *Suche nach Lösungen (= soluciones)*
   - ....

2. *Die Bewohner des betroffenen Viertels wollen die Fabrik schließen.*
   Argumenten sind u.a:
   - *oft starker Geruch*
   - *nachts Lärm, können nicht schlafen*
   - *Boden verschmutzt?*
   - *Verkaufswert ihrer Häuser dadurch gesenkt*
   - ....

3. *Die Behörden der Gemeinde wollen die Situation ändern, ohne die Fabrik (und damit Arbeitsplätze) zu verlieren. Argumente:*
   - *wichtig für lokale Wirtschaft*
   - *wichtig für die Arbeitsplätze*
   - *schlägt Änderungsmaßnahmen vor: bessere Filter (= el filtro), nachts nicht arbeiten*
   - *intensive Kontrolle*
   - ....

4. *Die Grünen wollen die Fabrik schließen. Argumente:*
   - *Luftverschmutzung durch Schwefeldioxid*
   - *Grundwasserverschmutzung (= la contaminación de las aguas subterráneas)*
   - *Bedrohung (= la amenaza) der Gesundheit (= la salud)*
   - *Schädigung der Ozonschicht (= la corrosión de la capa de ozono)*
   - ....

Nützliche Wendungen:

Me parece que ...
Estoy harto de que ...
(No) Me/Nos gusta que ...
Me/Nos molesta que ...
Estoy en contra de que ...
Usted olvida que ...

Es mejor que ...
Es bueno que ...
Es malo que ...
Todos sabemos que ...
Espero que ...
Resulta que ...

K ¡Lea!
Lesen Sie!

I

Usted va a leer a continuación un texto sobre la contaminación atmosférica en España. Trate de recordar lo que ya sabe sobre los siguientes aspectos y apúntelo en palabras clave:
Sie werden im folgenden einen Text über die Luftverschmutzung in Spanien lesen. Notieren Sie in Form von Stichwörtern, was Sie schon über folgende Aspekte wissen:

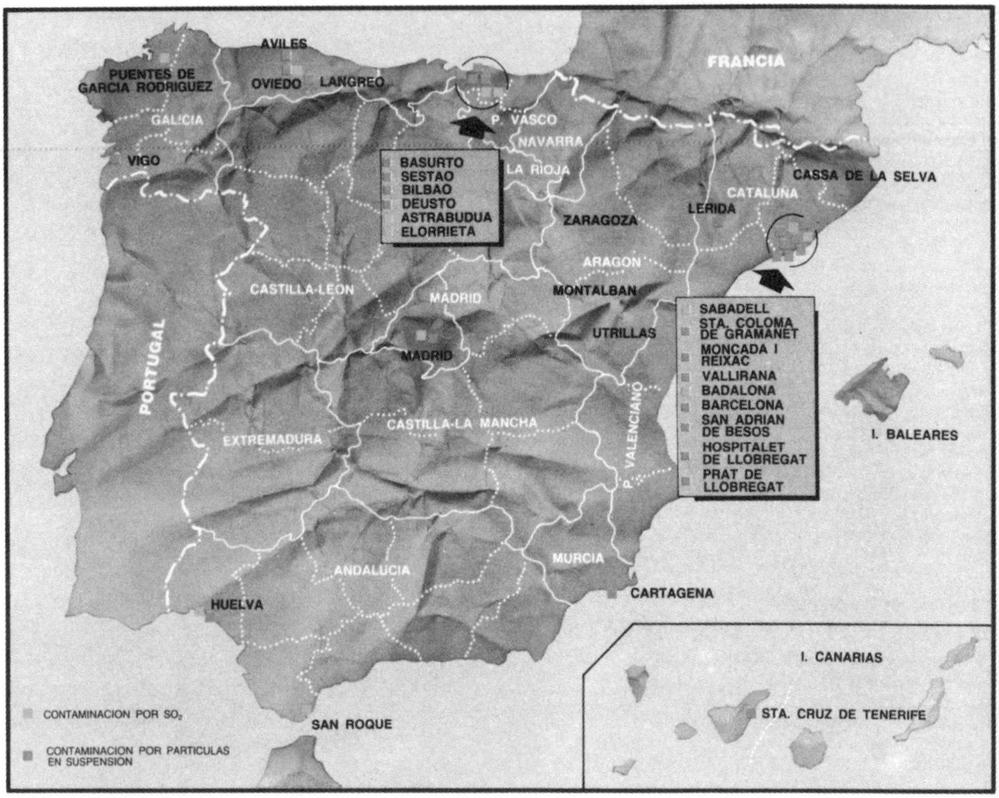

- las causas de la contaminación atmosférica
  die Ursachen der Luftverschmutzung
- las zonas de mayor contaminación en España
  die Zonen, die am meisten verschmutzt sind
- ejemplos de contaminantes
  Beispiele schädlicher Stoffe
- las consecuencias de esta contaminación para la naturaleza, el hombre y los animales
  die Folgen dieser Verschmutzung für Natur, Mensch und Tier
- posibles soluciones y medidas tomadas o que quedan por tomar
  mögliche Lösungen und Maßnahmen, die man ergriffen hat/ergreifen muß

II

Complete los datos de **I** después de haber leído el texto:

*Ergänzen Sie, nachdem Sie den Text gelesen haben, die Angaben von **I** mit weiteren aus dem Text:*

MUY MALOS HUMOS

Sin que la situación llegue a ser desesperada, nuestra atmósfera necesita de un eficaz programa de saneamiento y prevención.

El Consejo de Europa define la contaminación atmosférica como «La presencia de una sustancia extraña, o una variación importante en la producción de sus componentes, susceptible, en base a los conocimientos actuales, de provocar un efecto nocivo o de producir afecciones o daños». En un 90 por 100, está originada por cinco contaminantes: óxidos de azufre, óxidos de nitrógeno, hidrocarburos, monóxido de carbono y partículas en suspensión.

Curiosamente, los contaminantes sometidos a vigilancia por la Administración española se limitan, prácticamente, al dióxido de azufre (SO_2) y las partículas en suspensión, siendo el control de otros parámetros menos frecuente, o nulo. El nivel de vigilancia en cuanto a contaminantes no llega a las recomendaciones de la CEE.

La calidad del aire en España depende tanto de la emisión de estos contaminantes como de la dispersión de los mismos por efectos meteorológicos. Los mayores focos de contaminación son las grandes zonas urbanas, y las áreas con predominio de concentración industrial. España tiene ocho puntos negros calificados como Zonas de Atmósfera Contaminada: Avilés, Badalona, San Adrián del Besós, Langreo, Madrid, Bilbao, Cartagena y Huelva. Unos con predominio industrial sobre el demográfico, otros viceversa. Pero la industria aparece en todos ellos.

Existen en España 103 puntos considerados como productores diarios de contaminación ambiental.

La industria española genera el 65 por 100 de la masa de contaminación. Son 103 los puntos de nuestra geografía donde la polución nace a diario. De estos puntos, 37 corresponden a centrales térmicas de más de 50 Mw, 31 son industrias cementeras, y el resto, plantas de ácido sulfúrico, refinerías, papeleras y siderurgia. A lo largo de 1980 en España se arrojaron al aire 2,67 millones de toneladas de dióxido de azufre, y en el siguiente año 2,80 millones. Más del 60 por 100 fue generado por la producción de energía eléctrica, mientras que la industria en general aportó el 26,5 por 100.

500.000 toneladas de óxido de azufre

El dióxido de azufre es producto de la combustión de materiales con mucho azufre y cenizas, como los carbones que la producción eléctrica española viene utilizando, de poco poder calorífico que obliga a emplearlo en mayores cantidades. Tan sólo las centrales térmicas de Puentes de García Rodríguez, en La Coruña y Andorra, en Teruel, vierten al aire anualmente casi 500.000 toneladas de óxidos de azufre. También el fuel-oil, muy utilizado en otras industrias, suele ser un gran productor de este contaminante.

En los alrededores de estas centrales se ha observado una progresiva degeneración de la flora. Las zonas afectadas presentan hojas muertas, con un tono blanquecino. Este contaminante puede afectar también, de modo secundario, al sistema respiratorio humano.

La solución para reducir la emisión de óxidos de azufre sería buscar combustibles con menos cantidad de azufre y mayor poder calorífico. En Europa se han puesto en marcha nuevas tecnologías para reducir o eliminar la emisión de óxidos de azufre, pero en España, por el momento, no se han aplicado en ninguna de las centrales térmicas.

La principal fuente contaminante de las ciudades son las calderas de calefacción. En 1983, el 40 por 100 de las calderas madrileñas eran viejas y defectuosas, emitiendo gran cantidad de azufre. Además, la gente utilizaba combustibles baratos, que originan más contaminación. En la mayoría de las ciudades españolas con más de 500.000 habitantes, las corporaciones están obligando a reparar calderas y a usar combustibles con menos del 1 por 100 de azufre, y prohibiendo la utilización de ciertos tipos de carbones.

Otro problema de polución urbana son los vehículos, con emisión de monóxido de carbono y partículas, principalmente de plomo. Los ayuntamientos de grandes capitales están llevando a cabo una puesta a punto de vehículos, sobre todo en los de motor diesel. Asimismo, la reducción de plomo en las gasolinas, legislada por la Administración, ha rebajado el nivel de 0,6 gr/l. antes permitido, a 0,4 gr/l., máximo admitido por la CEE.

Importación y exportación de lluvias ácidas

Durante el invierno, se produce en España lo que se conoce como *efecto invernadero*. Un anticiclón se sitúa sobre el país, dejando una gran masa de aire frío comprimida entre éste y la tierra. La dispersión de la contaminación es entonces casi imposible. Por otra parte, la compleja configuración orográfica de la península ejerce un importante papel en los problemas de la contaminación, por la modificación de los flujos de los vientos y la considerable diferencia de temperatura entre valles y zonas montañosas, que dificulta la dispersión de los contaminantes.

Para alejar la polución de la tierra y favorecer esta dispersión se crearon los altos hornos, que al cabo de los años se han probado ineficaces, creando la llamada *lluvia ácida*. Al lanzar a gran altura óxidos de azufre y óxidos de nitrógeno, éstos reaccionan químicamente con la humedad de la atmósfera, convirtiéndose en ácidos. Mientras dura el proceso, son arrastrados por ésta y caen como lluvia, a veces a miles de kilómetros de donde fueron expulsados, causando daños en la vegetación.

También aquí la meteorología está en contra nuestra. Los anticiclones que suben desde el Atlántico hasta la Europa central vuelven después a España, arrastrando la contaminación de Francia y las dos Alemanias, mientras que la nuestra va a parar al norte de Africa, Italia y el Mediterráneo.

Mejoría en las medidas de protección

España dispone de una Red Nacional de Vigilancia y Previsión de la Contaminación Atmosférica, si bien su capacidad se circunscribe a los óxidos de azufre y las partículas en suspensión. La red cuenta con 1.155 sensores, repartidos en 116 localidades de 26 provincias.

La Subdirección de Sanidad Ambiental, dependiente del Ministerio de Sanidad, está realizando estudios sobre la incidencia de contaminación en la salud humana. Los niveles que se están registrando en núcleos poblados no llegan a poner en peligro la vida humana, pero sí su salud, principalmente en niños, ancianos y enfermos. En una de las «zonas negras», Valliniello (Avilés), se comprobó que el 46 por 100 de los niños que allí viven padecen enfermedades respiratorias. Igualmente se ha comprobado que los niños que viven en zonas urbanas registran un valor de tensión arterial anormal. Las personas expuestas a contaminación tienen más plomo en la sangre. Los mayores índices se dan en Madrid y Huelva.

Pese a todo, la contaminación ha descendido en España en los últimos años. La Dirección General de Medio Ambiente ha concedido, entre 1983 y 1985, 1.500 millones de pesetas a empresas para combatir la contaminación, y casi la misma cantidad a varios ayuntamientos, sobre todo los de zonas más contaminadas.

L ¿Cierto o falso?

Richtig oder falsch?

		C	F
1.	La contaminación atmosférica está causada casi totalmente por cinco contaminantes.		
2.	La industria española causa más de la mitad de la contaminación en España.		
3.	Las centrales térmicas sólo hacen daño a las plantas.		
4.	Se están aplicando en España nuevas tecnologías para reducir o eliminar la emisión de óxidos de azufre.		
5.	En las ciudades la mayor contaminación la causan los vehículos.		
6.	También el tiempo tiene que ver con la contaminación en las ciudades.		
7.	El llamado 'efecto invernadero' se produce durante todo el año.		
8.	La lluvia ácida que cae en España puede provenir de otros países europeos.		
9.	Son sobre todo los niños, los ancianos y los enfermos los que más sufren por la contaminación.		
10.	La contaminación en España ha aumentado en los últimos años.		

M ¡Escuche!

Hören Sie zu!

Guillermo Lobos, un joven ingeniero agrónomo, habla sobre la contaminación atmosférica en Madrid. Escuche la casete y conteste en español a las siguientes preguntas:
Guillermo Lobos, ein junger Agraringenieur, spricht über die Luftverschmutzung in Madrid. Hören Sie sich die Kassette an und beantworten Sie auf spanisch folgende Fragen:

1. ¿Cuáles son las dos causas principales de la contaminación atmosférica en Madrid?
2. ¿Qué influencia tiene a menudo el tiempo?
3. ¿Qué dice Guillermo sobre el tráfico en Madrid?

N ¡Escuche!

Hören Sie zu!

Escuche la casete y diga en alemán cómo contesta Guillermo a la pregunta de Nuria.
Hören Sie sich die Kassette an und sagen Sie auf deutsch, wie Guillermo auf die Frage von Nuria antwortet!

O ¡Lea!
Lesen Sie!

Lea el siguiente recorte de 'Cambio 16' y cuente en alemán de qué trata:
Lesen Sie den folgenden Ausschnitt aus 'Cambio 16' und erzählen Sie auf deutsch, wovon er handelt!

Síndrome tóxico en Alemania

Dos muertos y más de cien afectados son los primeros resultados de una misteriosa epidemia registrada en la ciudad alemana de Tubinga, en el 'Land' de Baden-Württemberg. Aunque las autoridades germanas aún no se han pronunciado oficialmente sobre la posible causa de la enfermedad, varios centros científicos han identificado restos de fenamifos, un pesticida organofosforado, en la sangre y orina de los intoxicados y en las muestras de tierra tomadas junto a sus casas.
El pesticida sospechoso del síndrome tóxico de Tubinga no se vende en la República Federal de Alemania, ya que las plagas habituales en las cosechas de aquel país no lo requieren. Pero sí se utiliza el pesticida en la cercana Francia, donde está permitido su uso para las bananas.

Rafael Cid, enviado especial de 'Cambio 16'

P ¡Escuche!
Hören Sie zu!

Escuche la conversación entre Nuria y Guillermo. ¿Cómo contesta Guillermo a las preguntas de Nuria?
Hören Sie sich das Gespräch zwischen Nuria und Guillermo an. Wie beantwortet er Nurias Fragen?

1. A nivel universal, el peligro de la Amazonia o, mejor dicho, el de la deforestación *(= Entwaldung)* de la Amazonia, puede repercutir *(= beeinflussen)* en el universo entero. ¿Cómo ves tú esto?
2. ¿Tú crees que los esprays influyen tanto en el agujero de ozono *(= Loch)* de la zona de Antártida *(= Antarktis)*?
3. ¿Qué medidas habría que tomar para tener un universo feliz y con un medio ambiente rico para el hombre?
4. ¿El cuidado del medio ambiente no está en contradicción *(= Gegensatz)* con el progreso?

Unidad 12 Algunos países latinoamericanos hoy

A ¡Compare!

Vergleichen Sie!

Lea los textos siguientes y observe las coincidencias y las diferencias en cuanto a los siguientes aspectos:
Lesen Sie die nachfolgenden Texte und achten Sie dabei auf Übereinstimmungen sowie Unterschiede bezüglich folgender Aspekte:

a)	ARGENTINA	PERÚ	VENEZUELA
POBLACIÓN			
grupos étnicos	....	....	....
movimientos migratorios	....	....	....
SECTORES ECONÓMICOS			
petróleo:			
• ¿sector importante de ingresos?	....	....	....
• ¿se exporta? ¿sí o no?	....	....	....
agricultura:			
• ¿sector importante de ingresos?	....	....	....
• ¿productos más importantes?	....	....	....
minería:			
• ¿sector importante de ingresos?	....	....	....
• minerales que se extraen	....	....	....
pesca			
• ¿sector importante de ingresos?	....	....	....
industria:			
• ¿sector importante?	....	....	....
• productos importantes	....	....	....
turismo:			
• número de visitantes	....	....	....
• ingresos anuales	....	....	....
• ¿de dónde son los turistas?	....	....	....

b)
Argentina

Población

Argentina tiene unos treinta millones de habitantes. Esta población en su mayoría es de raza blanca, descendiente de europeos. Sólo en las provincias del norte hay mestizos que forman un 2 % de la población total de Argentina.

En el noroeste, en el Chaco, en el extremo sur de la Patagonia y en Misiones sobreviven algunas comunidades indígenas casi puras.

La inmigración ha sido siempre un fenómeno importante para la Argentina. Entre 1875 y 1930 se establecieron en Argentina seis millones de personas, sobre todo italianos y españoles.

Sectores económicos

El petróleo no es un sector importante en Argentina. A pesar de los intentos, el país no ha alcanzado todavía la autosuficiencia en este sector: tiene que importar parte del petróleo y del gas que necesita.

En la Pampa, una rica región natural de 650.000 km^2 que se extiende al oeste y noroeste de Buenos Aires, hay grandes haciendas donde se cultivan cereales: entre dos tercios y la mitad de la producción anual de trigo se destina a la exportación, fundamentalmente a la Unión Soviética.

Además, en la Pampa se practica la ganadería extensiva: son conocidos los gauchos o vaqueros que conducen los animales. Argentina es uno de los mayores exportadores mundiales de lana. Pero también se cultivan el algodón, la caña de azucar, el té y la yerba mate. Argentina es el quinto productor mundial de vino y el tercero de soja. En la última década se ha desarrollado con acierto el cultivo de cítricos: naranjas, limones y mandarinas.

La minería no es un sector muy importante. Son explotados a escala comercial el petróleo, el gas natural, el carbón y la sal. Existen además depósitos probados de zinc, estaño, azufre, manganeso, hierro y cobre.

La industria pesquera crece en importancia: las capturas alcanzan actualmente un récord de más de medio millón de toneladas.

El sector industrial, que es mucho menos importante que el sector agrícola, ha comenzado a recuperarse de la brusca caída registrada a principios de los años 80. Algunos productos importantes son cemento, harina de trigo, calzado y textiles.

El número de turistas que visitan cada año el país es de 1.500.000. Los ingresos anuales son de 800 millones de dólares. El 95% de los turistas son ciudadanos de Centroamérica y Sudamérica.

c) Perú

Población

Perú tiene unos veinte millones de habitantes. La población indígena habita en las regiones montañosas formando pequeños centros agrícolas cuyos orígenes se remontan a la época incaica. En ellos se practica una economía cerrada de autosuficiencia. Sobreviven en estos lugares numerosos dialectos quechuas.

Sectores económicos

A finales de los años 70 Perú se había convertido en un país exportador de petróleo. Pero por diversas causas la producción disminuyó en los años 80 y, en 1986, Perú se vio obligado a importar crudo de nuevo.

Los cultivos más importantes de la agricultura de Perú son la caña de azúcar, el algodón y el café. Sin embargo, las malas condiciones metereológicas, el incremento de la demanda interna y las dificultades financieras, entre otros factores, han ocasionado una disminución considerable de la exportación de estos productos.

La minería es un sólido soporte de la economía peruana. Este sector contribuye anualmente al PNB con una tasa que oscila entre el 7,5 y el 10%, y proporciona casi la mitad de los ingresos por exportaciones. Del subsuelo peruano se extrae cobre, plomo, cinc, oro, plata, molibdeno, hierro, bismuto y tungsteno, entre otros minerales. Son muy importantes el cobre y la plata.

La pesca de anchoa fue hasta 1972 una fuente importante de ingresos. Sin embargo, la aparición de la corriente de El Niño y las capturas masivas incontroladas tuvieron consecuencias desastrosas para la pesca de anchoa. Además, los depósitos de guano en las islas costeras han sufrido los efectos de la escasez de peces y la consiguiente migración de las aves marinas productoras de este tipo de fertilizante natural.

La industria peruana no es muy importante. Destacan los sectores metalúrgico, siderúrgico y pesquero. Algunos productos importantes son vehículos, cemento, crudos refinados y productos alimenticios.

El número de turistas que visitan el país cada año es de 300.000. Los ingresos anuales son de 300 millones de dólares. El 40% de los turistas son ciudadanos de países europeos; un 20% son norteaméricanos y el resto es de países latinoamericanos.

d) Venezuela

Población

Venezuela tiene unos veinte millones de habitantes. El grupo de población más numeroso es el mestizo. Pero después de la Segunda Guerra Mundial llegaron casi un millón de inmigrantes europeos. Además existen núcleos de indios puros en las tierras altas de la Guayana y en los bosques al lado del lago Maracaibo. A lo largo de la costa, y especialmente en los puertos, viven venezolanos de raza negra, procedentes originalmente de África.

Sectores económicos

La extraordinaria magnitud de los recursos energéticos venezolanos hace prácticamente innecesarias las importaciones. En los años ochenta Venezuela ocupó el sexto lugar entre los productores de petróleo y contribuyó con un 3,5% al total mundial. Estos datos representan una pérdida de importancia del sector petrolífero venzolano en el contexto internacional, ya

que en 1967 su participación era del 10,4% y hasta 1970 el país había sido el primer exportador mundial de crudo.

El sector agrícola solamente contribuye con un 6% al PIB. La dependencia del exterior es seria en lo que respecta a los cereales, los aceites vegetales y los productos lácteos. Productos importantes son el arroz, bananos y caña de azúcar.

Venezuela es un país rico en recursos minerales todavía sin explotar. El hierro constituye el primer producto del subsuelo excluyendo el petróleo y el gas natural. En 1977 fueron hallados importantes yacimientos de bauxita que podrían producir en el futuro millones de toneladas anuales. En 1983 entró en funcionamiento una gran refinería, que ha permitido al aluminio situarse en segundo lugar en la lista de exportaciones brutas venezolanas. El oro, por último, se extrae de las minas de El Callao. El contrabando hace muy difíciles los cálculos de producción para el oro y los diamantes.

La pesca no es un sector importante de ingresos.

Hasta 1960 la industria no se había desarrollado de una manera normal a causa de las tarifas aduaneras muy bajas y a causa de la disponibilidad de ingresos fáciles, procedentes de las ventas de petróleo. En la década de los 70 comenzaron a adoptarse medidas de diversificación, se establecieron industrias de bienes de consumo e industrias metalúrgicas y se tomaron medidas proteccionistas. La expansión más acentuada ha correspondido a los sectores metalúrgico y siderúrgico (acero, aluminio, automóviles). Siguen siendo importantes los derivados petroquímicos como el plástico y los neumáticos.

El número de turistas que visita el país es de unos 250.000 por año. Los ingresos anuales son de unos 350 millones de dólares. Los turistas proceden sobre todo de los Estados Unidos y Europa.

Hay un intercambio turístico constante entre las Antillas y Venezuela.

B **¿Cómo se dice en español?**
Wie sagt man auf spanisch?

Busque en los textos los equivalentes en español para:
Suchen Sie in den Texten die spanische Ausdrücke für:

die Bevölkerung
die Einwohnerzahl
der Immigrant
die Selbstversorgung
das Erdöl
einführen
ausführen
die Landwirtschaft
anbauen
die Viehzucht
ausüben
der Bergbau
ausbeuten (Kupfer oder Erdöl)
der Fischfang
fischen/fangen
die Industrie
die Produkte
wichtig
der Tourismus
der Tourist
die Anzahl
das jährliche Einkommen
(kommend) aus

C **¡Escriba!**
Schreiben Sie!

Schreiben Sie einen ähnlichen Text wie bei **A** *über das mittelamerikanische Land Costa Rica. Verwenden Sie dazu folgende Daten:*

Amtliche Bezeichnung:	República de Costa Rica
Fläche:	50 900 km^2
Einwohnerzahl:	2,59 Millionen Einwohner (1984)
Bevölkerungsdichte:	50,9 pro km^2
Hauptstadt:	San José
Staatsform:	Republik
Staatssprache:	Spanisch
Religion:	99,3% Katholiken
Währungseinheit:	Colón (100 céntimos)

Costa Rica (span. >reiche Küste<, amtlich República de Costa Rica, Republik in Zentralamerika zw. Panama und Nicaragua, Karibik und Pazifik, 50 900 km², (1984) 2,59 Mio. Ew. Hauptstadt ist San José; Amtssprache ist Spanisch; Währungseinheit ist der Colón (₡) = 100 Centimos.

C. R. wird von NW nach SO von den Kordilleren durchzogen: Cordillera Guanacaste im NW, Cordillera Central (mit dem Vulkan Irazú, 3432 m), Cordillera de Talamanca im SO (im Chirripó Grande 3819 m). Nördlich und östlich der Gebirge erstreckt sich ein z. T. sumpfiges Tiefland (etwa ⅓ der Landesfläche). Nach S geht die Cordillera Central in ein flaches Hochbecken (Meseta Central oder Valle Central, 1100–1500 m ü. M.) über, klimabegünstigt und mit fruchtbaren vulkan. Böden das Hauptsiedlungsgebiet des Landes. Die atlant. Küste ist wenig (mit Lagunen und Mangrovesümpfen), die pazifische reicher gegliedert. Das trop. Klima bringt hohe Niederschläge (2000–6000 mm jährlich).

C. R. hat als einziges Land Zentralamerikas eine fast ausschließlich weiße *Bevölkerung* (Neger und Indianer rd. 3%). Einzige Großstadt: San José (1976: 228 300 Ew.) Allg. *Schulpflicht* zw. 7. und 14. Lebensjahr, unentgeltl. Unterricht; 2 Univ.: San José und Heredia (im Aufbau) sowie TH in Cartago (1973). Die Analphabetenquote (rd. 10%) gehört zu den niedrigsten in Mittelamerika. Zum kath. (Staats-) Bekenntnis gehören 99,3% der Bevölkerung.

Wirtschaft: Die Landwirtschaft bildet die wirtschaftl. Grundlage. Die landwirtschaftl. genutzte Fläche ist zu 90% Eigentum von Kleinbauern. Angebaut werden bes. für den Export Kaffee, Bananen, ferner Kakao, Manilahanf, Zuckerrohr; für die Selbstversorgung: Mais, Reis, Bohnen, Maniok. Viehbestand (1978): 2 Mio. Rinder, 215 000 Schweine. – Trotz günstiger natürl. Bedingungen werden die trop. Wälder (u. a. Eiche, Mahagoni, Zeder) auf 50% der Gesamtfläche und der Fischreichtum wenig genutzt. – Nicht ausgebeutet werden bisher die umfangreichen Bauxit-, Mangan- und Schwefelvorkommen.

Die Industrie stellt hauptsächl. Nahrungsmittel und Verbrauchsgüter her. – In der traditionell defizitären Handelsbilanz betrugen (1980) die Ausfuhren 1,0 Mrd. US-$ und die Importe 1,4 Mrd. US-$.

Verkehr. Die Eisenbahn (1013 km, davon rd. 50% Plantagenbahnen) verbindet die Hauptstadt und das Hochland mit beiden Küsten und den Plantagengebieten. Von den (1972) rd. 21 000 km Straßen sind zwei Drittel unbefestigt. Haupthafen an der atlant. Küste Puerto Limón, an der pazif. Küste Punatarenas und Caldera; internationaler Flughafen El Coco bei San José.

Staat. Nach der Verfassung vom 7. 11. 1949 werden der Staatspräs. und der Kongreß auf 4 Jahre unmittelbar vom Volk gewählt; Frauenwahlrecht (21), für Männer Wahlpflicht (20). Die Min. werden vom Staatspräs. ernannt, dem sie allein verantwortlich sind. Einteilung in sieben Provinzen. – Die Armee wurde 1984 aufgelöst und durch eine Sicherheitstruppe (2 000 Mann) ersetzt; keine Wehrpflicht.

Geschichte. C. R., 1502 von Kolumbus entdeckt, wurde ab 1520 für Spanien erobert. Bis zur Unabhängigkeitserklärung (1821) Prov. des Generalkabitanats Guatemala, schloß sich C. R. zunächst dem Mexikan. Kaiserreich Itúrbides an und gehörte 1823–38 zu den Verein. Staaten von Zentralamerika. Seitdem war das Land häufig von Unruhen erschüttert.

Mit Präs. J. J. Rodríguez (1890–94) begann eine demokrat. Entwicklung (1917–19 unterbrochen durch die Diktatur Präs. F. Tinocos). Die USA gewannen großen Einfluß (u. a. United Fruit Company). Präs. R. Jiménez (1910–12, 1924–28, 1932–36) reformierte die Finanzen und baute das Verkehrswesen aus. Soziale Spannungen entluden sich 1948 in einem Bürgerkrieg. Präs. J. Figueres (1953–58, 1970–74) und seine Nachfolger bemühten sich um die wirtschaftl. Entwicklung von C. R. Seit 1982 sind Sozialdemokraten Präs.: 1982–86 L. A. Monge, seit 1986 O. Arias.
1941 wurde die Grenze zu Panama festgelegt, 1955 Streitigkeiten mit Nicaragua beigelegt.

(dtv Brockhaus, 1988)

D ¡Cuente!
Erzählen Sie!

Bereiten Sie ein Referat über ein spanischsprechendes Land vor und holen Sie sich die dazu benötigte Information aus Enzyklopädien oder Büchern.

Imperfecto de subjuntivo nach 'si' ► § 33
Si el Perú **empleara** todos los recursos naturales, sería un país rico. **Si** Venezuela no **tuviera** petróleo, tendría más deudas externas.

E ¡Complete!
Ergänzen Sie!

Complete las siguientes frases con la forma correcta del **imperfecto de subjuntivo**:
Ergänzen Sie folgende Sätzen mit der richtigen Form des ***imperfecto de subjuntivo****:*

1. Si Argentina .... *(tener)* más petróleo, no tendría que importar parte del combustible que necesita.
2. Si Argentina .... *(estar)* situada en Centroamérica, sería visitada por más turistas norteamericanos.
3. Si la corriente de El Niño no .... *(pasar)* por la costa de Perú, las capturas de anchoa serían mayores.
4. Si .... *(haber)* mayor cantidad de peces en las aguas de la costa peruana, las aves marinas se quedarían allí y producirían más guano.
5. Si Venezuela no .... *(contar)* con tanto crudo, no ocuparía un lugar tan importante entre los productores de petróleo.
6. Si no .... *(existir)* el contrabando, sería más fácil calcular la producción de oro y de diamantes.

F ¡Complete!
Ergänzen Sie!

Complete las siguientes frases con la forma correcta del **indicativo** o del **subjuntivo**:
Ergänzen Sie folgende Sätze mit der richtigen Form des ***indicativo*** *oder des* ***subjuntivo****:*

1. Si Argentina .... *(importar)* petróleo, no es autosuficiente en ese sector.
2. Si la Pampa argentina no .... *(ser)* tan grande, no habría ganadería extensiva.
3. Cuando .... *(terminar)* la Segunda Guerra Mundial, llegaron muchos inmigrantes a Venezuela.
4. Si Venezuela no .... *(crear)* nuevas industrias, dependerá demasiado de la exportación del petróleo.
5. Si la corriente de El Niño .... *(desaparecer)* de las aguas del Perú, las capturas de anchoa serán mucho mayores.
6. Si los indígenas peruanos no .... *(vivir)* en las montañas, no tendrían una economía cerrada de autosuficiencia.

G ¡Traduzca!
Übersetzen Sie!

1. *Wenn Polen mehr exportieren würde, wäre der Lebensstandard* (= el nivel de vida) *der Bevölkerung höher.*
2. *Wenn Europa den armen Ländern der Dritten Welt* (= el Tercer Mundo) *mehr helfen würde, gäbe es dort weniger Armut.*
3. *Wenn die lateinamerikanischen Länder keine Schulden hätten, könnten sie sich schneller wirtschaftlich entwickeln.*
4. *Wenn es kein Fernsehen gäbe, könnten wir nicht sehen, was in der Welt passiert.*
5. *Wenn die europäischen Presseagenturen* (= agencias de prensa) *sich nicht mehr für Lateinamerika interessieren, werden wir wenig über diesen Kontinent erfahren.*

6. *Immer wenn wir über Politik sprechen, werden wir uns nicht einig* (= ponerse de acuerdo).
7. *Wenn Du gut Spanisch sprechen lernen willst, mußt Du nach Spanien fahren.*
8. *Wenn ich genügend Geld hätte, würde ich eine Reise durch Lateinamerika machen.*
9. *Wenn man Ihnen einen Job in Spanien anböte, würden Sie ihn annehmen?*
10. *Dieses Unternehmen würde viel mehr exportieren, wenn man die Korrespondenz auf spanisch führte.*

H ¡Cuente!

Erzählen Sie!

Überlegen Sie, welche Bedingungen erfüllt werden müßten, damit sich die Lage in Lateinamerika verbessern könnte. Fangen Sie folgendermaßen an:

La situación en América Latina sería mejor si .....

I ¡Escuche!

Hören Sie zu!

Escuche la casete y diga en español lo que haría Ignacio si le tocara el gordo.
Hören Sie sich die Kassette an und erzählen Sie auf spanisch, was Ignacio tun würde, wenn er den Hauptgewinn in der Lotterie bekäme!

J ¡Escuche!

Hören Sie zu!

Escuche la conversación entre Merche y Nuria y conteste a las siguientes preguntas:
Hören Sie sich das Gespräch zwischen Merche und Nuria an und beantworten Sie folgende Fragen:

1. ¿Cuántos habitantes tiene Madrid?
2. ¿De dónde es la mayoría de los inmigrantes?
3. ¿Cómo se ve en las calles de dónde son?
4. ¿Por qué han venido justamente a España tantos latinoamericanos?

K ¡Lea!

Lesen Sie!

Lea usted 'La ruptura de los equilibrios' y conteste en alemán a las siguientes preguntas:
Lesen Sie 'La ruptura de los equilibrios' (= Die Störung des Gleichgewichtes) und beantworten Sie auf deutsch folgende Fragen:

1. *Welche Folgen hatte der Anstieg des internationalen Zinsniveaus für die lateinamerikanischen Schuldnerländer?*
2. *Welche Vorteile hatten die ölexportierenden Länder im Vergleich zu den Ländern, die kein Öl exportierten?*

3. *Die Länder, die Öl, Zucker und Metalle exportierten, steigerten durch die Preiserhöhung dieser Produkte ihr Einkommen. Was müßten die übrigen Länder machen, um das gleiche Einkommen zu bekommen?*

La ruptura de los equilibrios

C. S.

Una revisión de los indicadores económicos regionales pone de relieve que la inflación ha penetrado en economías antes aparentemente inmunes a la espiral inflacionista. De toda la zona, sólo Barbados, Haití y Panamá mostraron el pasado año una tasa de inflación inferior al 10% anual. Por añadidura, si bien el valor de las exportaciones creció en promedio un 9%, esta tasa está por debajo de la registrada en los dos años previos. Mientras, los tipos de interés internacionales crecieron, detrayendo más recursos por el mismo montante de deuda. El pago de intereses y utilidades creció en 4.000 millones de dólares.

En los países exportadores de petróleo, el incremento de precios en las exportaciones —cifrado en 5.400 millones de dólares— permitió cubrir el incremento en los pagos por servicio de factores —1.700 millones de dólares—, dejando divisas remanentes equivalentes al 10% de las importaciones. Para las naciones no exportadoras de petróleo las cuentas no salieron tan bien. El incremento en los tipos de interés sobre la deuda externa se comió el superávit comercial. De esta forma, los incrementos de importaciones debieron ser atendidos con reservas centrales.

El incremento significativo en los precios del petróleo, azúcar y metales benefició específicamente a las naciones productoras de estas materias primas cuyos volúmenes exportados no crecieron en forma tan aguda. Por el contrario, en el grueso de las naciones de la región los incrementos de exportaciones se realizaron a expensas de mayores volúmenes. El ciclo importador ha sido afectado por una vasta gama de hechos, como el progreso de los planes de ajuste, procesos de liberalización arancelaria y los atrasos cambiarios que alentaron las importaciones.

L ¡Relacione!

Verbinden Sie!

a. *durchschnittlich*	1. *las divisas*
b. *die Inflationsrate*	2. *en promedio*
c. *die Devisen*	3. *los planes de ajuste*
d. *die Rohstoffe*	4. *los intereses*
e. *der beträchtliche Zuwachs*	5. *la deuda externa*
f. *die Auslandsschuld*	6. *la tasa de inflación*
g. *die Zinsraten*	7. *el incremento significativo*
h. *der wirtschaftliche Überschuß*	8. *las materias primas*
i. *die Anpassungspläne*	9. *el superávit comercial*

M ¡Lea!

Lesen Sie!

Folgender Text ist nicht in Absätze eingeteilt.

1. *Lesen Sie zuerst den Text im Ganzen.*
2. *Notieren Sie dann die Wörter oder Wortgruppen, die den roten Faden des Textes bilden.*
3. *Unterteilen Sie anschließend den Text in Absätze und notieren Sie Ihre Argumente für die spätere Diskussion.*
4. *Entwerfen Sie ein Strukturschema des Textinhaltes.*

El siguiente texto no tiene indicación de párrafos.

1. Lea primero el texto globalmente.
2. Apunte luego las palabras o grupos de palabras que forman el hilo del texto.
3. Haga después una subdivisión en párrafos, indicando los renglones y anotando sus argumentos para la discusión en grupos y/o en clase.
4. Haga un esquema estructural del contenido del texto.

Bogotá

Para la mayoría de los campesinos pobres de Colombia, la ciudad significa riqueza, trabajo, industria. Ahí invierte el extranjero, ahí están la centrales de toda la economía. El trabajo y la industria significan para muchos de los pequeños campesinos la esperanza de una vida mejor. Pero la riqueza de las ciudades es la riqueza de unos pocos y con bastante frecuencia es también la riqueza de los extranjeros. Este fenómeno remonta a los tiempos de la colonización, en los que los españoles trajeron el 'progreso' de los europeos a los indios de Colombia y se llevaron la riquezas de las culturas indias hacia Europa. En muchas de las casas viejas se pueden ver todavía la influencia de la arquitectura española y la riqueza de los colonizadores que en muchos casos se cuentan hasta hoy día entre las familias más prestigiosas del país. Los rascacielos modernos de Bogotá se pueden considerar como expresión de una colonización moderna: la de las empresas internacionales como la United Brands y otras. Muchos peones y pequeños campesinos, mal pagados e incitados por la esperanza de un puesto de trabajo y de una vida mejor abandonan el campo y huyen a la ciudad. En Bogotá, sin embargo, les espera a la mayoría de esta gente una situación sin salida. El hecho que no han tenido la ocasión de aprender un oficio cualificado (el aprendizaje cuesta dinero) es la causa de que tampoco encuentran trabajo. La consecuencia es que tienen que mantenerse mediante trabajos accidentales mal pagados y duros, en los que muchas veces toda la familia tiene que participar. El sueldo miserable es apenas suficiente para ganar el pan de cada día. Así las familias van a las villas miseria, los barrios, donde por lo menos la vivienda es barata. Ahí no hay escuelas. Perso sin enseñanza tampoco hay oportunidades para los niños. Uno de los trabajos duros, 'de negros' como se dice, más típicos de los habitantes de los barrios es el fraccionar y el comprimir el barro trabajando en una de las inmensas fábricas de ladrillos y tejas situadas en la periferia de la ciudad. Cada día se moja el barro seco con agua, se comprime después en moldes y se cuece más tarde en hornos primitivos hasta dar como resultado la teja o el ladrillo. Los niños, las mujeres, los ancianos y las preñadas también, todos tienen que ayudar, porque lo que pagan por teja no basta para garantizar la existencia. El promedio salarial de una familia entera es de cerca de 80 marcos al mes para ocho personas.
Si el marido muere, es principalmente la mujer la que tiene que encargase de la alimentación de la familia. Esta mujer trabaja cada día desde el amanecer en la cantera, para que sus hijos tengan lo suficiente para comer. Esta mujer no es la única que está en tal situación, pues muchas mujeres se ven abandonadas por sus maridos desesperados. El marido comienza a tomar, se queda agotado por la carga del trabajo y se enferma después. Si la madre trabaja, los niños se quedan en casa, es decir en una de esas chabolas construidas de ladrillos, de chapa y de cartón. Esas casuchas forman los barrios, llamados también 'Invasiones' que circundan la ciudad de Bogotá.
Muchas veces sin ser vigilados, sin poder ir a ninguna escuela, sin ser atendidos por ningún médico, estos niños viven creciendo sin la esperanza de un futuro mejor. Ahí inicia Terre des Hommes su programa familiar para ayudar a las familias a asegurar la existencia. Muchos niños abandonan las cabañas de la miseria buscando una vida mejor en las calles de Bogotá como 'gamines'. Con todo, ahí tienen una mínima oportunidad de mantenerse limpiando zapatos, pillando coches derrelictos, vendiendo periódicos, robando y mendigando. Muchas veces se dan también a la prostitución. Duermen bajo coches, en parques, sobre bancos o en corredores o patios, metiéndose en cartones.

Unidad 13 Acusamos recibo de ....

A

¡Lea!
Lesen Sie!

Lea las dos cartas y compare el contenido, señalando las correspondencias/las diferencias.
Lesen Sie folgende Briefe. Vergleichen Sie sie und sagen Sie, in wiefern sie sich gleichen bzw. unterscheiden.

Carta 1

Elefanten-Schuh GmbH
Hoffmannallee 21,
D-4190 KLEVE

Ciudadela, 26 de mayo de 19...

s/ref	s/carta	n/ref
TD/ID	10-5-19..	OH/JH

Asunto: el envío del 10 cte.

Estimados señores:
Acusamos recibo de su envío del 10 cte. Podemos comunicarles que la mercancía ha llegado en buen estado.
Para liquidar su factura por valor de ptas. 450.000 les hemos abonado el importe a su cuenta postal mencionada en su carta del 10 cte.
Les agradecemos la pronta ejecución de nuestra orden y esperamos que sus zapatos encuentren buena acogida entre los clientes.
Les saludamos muy atentamente,

Novus, S.A.

Óscar Hernández

p.p. Oscar Hernández

Carta 2

elefanten

ELEFANTEN-SCHUH GMBH

· ELEFANTEN-SCHUH GMBH · D 4190 KLEVE · POSTFACH/P.O.B./B.P. 1320 ·

D-4190 KLEVE W. GERMANY R.F.A.
HOFFMANNALLEE 41-51
TELEX 811 777 · TELEFAX (0 28 21) 8 62 08
AUTOMATISCHE ANRUFANNAHME (0 28 21) 8 62 00

☎ (0 28 21) 86-
VERMITTLUNG 860
TEL. EXCHANGE 860
STANDARD 860

Maquinaria Puig
Carretera Castelldefels s/n
E-08015 BARCELONA
España

IHR ZEICHEN YOUR REF. VOTRE REF. UNSER ZEICHEN OUR REF. NOTRE REF. DATUM DATE L-NR. 1630

s/ref	s/carta	n/ref
RB/AD	10/05/19..	MV/AE

Kleve, 25 de mayo de 19...

Asunto: el envío del 10 cte.

Estimados señores:

Ayer llegó en el plazo convenido su envío del 10 cte., objeto de nuestro pedido del 17 del mes pasado.

Lamentamos tener que comunicarles que, al examinar el suministro, constatamos que un aparato está estropeado.

Por eso les rogamos nos envíen en el plazo de 2 semanas un aparato de repuesto. Esperamos su confirmación por télex al respecto así como sus instrucciones sobre lo que debemos hacer con el aparato estropeado.

Tal como se convino en el contrato de compraventa, comunicaremos el daño sufrido durante el transporte a nuestra compañía de seguros que se hará cargo del asunto.

Cuando hayan enviado el aparato de repuesto, efectuaremos el pago de la suma total del suministro.

En espera de sus noticias por télex les saludamos muy atentamente.

Elefanten-Schuh GmbH

Maria Verhufen

p.p. Maria Verhufen

LANDESZENTRALBANK KLEVE (BLZ 324 000 00) KTO. 32 408 002 · DEUTSCHE BANK AG KLEVE (BLZ 324 700 77) KTO. 3148 434 · VOLKSBANK EG KLEVE (BLZ 324 604 22) KTO. 1000 393 017
DRESDNER BANK AG KLEVE (BLZ 320 800 10) KTO. 755 344 400 · COMMERZBANK AG KLEVE (BLZ 324 400 23) KTO. 8122 921 · C.G. TRINKAUS & BURKHARDT DÜSSELDORF (BLZ 300 308 80) KTO. 116/009
SPARKASSE KLEVE (BLZ 324 500 00) KTO. 103 192 · POSTGIRO KÖLN (BLZ 370 100 50) KTO. 2070-502

VORSITZENDER DES AUFSICHTSRATES: RUDOLF FISCHER
GESCHÄFTSFÜHRER: WILFRIED SCHÖNLEBER (SPRECHER), HANS DIMLER, FRANZ GRIMBERG
REG.-GERICHT: AMTSGERICHT KLEVE, HRB 39

B ¿Cómo se dice en español?

Wie sagt man auf spanisch?

Brief 1

1. *Wir bestätigen den Empfang von...*
2. *Wir können Ihnen mitteilen, daß die Ware in gutem Zustand angekommen ist.*
3. *Zum Ausgleich Ihrer Rechnung haben wir den Betrag auf Ihr Girokonto überwiesen.*
4. *Wir danken Ihnen für die schnelle Ausführung unseres Auftrages.*
5. *Wir hoffen, daß unsere Schuhe eine gute Aufnahme bei den Kunden finden.*

Brief 2

1. *Gestern ist Ihre Sendung in der gestellten Frist eingetroffen.*
2. *Leider müssen wir Ihnen mitteilen, daß ein Gerät beschädigt ist.*
3. *Deshalb bitten wir Sie, uns innerhalb einer Frist von zwei Wochen ein Ersatzgerät zu schicken.*
4. *Wir erwarten Ihre Bestätigung über Telex sowie Ihre Anweisungen darüber, was wir mit dem beschädigten Gerät machen sollen.*
5. *Wir werden den Schaden, der während des Transportes entstanden ist, unserer Versicherungsgesellschaft melden.*

Subjuntivo nach temporalen Konjunktionen ► § 33

Cuando ustedes nos **hayan** enviado el aparato de repuesto, efectuaremos el pago de la suma total del suministro.

C ¡Traduzca!

Übersetzen Sie!

1. *Sobald Sie uns den Kaufvertrag zugeschickt haben, werden wir uns mit Ihnen in Verbindung setzen.*
2. *Solange Sie kein Ersatzgerät schicken, kann unsere Firma diesen Auftrag nicht ausführen.*
3. *Bitte überprüfen Sie das Gerät, bevor Sie es abschicken.*
4. *Nachdem wir die Ersatzlieferung bekommen haben, werden wir die Bezahlung des gesamten Betrages vornehmen.*
5. *Wir werden auf Ihre Anweisungen warten, was mit dem Gerät zutun ist.*

D ¡Lea!
Lesen Sie!

Sie arbeiten in einer Firma, die Fleisch verarbeitet und erhalten ein Fernschreiben von Industrias Cárnicas Navarras S.A. Berichten Sie Ihrem Chef vom Inhalt des Fernschreibens! (Im Spanischen werden im Fernschreiben die Satzzeichen nicht angegeben!)

○ 1454
○ 48485 hadra ag
○ 30 11 19..
○ de industrias carnicas navarras s a
○ a
○ hadra
○
○ att sr tramp
○ buenas tardes
○ le ruego nos pase un telex con las posibilidades carga proxima semana
○ indicando cantidades y precios - tenga en cuenta que el marco aleman ha subido
○ con respecto a la peseta y que por tanto tendra que rebajarnos precios - yo
○ mañana no estare - se lo comunico para que no me llame por telefono - estare
○ el miercoles dia 2 12
○ atentos saludos
○ arturo araujo
○ 37838 ara
○ 48485 hadra ag

Subjuntivo nach Konjunktionen wie 'para que', usw. ▶ § 33
Se lo comunico **para que** no me llam**e** por teléfono.

E ¡Traduzca!
Übersetzen Sie!

1. *Ich sage es Ihnen, damit Sie berücksichtigen, daß die deutsche Mark im Vergleich zur spanischen Pesete gestiegen ist.*
2. *Ich hoffe, daß Sie das Ersatzgerät bald schicken, damit wir die Produktion fortsetzen können.*
3. *Wir werden den Schaden unserer Versicherungsgesellschaft melden, damit sie die Angelegenheit regeln kann.*
4. *Ich werde Ihnen Anweisungen für den Versand geben, damit die Ware in gutem Zustand ankommt.*
5. *Ich werde Ihnen die Anweisungen per Fernschreiben zusenden, damit Sie das Gerät schnell abschicken können.*

F ¡Escriba!

Schreiben Sie!

Sie arbeiten bei Hanßen in Duisburg, einem Großhändler für Sportbekleidung. Von einer spanischen Firma haben Sie eine Kleidersendung erhalten, die aber nicht Ihrem Wunsch entspricht. Sie schreiben der Firma einen Brief, in dem Sie:

- *sich über die mangelhafte Qualität des Materials beschweren, das während des Transportes Schaden erlitten hat*
- *sagen, daß Sie die Kleidersendung im jetzigen Zustand nicht verkaufen können*
- *bitten, eine Ersatzsendung innerhalb von drei Wochen zu schicken*
- *sagen daß Sie den Schaden wie im Kauf(-Verkauf)vertrag vereinbart, Ihrer Versicherung melden werden*
- *sagen, daß Sie den Betrag überweisen werden, sobald sie die Ersatzsendung zugeschickt haben*
- *bitten, den Auftrag bald auszuführen, damit das gute Verhältnis zu den Kunden bestehen bleibt*

Schreiben Sie den Brief formgerecht unter Verwendung von:

- *Anschrift*
- *Datum*
- *Anrede*
- *Grußformel*

G ¡Escriba!

Schreiben Sie!

Sie arbeiten bei einer Importfirma von Zitrusfrüchten in Regensburg, Impozitrus genannt. Sie haben von einer spanischen Firma in Valencia ein Fernschreiben bekommen, in dem sie Ihnen mitteilt, daß sie die von Ihnen für diese Woche bestellte Sendung Zitrusfrüchte nicht rechtzeitig liefern kann. Man fragt, was zu tun sei. Sie schicken im Namen Ihrer Firma ein Fernschreiben, in dem Sie:

- *die spanische Firma bitten, Ihnen ein Fernschreiben mit den Möglichkeiten für die nächste Woche zu schicken*
- *auch bitten, Menge und Preise anzugeben*
- *sagen, daß der Kursanstieg der Pesete berücksichtigt werden muß*
- *mitteilen, daß Sie morgen wegen eines Feiertages nicht da sein werden, damit sie nicht vergeblich anrufen. Übermorgen sind Sie wieder da.*

H ¡Escriba!

Schreiben Sie!

Sie arbeiten bei einer deutschen Importfirma von Fischkonserven. Sie haben von einer spanischen Firma aus Vigo, Conservas Gallegas genannt, eine Sendung Ölsardinen erhalten, aber die Qualität stimmt nicht mit der des Ihnen zugeschickten Musters überein. Schreiben Sie einen Brief an Conservas Gallegas, in dem Sie sich hierüber beschweren und vorschlagen, Ihnen eine neue Sendung zu schicken und den erlittenen Schaden bei ihrer Exportversicherung zu melden.

I **¡Escriba!**
Schreiben Sie!

Sie arbeiten bei einem Importunternehmen von Lederprodukten in Deutschland (Hamburg). Sie haben bei der spanischen Firma Marroquinería de Sevilla eine Sendung Taschen bestellt, aber noch nicht erhalten. Sie fragen, wann die Sendung ankommt. Außerdem verhandeln Sie über den Preis: da der Kurs der Pesete gestiegen ist, bitten Sie, die Preise zu senken. Sie schicken ein Fernschreiben und bitten um eine baldige Antwort!

J **¡Lea!**
Lesen Sie!

Lea el siguiente texto y explique en alemán qué significan los números del Código Postal español.
Lesen Sie folgenden Text und erklären Sie auf deutsch, was die Ziffern der spanischen Postleitzahl bedeuten!

DROGUERIA
INDUSTRIAL
ART. DE LIMPIEZA
PINTURAS

J. Segoviano

LOPEZ DE HOYOS, 89
TELEFONO 415 11 44
28002 MADRID

¿QUE SIGNIFICAN LOS NUMEROS DEL CODIGO POSTAL?

Remitida por Juan Antonio Sales, Sueca (Valencia).

El código postal, implantado en España desde hace tres años, es un sistema de identificación numérica del correo destinado a facilitarla localización, encaminamiento y distribución de la correspondencia. Técnicamente se trata de una relación entre la dirección alfabética del destino de un envío y una combinación numérica de cinco digitos. Cada uno de ellos, bien por sí solo, bien en grupo, representa una de las distintas fases del proceso de clasificación. Las dos primeras cifras indican las provincias según el código geográfico nacional, desde el 01 de Alava al 50 de Zaragoza. La tercera identifica pueblos importantes o intinerarios básicos en el encaminamiento de la correspondencia. La cuarta cifra se refiere a áreas de reparto o rutas de tránsito. Finalmente, la quinta indentifica las rutas de reparto locales. En las grandes ciudades, la cuarta y quinta cifra forman juntas el número del distrito postal.

El código postal ha sido un gran paso en orden a facilitar la utilización de máquinas de clasificación automatica. ■

La indicación en los sobres del código postal simplifica enormemente las tareas de clasificación y reparto del correo.

K **¡Escuche!**
Hören Sie zu!

Escuche la casete y conteste a las siguientes preguntas:
Hören Sie die Kassette an und beantworten Sie folgende Fragen:

1. ¿Qué medios de comunicación usan en la empresa de Concha Alonso?
2. ¿Qué medio moderno sustituye sobre todo a la taquigrafía? ¿Y por qué?
3. ¿Por qué el télex ha sido sustituido por el fax?
4. ¿Qué papel juega el ordenador en la marcha de la empresa?

L ¡Escuche!
Hören Sie zu!

Nuria habla con Jesús, que trabaja para la Telefónica, sobre el fax y el correo electrónico. Escuche la conversación y conteste en alemán a las siguientes preguntas:
Nuria spricht mit Jesús, einem Mitarbeiter der Telefónica, über Fax und elektronische Post. Hören Sie sich das Gespräch an und beantworten Sie auf deutsch folgende Fragen:

1. *Wie funktioniert ein Fax?*
2. *Wozu dient die elektronische Post?*
3. *Welche Vorteile der elektronischen Post nennt Jesús?*

M ¡Lea!
Lesen Sie!

Lea el anuncio de Telefónica y conteste a las siguientes preguntas:
Lesen Sie die Anzeige von Telefónica und beantworten Sie folgende Fragen:

1. *Welche Vorteile hat diese neue Anlage?*
2. *Wie heißt auf spanisch:*
   wählen
   eine Anlage
   so einfach
   eine Taste drücken
   Zulieferer

N **¿Cómo se dice en español?**
Wie sagt man auf spanisch?

Busque en los textos los equivalentes en español para:
Suchen Sie in den Texten die spanischen Ausdrücke für:

der tragbare Computer/der Laptop
die Geräte
die Speicherkapazität
die Batterie
der Bildschirm
die Tastatur
die Diskette
die Festplatte
die Bildqualität
das Textverarbeitungsprogramm
die Database
der Anwender
die Erweiterungskarte
der Arbeitsspeicher
das lokale Netzwerk
Information übertragen
verbinden mit
der Etat

Portátiles más potentes

ELOY BOHÚA

Hace algunos años alguien tuvo la idea de fabricar ordenadores que pudieran ser utilizados por quienes pasan la mayor parte de su jornada laboral lejos de un enchufe o por quienes, al viajar, necesitan llevar consigo la información que manejan en su oficina. Esa idea dio lugar a la aparición de los ordenadores portátiles.

Los primeros no eran tan fáciles de trasladar, porque pesaban lo suyo. Además, estos equipos pioneros tenían unas prestaciones bastante limitadas: escasa capacidad de almacenamiento de datos, poca o ninguna autonomía de funcionamiento mediante baterías, pantallas de visualización de reducidas dimensiones. Pero todo ello eran limitaciones que los avances tecnológicos han permitido superar con el paso del tiempo. Ahora los ordenadores portátiles ofrecen prácticamente las mismas posibilidades que los de sobremesa (esto es, los PC tradicionales).

Con las dimensiones de un maletín (más o menos grande, dependiendo de las prestaciones), el portátil tiene todos los componentes que caracterizan a un ordenador personal: una pantalla, abatible, con la misma definición; un teclado al que sólo le falta un bloque de teclas numéricas (se puede incorporar opcionalmente en la mayoría de los casos); unidades para el almacenamiento de datos (en disquetes de 3,5 pulgadas y en discos fijos), y posibilidades de ampliación realmente sorprendentes.

Además, el uso de componentes que consumen muy poca energía permite trabajar, por ejemplo, en la sala de espera de un aeropuerto sin más que utilizar las baterías que a todo portátil se pueden incorporar. La autonomía, que depende de las propias baterías y de la configuración del equipo, oscila entre tres y siete horas. En relación a las pantallas, las de cristal líquido son las más utilizadas, ya que otra de las tecnologías, el plasma, encarece sensiblemente el precio final del ordenador. Sin embargo, las pantallas de cristal líquido tienen un grave inconveniente: la legibilidad de la información que en ellas aparece depende de las condiciones de luz de la habitación donde se esté utilizando el ordenador. Una solución a este problema es un sistema llamado de retroiluminación (en inglés, *backlight*), que consiste en proyectar una luz sobre la parte posterior de la pantalla. Consume más energía, pero mejora sensiblemente la calidad de la imagen.

Pocas limitaciones tienen ya los portátiles en lo que se refiere a capacidad de almacenamiento de datos. En algunos modelos, ésta se acerca a los 100 millones de caracteres (100 Mbytes), y es bastante habitual encontrar configuraciones con, al menos, discos con capacidad para 20 millones de caracteres. Ello permite almacenar los programas que vayan a ser utilizados (procesador de textos, base de datos...) y queda espacio suficiente para los propios datos del usuario.

La posibilidad de que las prestaciones de un ordenador puedan ser ampliadas con componentes extra es algo que hay que tener siempre en cuenta. En los portátiles también es posible hacerlo. La mayor parte de estos ordenadores tienen en su interior ranuras para colocar tarjetas de circuito impreso que permiten ampliar la capacidad de la memoria RAM, utilizar programas de gráficos, conectarse a una red local, añadir dispositivos para transferir información a través de la línea telefónica, etcétera.

Además, la mayoría permite la conexión de un monitor convencional y de una caja de expansión que aumenta sensiblemente las posibilidades de ampliación citadas. Incluso existen accesorios para, por ejemplo, conectar el portátil al encendedor del coche.

Con todo, poca utilidad tendrían los portátiles si no fuera posible utilizar los programas creados para los ordenadores de sobremesa. La inmensa mayoría de los portátiles puede trabajar con el sistema operativo MS-DOS, lo que permite utilizar un sinfín de aplicaciones de todo tipo.

En cuestión de precios, existen desde ordenadores portátiles *de andar por casa*, con precios inferiores a las 100.000 pesetas, hasta equipos altamente sofisticados, cuyo precio puede superar el millón de pesetas. La elección de unos u otros depende, como siempre, del presupuesto y de las necesidades de quien los compra. Con vistas al futuro, el principal reto es la incorporación de pantallas en color, una tecnología todavía costosa y con escasa difusión.

Unidad 14 En el banco

A **¡Busque!**
Suchen Sie!

Usted está en España y quiere cambiar 150 marcos alemanes. ¿Cuántas pesetas le darán en el banco si le cobran una comisión de 200 pesetas?:
Sie sind in Spanien und möchten DM 150,- wechseln. Wieviele Peseten wird man Ihnen in der Bank geben, wenn Ihnen eine Kommision von 200 Peseten berechnet wird?

BILLETES DE BANCO EXTRANJEROS

Cambios que el Banco de España aplicará a las operaciones que realice por su propia cuenta durante la semana del 17 al 23 de julio de 1989, salvo aviso en contrario.

Billetes correspondientes a las divisas convertibles admitidas a cotización en el mercado español.	COMPRADOR PESETAS	VENDEDOR PESETAS
1 Dólar USA — Billete grande (1) ...	115,99	120,34
1 Dólar USA — Billete pequeño (2) .	114,83	120,34
1 Dólar canadiense	97,19	100,83
1 Franco francés	18,08	18,76
1 Libra esterlina	187,95	195,00
1 Libra irlandesa (4)	164,09	170,24
1 Franco suizo	71,01	73,67
100 Francos belgas	292,59	303,56
1 Marco alemán	61,36	63,66
100 Liras italianas (3)	8,45	8,77
1 Florín holandés	54,43	56,47
1 Corona sueca	17,96	18,63
1 Corona danesa	15,79	16,38
1 Corona noruega	16,69	17,32
1 Marco finlandés	27,23	28,25
100 Chelines austríacos	872,30	905,01
100 Escudos portugueses (5)	71,21	75,30
100 Yens japoneses	82,96	86,07
1 Dólar australiano	87,82	91,11
100 Dracmas griegos	69,03	73,00
OTROS BILLETES		
1 Dirham	12,02	12,49
100 Francos C.F.A.	36,09	37,50
1 Cruzado	27,58	28,65
1 Peso colombiano	No disponible	No disponible
100 Pesos uruguayos	No disponible	No disponible
1 Sol peruano	No disponible	No disponible
1 Bolívar	2,30	2,42
1 Peso argentino nuevo	No disponible	No disponible
100 Pesos mejicanos	3,06	3,18
1 Rial árabe saudita	30,33	31,51
1 Dinar kuwaití	386,02	401,06

(1) Esta cotización es aplicable para los billetes de 10 dólares USA y denominaciones superiores.
(2) Esta cotización es aplicable para los billetes de 1, 2 y 5 dólares USA.
(3) Cambios aplicables para billetes de denominaciones de hasta 50.000 liras inclusive.
(4) Queda excluida la compra de billetes de denominaciones superiores a 20 libras irlandesas.
(5) Las compras se limitan a residentes en Portugal y sin exceder de 5.000 escudos por persona.

B

¡Escuche!
Hören Sie zu!

Sabine entra en un banco para cambiar un eurocheque. Escuche la conversación y rellene el siguiente cuadro:
Sabine betritt eine Bank, um einen Eurocheque einzutauschen. Hören Sie sich das Gespräch an und ergänzen Sie folgendes Schema:

- ¿Tipo de cheques?
- ¿Importe máximo?
- ¿Cuántos cheques?
- ¿Qué billetes?
- ¿Legitimación?
- ¿Fecha?
- ¿Qué monedas?

C

¡Hable!
Sprechen Sie!

Usted quiere cambiar un eurocheque en un banco. Su vecino/Su vecina juega el papel del empleado (E).
Sie möchten in einer Bank einen Eurocheque wechseln. Ihr(e) Nachbar(in) übernimmt die Rolle des Angestellten (E).

S: *(Hallo, Guten Tag)*
E: ¡Hola! Buenos días.
S: *(Akzeptieren Sie Eurocheques?)*
E: Sí.
S: *(Und welches ist der Höchstbetrag?)*
E: Eh... Veinticinco mil pesetas al cambio.
S: *(25.000. Darf ich Ihnen auch zwei geben?)*
E: Eh...No. Nosotros aceptamos uno por un importe de veinticinco mil pesetas. Lógicamente..., bueno, es un comentario que le hago, podría ir usted a otro banco y hacer otro de veinticinco mil pesetas.
S: *(Also...einen über 25.000. Sehr gut.)*
E: Las veinticinco mil pesetas, ¿cómo las querría? ¿Billetes de diez mil, de cinco mil, de mil, de quinientas, de ...?
S: *(Von 5.000...ja. Und einige Münzen, um etwas Kleingeld zu haben.)*
E: De acuerdo. Eh..., ¿me deja el pasaporte, por favor?
S: *(Ja, selbstverständlich)*
E: Le voy a hacer una fotocopia y ..., ¿me deja el..., bueno, la visa, la tarjeta, y me lo cubre, si es tan amable? Mientras tanto hago yo la fotocopia.
S: *(Der wievielte ist heute?)*
E: Hoy es día veinticuatro de noviembre.
S: *(firma el cheque)*
E: ¡De acuerdo! ¡Ya hice la fotocopia! Aquí tiene usted el documento. Esto, eh..., como habíamos dicho, le doy cuatro billetes de cinco mil, cuatro de mil, y monedas le daré una de quinientas y cinco de cien. Así se lleva usted cambio.
S: *(Danke)*
E: ¡De acuerdo!

D ¡Hable!
Sprechen Sie!

Usted entra en una Caja de Ahorros para cambiar dinero. Su vecino/Su vecina juega el papel del cajero/ de la cajera. Utilice el cuadro con los tipos de cambio de **A**.
*Sie betreten eine Sparkasse, um Geld zu wechseln. Ihr Nachbar/Ihre Nachbarin übernimmt die Rolle des Kassierers(= C) und begrüßt Sie. Verwenden Sie den in der Aufgabe **A** genannten Kurs.*

C Buenas tardes.
S (Antwort: Grüßen Sie und sagen Sie, daß Sie DM. 100,- wechseln wollen)
C Muy bien. ¿Me puede pasar su pasaporte, por favor?
S (Natürlich haben Sie den Paß dabei und überreichen ihn; Sie fragen nach dem DM-Kurs)
C A ver... El tipo de cambio es de 60 pesetas. Entonces, son 6.000 pesetas menos las 300 pesetas de la comisión. Tenga, 5.700 pesetas.
S (Sie bedanken sich und erbitten den Paß zurück)
C Ay, perdóneme. Aquí está.
S (Sie verabschieden sich)

E ¡Hable!
Sprechen Sie!

*Sie kommen in Spanien an und möchten Geld wechseln. Ihr Nachbar/Ihre Nachbarin übernimmt die Rolle der Bankangestellten. Tauschen Sie anschließend die Rollen. Verwenden Sie den in Aufgabe **A** genannten Kurs.*

F ¡Lea!
Lesen Sie!

Lea el folleto y diga en alemán lo que hay que hacer para sacar dinero con la tarjeta 4B:
Lesen Sie die Anweisungen und sagen Sie auf deutsch, was man tun muß, um mit der Scheckkarte 4B Geld zu bekommen:

1.
2.
3.
4.
5.
6.

Treinta y cinco Bancos, con más de 11.000 oficinas,
le ofrecen una forma cómoda, rápida y diferente, de disponer de su cuenta bancaria.

Esté en la ciudad que esté, puede realizar todos los días del año a cualquier hora del día o de la noche, operaciones en los 850 TELEBANCOS 4B repartidos por toda España. Y todos los TELEBANCOS 4B son iguales y funcionan igual.
Nunca tendrá problemas al utilizarlos.

Sacar dinero en un TELEBANCO 4B es cuestión de segundos:

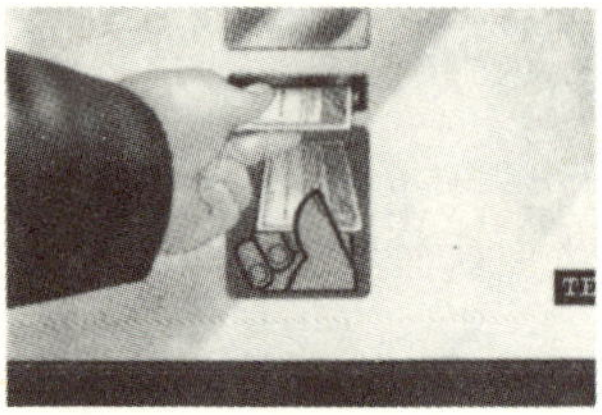
1.- Introduzca su TARJETA 4B.

2.- Marque su número secreto personal.

3.- Pulse la tecla de sacar dinero.

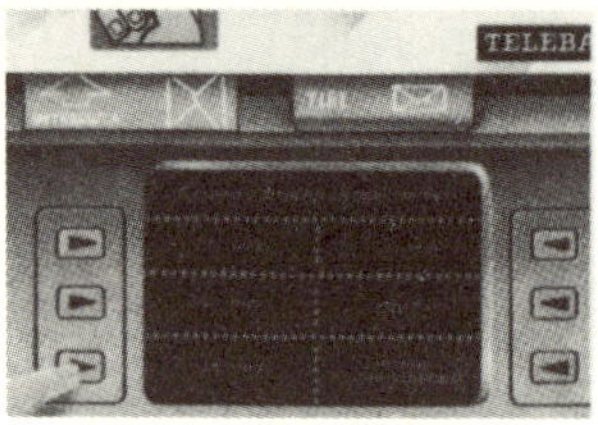
4.- Indique la cantidad que desea sacar.

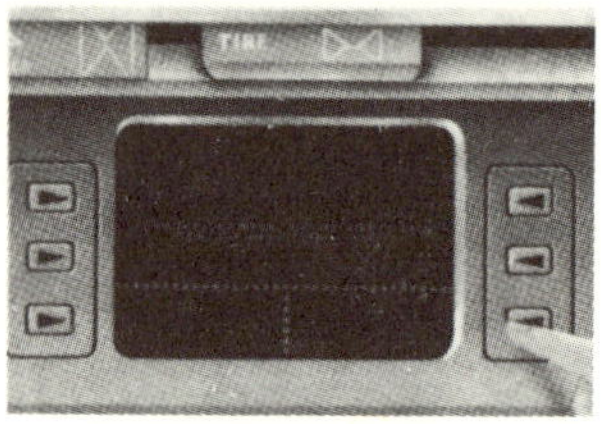
5.- A continuación, el TELEBANCO 4B le preguntará si desea efectuar alguna otra operación.

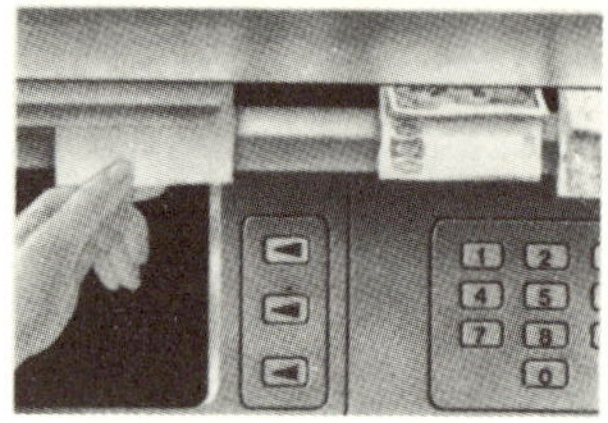
6.- Finalmente retire su tarjeta, el recibo y el dinero; y ya está!

Pida en su oficina bancaria, una relación completa de todos los TELEBANCOS 4B que hay en España.

G

¡Lea!
Lesen Sie!

Mencione en alemán las ventajas de los siguientes servicios del Banco de Bilbao:
Nennen Sie auf deutsch die Vorteile der folgenden Dienste der Banco de Bilbao:

SERVICIOS

- Cuentas corrientes
- Cuenta comercio
- Custodia y administración de valores
- Libretas de ahorro
- Tarjeta de crédito Visa Oro
- Cheques de viaje
- Cajeros automáticos

Cuentas corrientes

Uno de los servicios más cómodos para pagar y cobrar fácilmente. Una contabilidad impecable hecha por el propio Banco, que le informará frecuentemente de la situación de su cuenta, lo cual le permitirá llevar con la mayor exactitud y comodidad el control y administración de la misma.

Custodia y administración de valores

Muchas personas nos confían sus valores para evitar improductividades, pérdidas y riesgos. Nos ocupamos de abonarle, a su vencimiento, los dividendos e intereses, le informamos de las amortizaciones, ampliaciones de capital, etc., ofreciéndole una administración e información exacta y constante del rendimiento de sus valores.

A efectos de facilitarle la cumplimentación de la declaración de la Renta, el Banco le informa de los intereses y dividendos percibidos en el año, y del movimiento de sus depósitos (compras, ventas, suscripciones, amortizaciones, etc).

Por otro lado y para el Impuesto sobre el Patrimonio, el Banco le proporciona un inventario de sus depósitos de títulos con su valoración efectiva a la cotización media del último trimestre.

Cuenta Comercio

Con ella se pretende centralizar y coordinar todas las operaciones bancarias del comerciante con el Banco de Bilbao, ofreciéndole además una serie de productos y servicios específicos que indudablemente le habrá de procurar grandes ventajas.

A cambio de la utilización de los productos y servicios que englosa la Cuenta Comercio, el Banco de Bilbao le proporciona al comerciante, sin costo alguno, tres tipos de Seguros contratados por Euroseguros y Aurora-Polar, S.A.

Estos seguros son: Un Seguro que protege la recaudación diaria de un eventual atraco en el lugar de trabajo, hasta un máximo de un millón de pesetas, otro Seguro de igual cuantía que cubre el transporte de fondos hasta la oficina del Banco de Bilbao donde se efectúa el ingreso, y por último, un Seguro de accidentes, por una cantidad máxima de cinco millones de pesetas.

Tarjeta de Crédito Visa Oro del Banco de Bilbao

Es una tarjeta selectiva de compras, especialmente indicada para personas de reconocida solvencia y prestigio.

Dispone de todas las ventajas y servicios de una tarjeta de crédito VISA y además:

- Usted puede comprar prácticamente sin límite.
- Dispone de un crédito permanente de 1.000.000 de pts.
- Puede obtener más dinero en efectivo en Cajeros Automáticos y Oficinas Bancarias.
- Disfruta de un seguro de accidentes de 50 millones de pesetas (75 millones en caso de viajes en avión), sin coste alguno para usted.
- Cuenta con un servicio permanente de asistencia internacional para situaciones de emergencia.

En suma, una tarjeta para casi todo lo que pueda imaginar, cueste lo que cueste.

Libretas de ahorro

Uno de los servicios más utilizados del Banco de Bilbao desde 1861. Utilizado por casi dos millones de clientes. Usted puede retirar fondos hasta un máximo de 50.000 pts. sin necesitar conformidad en cualquiera de nuestras 1.400 oficinas.

Cheques de viaje

Una solución muy práctica para viajes y vacaciones, Cheques a prueba de robos, pérdidas o destrucción, tanto en pesetas como en divisas. Es dinero en efectivo en miles de establecimientos nacionales y extranjeros y en las oficinas bancarias.

Cajeros Automáticos

Usted tiene a su disposición una extensa red de Cajeros Automáticos distribuidos por toda España:

- Los 110 Cajeros del Banco 24 Horas, en las Oficinas del Banco de Bilbao.
- Y los Cajeros de las entidades bancarias integradas en el Grupo ServiRed y en la Red Compatible VISA.

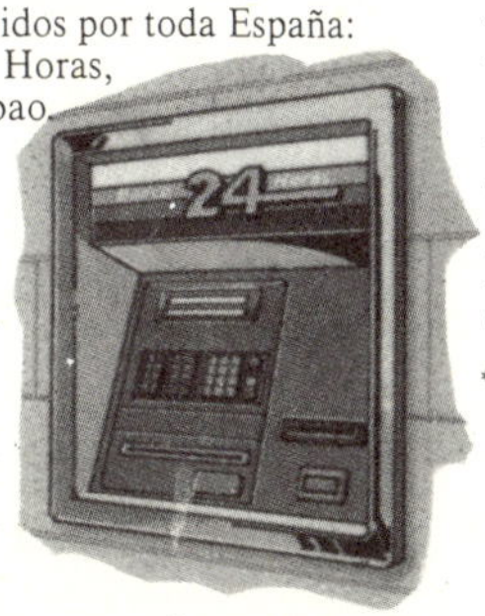

Para utilizar estos Cajeros no tiene más que introducir su Tarjeta VISA del Banco de Bilbao, teclear su Número de Identificación Personal* y seguir las instrucciones que irán apareciendo en la pantalla del Cajero. Así, sencillamente, usted podrá:

- Retirar dinero.
- Conocer el saldo de su cuenta cte./ahorro y los 3 últimos movimientos de la misma.
- Realizar depósitos en efectivo o talón.
- Consultar su disponible en Cajeros Automáticos.

Podrá hacer uso de nuestros servicios todos los días, laborables o festivos, a cualquier hora del día o de la noche.

* Caso de extraviar su número, solicítelo nuevamente en cualquier Oficina del Banco de Bilbao. Se lo enviaremos por correo a su domicilio.

H

¡Escuche!
Hören Sie zu!

Escuche la casete y diga cuáles son los servicios del banco:
1. al público
2. a empresas

Hören Sie sich die Kassette an und nennen Sie die Dienstleistungen der Bank gegenüber:
1. *Privatpersonen*
2. *Unternehmen*

Banco
Comercial Español

José Angel Pérez García
Interventor

Guzmán el Bueno, 105
28003 Madrid
Teléfonos 442 46 93 / 47 08

I

¡Escuche!
Hören Sie zu!

Escuche la casete y diga cuál es la diferencia en España entre un banco y una caja de ahorros.
Hören Sie sich die Kassette an und sagen Sie, welcher Unterschied in Spanien zwischen einer Bank und einer Sparkasse besteht.

Unidad 15 Solicitar un puesto de trabajo

A

¡Lea!
Lesen Sie!

Lea el siguiente anuncio y diga en alemán de qué trata:
Lesen Sie folgende Anzeige und sagen Sie auf deutsch, worum es darin geht:

SEAT necesita para sus oficinas
en la Zona Franca (Barcelona)

SECRETARIAS BILINGÜES

secretarias bilingües
- dominio absoluto del inglés y alemán
- experiencia mínima de dos años
- manejo de procesadores de texto

Se valororá el estar en posesión de
Título de Técnica Especialista
de Secretariado

Interesadas escribir, indicando
referencias, enviando "curriculum
vitae" a:

SEAT SA
Zona Franca
Barcelona

B

¡Lea!
Lesen Sie!

Lea la siguiente carta de solicitud y rellene el recuadro:
Lesen Sie folgendes Bewerbungsschreiben und ergänzen Sie das Schema:

nombre ....
edad ....
formación ....
puesto actual ....
experiencia ....

Soledad Bruguera Pérez
Onésimo Redondo 15, 2º izda.
28020 MADRID

SEAT SA
Zona Franca
08002 BARCELONA

Madrid, 14 de abril de 19..

Estimados señores:

Con referencia a su anuncio en 'El País' del pasado domingo, me dirijo a ustedes para ofrecerme para ese puesto de trabajo.

Me llamo Soledad Bruguera, tengo 23 años y desde los 19, cuando terminé los estudios de técnica especialista de secretariado (FP-2),estoy trabajando en la casa Sirca, Plaza Mayor, Madrid. Durante los cuatro años que he trabajado para esa firma he aprendido el alemán. En la escuela comercial tuve cuatro años de inglés, además de las prácticas administrativas, tengo conocimientos del manejo de procesadores de texto.

Me interesa ese trabajo por las relaciones de su casa con Alemania (Audi-Volkswagen). También me gustaría vivir y trabajar en la capital de Cataluña.

Les mando adjunto currículum vitae, fotocopias de certificados y diplomas obtenidos.

Espero recibir una contestación favorable y les saludo atentamente.

Soledad Bruguera

Anexos: 1 currículum vitae
3 fotocopias de certificados
3 fotocopias de diplomas

C ¡Escriba!
Schreiben Sie!

Escriba su propio currículum vitae según el esquema dado.
Schreiben Sie Ihren eigenen Lebenslauf nach dem vorgegebenen Schema.

Datos personales

Apellido: ______________________________
Nombre: ______________________________
Lugar de nacimiento: ______________________________
Fecha de nacimiento: ______________________________
Nacionalidad: ______________________________
Estado Civil: ______________________________
Domicilio: ______________________________
Teléfono: ______________________________

Estudios realizados

19.. – 19.. ______________________________
19.. – 19.. ______________________________
19.. – 19.. ______________________________
etc.

Experiencia laboral

19.. – 19.. ______________________________
19.. – actualidad ______________________________

Otros conocimientos

Idioma inglés ______________________________
francés ______________________________
español ______________________________

....

....

Referencias

....

(fecha) (firma)
....

D **¿Cómo se dice en español?**
Wie sagt man auf spanisch?

1. *In Bezug auf Ihre Anzeige ....*
2. *in der zweisprachige Sekretärinnen gesucht werden*
3. *wende ich mich an Sie.*
4. *Ich füge diesem Schreiben ... bei.*
5. *In der Hoffnung, eine positive Antwort von Ihnen zu erhalten,*
6. *grüße ich Sie hochachtungsvoll.*

E **¡Complete!**
Ergänzen Sie!

Complete el siguiente cuadro con los datos de los anuncios:
Setzen Sie in das folgende Schema die Daten der Anzeigen ein :

Anuncio	Puesto de Trabajo	Se Requiere	Se Ofrece
Dhl	....	....	....
Intergrupp	....	....	....
Psicotec	....	....	....
Olivetti	....	....	....
Traductor/a	....	....	....
Seguros	....	....	....
Animatur	....	....	....
Fycsa	....	....	....
C & L	....	....	....

DHL
WORLDWIDE EXPRESS®
EMPRESA LÍDER EN EL SECTOR
DEL TRANSPORTE AÉREO URGENTE

NECESITA

AGENTES DE CUSTOMER SERVICE

SE REQUIERE:
Buen conocimiento de inglés hablado y escrito.
Aptitud en trato con clientes por teléfono.
Se valorarán conocimientos de ordenador a nivel usuario.

SE OFRECE:
Retribución inicial estimada de 1,5 millones anuales.
Formación por parte de la empresa.
Oportunidad de promoción y desarrollo profesional.
Otros beneficios sociales.

Interesados, contactar con Roaam von Kauffmann, tel. 747 77 11.

BUSCAMOS

UNA MUJER COMPETENTE

PARA SEGUROS DE VIDA

- Profesional con experiencia y resultados demostrables.
- Capaz de impulsar las ventas de su propio equipo.
- Decidida a ganar lo que vale.

Somos

UNA DE LAS MEJORES COMPAÑÍAS DEL MUNDO

Ofrecemos

- Productos extraordinariamente competitivos en vida y jubilación.
- La formación, apoyo y medios para crecer.
- Instalaciones céntricas de alto *standing.*
- Condiciones económicas SIN LÍMITE DE NEGOCIACIÓN.

La empresa estudiará directamente todas las solicitudes, incluso a distintos niveles, tratándose de profesionales cualificados.

Escribir urgentemente al apartado de Correos número 828 de Madrid. Ref.: Reponsables Delegación Vida.

Nuestro Sistema de Dirección por Objetivos, para ampliar sus objetivos profesionales.

FYCSA, empresa de Formación y Consultoría del Grupo ALCATEL STANDARD, está formada por profesionales de alto nivel que intervienen en todas las áreas de la Organización Empresarial.

Nuestro desarrollo, el de nuestras actividades, precisa de la integración de nuevos Consultores.

CONSULTOR DE FORMACION

Su Formación Superior (Ingeniero Industrial - Organización - Licenciado en Ciencias Empresariales, Psicología o Sociología, valorándose la realización de un Máster en Dirección de Empresas), junto con una experiencia profesional de 2 a 5 años en Formación de Directivos o Sistemas de Dirección por Objetivos u Organización/Recursos Humanos, hacen de Ud. el candidato ideal que deseamos encontrar.

Después de un período de Formación en nuestros métodos y técnicas, Ud. intervendrá en la preparación e impartición de Seminarios y asesoramiento a nuestras empresas clientes en las áreas anteriormente citadas.

A lo largo de su trayectoria profesional, Ud. se integrará en la implantación de nuestro programa de Sistema de Gestión Profesional (S.G.P.), un Sistema de Dirección por Objetivos que integra de modo estructurado los elementos claves de la empresa: el negocio, la cultura de la organización y sus Recursos Humanos, adaptándolo en cada caso a las particularidades de las empresas.

Ud. elaborará e impartirá los programas y seminarios de formación, en función de las soluciones adoptadas.

Para llevar a cabo su misión, Ud. cuenta con amplias cualidades humanas y profesionales. En FYCSA, Ud. podrá desarrollarlas plenamente.

Para poder entrevistarnos le rogamos envíe C.V., fotografía y pretensiones económicas a: FYCSA, Condesa de Venadito, 5-A, 28027 Madrid, indicando la referencia C.F.-2. Le garantizamos absoluta confidencialidad.

FYCSA

C&L

Coopers & Lybrand, una de las principales firmas de Auditoría, Consultoría y Asesoría fiscal, necesita para su departamento de Traducción en Madrid, contratar:

TRADUCTOR/A PROFESIONAL

Se requiere:

- Licenciatura en filología española o inglesa, o haber cursado estudios de traductor.
- Dominio absoluto del castellano y del inglés, tanto hablado como escrito.
- Auténtica vocación de traductor.
- Preferentemente nacionalidad española.

Se valorará:

- Conocimientos de francés y/o alemán.
- Experiencia con tratamientos de texto.

Se ofrece una remuneración en función de la valía del candidato e integración en un equipo de trabajo joven y dinámico, en un entorno de actividad multinacional.

Se ruega a las personas interesadas envíen Curriculum Vitae a la dirección abajo indicada, con la **Ref. M-026.** Se garantiza absoluta confidencialidad.

Coopers & Lybrand

DIVISION DE CONSULTORIA
Rosario Pino, 14-16
28020 MADRID

Intergrupp Service, S.A.

EMPRESA MULTINACIONAL DE SERVICIOS

precisa para trabajo temporal y fijo

SECRETARIAS BILINGÜES

(Inglés, francés y alemán)

- **Experiencia mínima de 3 años en puesto similar.**
- **Expertas en TRATAMIENTO DE TEXTO.**
- **Nacionalidad española.**
- **Incorporación inmediata.**

Interesadas, presentarse en la calle de Villanueva, 2, duplicado, despacho 24. De 10 a 12 y de 16 a 18 horas, o enviar *curriculum vitae*.

MIEMBRO FUNDADOR DE AETT

Integrada Grupo Internacional ADIA

ANIMATUR

Primera empresa de Animación en España

precisa

JOVENES

entre 18 y 35 años que hablen Inglés y Alemán para trabajar de

ANIMADOR TURISTICO

EN HOTELES DEL LITORAL ESPAÑOL

Envíanos tu «Curriculum Vitae» y foto reciente a:

ANIMATUR, S.A
C./ Santa Engracia, 6. Madrid 28010.
Antes del 20 de abril de 1989

TRADUCTOR/A

DE INGLÉS-ESPAÑOL

- Buscamos profesional de alta cualificación, preferiblemente con experiencia en traducciones jurídicas inglesas.
- Debe dominar, sin embargo, el idioma español y tener capacidad mecanográfica.
- Se trata de interesante trabajo, de jornada hasta las 17.30, en importante grupo de empresas domiciliado en la calle Miguel Ángel, con aparcamiento propio.

Escriban con historial detallado y aspiraciones concretas al número 100.189, apartado de Correos número 40, Madrid.

olivetti

PROGRAMA NO FRONTIERS

PARA JOVENES UNIVERSITARIOS

SE PIDE:
- Titulación universitaria superior.
- Servicio militar cumplido.
- Excelente nivel de inglés.

SE OFRECE:
- Formación en informática en Gran Bretaña e Italia (seis meses).
- Período de prácticas en España.
- Contrato laboral, por tiempo indefinido.
- Futuro en Marketing, Ventas, Formación o Soporte.
- Salario acorde al puesto de trabajo.

No son necesarios conocimientos de Informática.

Interesados escribir, acompañando detallado Curriculum Vitae, a:

HISPANO OLIVETTI S.A.
DEPARTAMENTO INTERNACIONAL DE PERSONAL
Apartado de Correos 13.236 - 28080 MADRID

PSICOTEC

Técnicos en Recursos Humanos

Empresa líder en el sector médico-hospitalario precisa para sus oficinas próximas a la localidad madrileña de Algete un:

ADMINISTRATIVO-INGLES

Departamento de Compras
Ref. A.D.I.

Su misión principal consistirá en llevar a cabo la gestión de compras, control de expedientes y preparación de los mismos, correspondencia y archivo.

Se requiere dominio absoluto del idioma inglés, experiencia acorde de 2 años, personalidad dinámica, con iniciativa y vehículo propio.

Las personas interesadas deberán remitir curriculum-vitae con teléfono de contacto a PSICOTEC, S.A. C/ Orense, 9 - 1.° dcha. 28020 Madrid.

F

¿Cómo se dice en español?
Wie sagt man auf spanisch?

Busque en los anuncios el equivalente a las siguientes expresiones:
Suchen Sie in den Anzeigen nach der spanischen Form folgender deutscher Begriffe:

1. *Gute Englischkentnisse, sowohl schriftlich als auch mündlich*
2. *Erfahrung mit Computer auf Benutzerebene*
3. *Erwünscht sind Kenntnisse der französischen und/oder deutschen Sprache.*
4. *Ausbildung im Betrieb*
5. *Fähigkeit, mit Kunden Telefonate zu führen*
6. *Erfahrung in der Textverarbeitung*
7. *Ihre wichtigste Aufgabe wird es sein...*
8. *Festes Gehalt, Arbeitsvertrag und gute Aufstiegsmöglichkeiten*
9. *Interessenten werden gebeten, ihren Lebenslauf und Telefonnummer zu schicken an ...*

G

¡Relacione!
Verbinden Sie!

¿Qué corresponde?
Was gehört zueinander?

1. *innerbetriebliche Ausbildung*
2. *Anfangsgehalt*
3. *abgeleisteter Wehrdienst*
4. *Verlangt werden gute Englischkenntnisse.*
5. *mindestens 3 Jahre Berufserfahrung*
6. *Kenntnisse der Datenverarbeitung sind erforderlich.*
7. *befristeter Arbeitsvertrag*

a. servicio militar cumplido
b. experiencia mínima de 3 años
c. contrato de trabajo limitado
d. Se precisan conocimientos de ordenador.
e. Se requieren buenos conocimientos del inglés.
f. formación por parte de la empresa
g. retribución inicial

H ¡Escriba!

Schreiben Sie!

Sie möchten sich um eine der unter **E** *genannten Stellen bewerben und verfassen dazu einen Brief und einen Lebenslauf, in dem alle folgenden Angaben enthalten sein sollten:*

- *kurze Zusammenfassung für welche Stelle Sie sich bewerben*
- *persönliche Vorstellung und Verlauf Ihrer Ausbildung*
- *Gründe, warum Sie sich für die Stelle interessieren*
- *einen Lebenslauf mit persönlichen Angaben und Berufserfahrung*
- *Hoffnung auf eine baldige positive Antwort*

I ¡Escuche!

Hören Sie zu!

Escuche lo que dice Paloma sobre la solicitud de un puesto de trabajo en España y conteste a las siguientes preguntas:
Hören Sie sich an, was Paloma über das Bewerben um eine Arbeitsstelle in Spanien sagt. Beantworten Sie dann folgende Fragen:

1. *Wie erfolgt in Spanien oftmals die Personalauswahl?*
2. *Wann finden Sie in den spanischen Zeitungen das größte Stellenangebot?*
3. *Wie schätzt Paloma zur Zeit die Arbeitsmöglichkeiten in Spanien ein?*
4. *Welche Voraussetzungen werden für eine Arbeitstelle immer häufiger gewünscht?*
5. *Was hat Paloma in dieser Hinsicht sehr genützt?*

J ¡Escuche!

Hören Sie zu!

Escuche la entrevista de solicitud y rellene el cuadro con los datos de la solicitante:
Hören Sie sich das Bewerbungsgespräch an und füllen Sie das Schema mit den Daten der Bewerberin aus:

Nombre:	....
Edad:	....
Estudios:	....
Nivel de idiomas (hablar):	....
Nivel de idiomas (escribir):	....
Nivel de idiomas (traducir):	....
Experiencia:	....
Tipo de actividades en • inmobiliarias:	....
• auditorías:	....
Motivo para la solicitud:	....

K

¡Escuche!
Hören Sie zu!

Escuche lo que dice Paloma sobre su formación personal y conteste a las siguientes preguntas:
Hören Sie sich an, was Paloma über ihre persönliche Ausbildung erzählt und beantworten Sie folgende Fragen:

1. *Welcher Abschluß wird heutzutage verlangt?*
2. *Was hat sie zusätzlich noch gemacht?*
3. *Wo hat sie ihre Sprachkenntnisse erworben?*

L

¡Lea!
Lesen Sie!

Lea el siguiente texto:
Lesen Sie folgenden Text:

El péndulo de la riqueza

La crisis económica que ha causado el paro de muchos barceloneses ha creado una sociedad dual, es decir, una sociedad formada por los que tienen un empleo estable y los que no lo tienen. Aunque a partir de 1985 la economía ha mejorado y, por consiguiente, los efectos de esta situación han sido menores, sigue existiendo esta sociedad dual.

Una parte muy importante de los nuevos puestos de trabajo que se están creando son temporales, lo que causa una situación difícil, especialmente para los jóvenes. El trabajo duro, con largas jornadas, bajos salarios y sin contrato de trabajo lo hacen sobre todo los jóvenes, las mujeres y los adultos con poca cualificación profesional. Este tipo de trabajo se concentra principalmente en el sector de servicios, pero también se trabaja en casa o en empresas clandestinas, de las que tantas hay en Barcelona y sus alrededores.

Una encuesta oficial efectuada en 1986 reveló que el 30 por ciento de las personas que trabajan en Barcelona y sus alrededores se encontraba en situaciones precarias. Los datos también ponen de manifiesto que desde principios de los ochenta ha disminuido el número de residentes en Barcelona que tienen trabajos con salarios bajos. Por el contrario, ha aumentado sustancialmente el número de profesionales, técnicos y directivos que viven en la ciudad.

Si dividimos todas las ocupaciones laborales en tres categorías, nos encontramos que la categoría más alta, el sector profesional alto, era en 1986 un 20 por ciento superior al registrado en 1981. La categoría media aumentó un cuatro por ciento durante ese período, mientras que la categoría laboral baja, en Barcelona, era un diez por ciento inferior al registrado en 1986.

A pesar de estos datos, el producto interno bruto de Cataluña, con sólo el quince por ciento de la población de España, es más del 20 por ciento del total español. La población activa de Barcelona y su área de influencia se calcula en 1.200.000 personas. De ellas, un uno por ciento trabaja en el sector primario; un 44 por ciento se encuadra en el sector industrial y un 55 por ciento en el de servicios, actualmente en clara expansión. La reactivación económica del área barcelonesa ha beneficiado más directamente a las personas con elevado nivel de formación profesional y ha creado mucha pobreza en Barcelona y sus alrededores. Como sucede en otros muchos sitios, los ricos son cada vez más ricos y los que tienen poco dinero tienen pocas esperanzas de mejorar su situación.

Las principales víctimas de la crisis económica son, en primer lugar, los parados que llevan mucho tiempo sin trabajo y han agotado los subsidios que paga el Instituto Nacional de Empleo (INEM). El segundo grupo en importancia lo forman los inmigrantes con poca cualificación profesional, entre los que hay sobre todo extranjeros que están ilegalmente en el país. Los otros dos grupos son las mujeres que tienen que mantener a su familia y los ancianos que viven solos y con pocos vínculos familiares. Frente a estos grupos sociales que, con el puesto de trabajo, han perdido su única fuente de riqueza, las personas que conservan un empleo estable han visto mejorar en los últimos años su nivel de vida. Los profesionales, los ejecutivos, los empresarios y los técnicos han sido los más favorecidos por la reactivación económica.

(Adaptación de 'El péndulo de la riqueza' de GEO, n° 28, mayo 1989)

M ¡Busque!
Suchen Sie!

Busque en el texto los equivalentes en español:
Suchen Sie im Text die entsprechenden spanischen Ausdrücke:

der Reichtum
die Arbeitslosigkeit
eine duale Gesellschaft
eine feste Arbeitsstelle
deshalb
zeitlich
der lange Arbeitstag
die niedrigen Gehälter
der Arbeitsvertrag
die berufliche Qualifikation
der Dienstleistungssektor
das illegale Unternehmen
enthüllen
die prekäre Situation
die Daten
verdeutlichen
verringern
der Bewohner
die Fachleute
der Kader
das Brutoinlandsprodukt
die aktive Bevölkerung
der primäre Sektor
begünstigen
das Niveau der Berufsausbildung
das Opfer
der Arbeitslose
erschöpfen
die Subvention
unterhalten
der Unternehmer

N ¡Explique y conteste!
Erklären und antworten Sie!

1. Explique el título.
2. Explique con sus propias palabras lo que significa 'una sociedad dual'.
3. ¿Cuál ha sido la causa de esta difícil situación, especialmente para los jóvenes?
4. a. ¿En qué sector hay más trabajo temporal?
   b. ¿Por qué precisamente en ese sector, según su opinión?
5. ¿Es verdad que a partir de los años ochenta cada vez más gente que no gana mucho va a vivir en la ciudad?
6. Rellene en el siguiente gráfico los datos sobre el desarrollo de las ocupaciones laborales entre 1981 y 1986. Empiece en 1981 por cero.

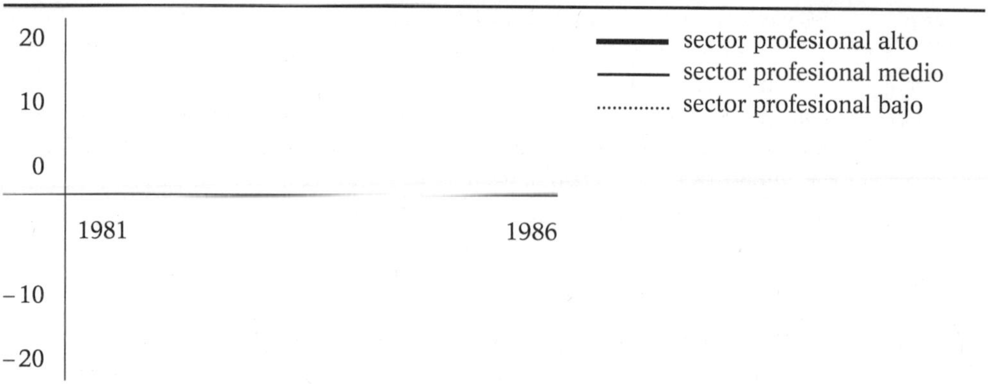

7. ¿La producción industrial bruta catalana ha subido tanto como la población activa?
8. Rellene el cuadro siguiente sobre las ocupaciones de la población activa de Barcelona y su área de influencia:

Sectores	%	*Número de personas*
Sector primario	....	....
Sector industrial	....	....
Sector de servicios	....	....
Total de la población activa	100	1.200.00

9. a. ¿Quiénes se han aprovechado más de la reactivación económica de Barcelona y sus alrededores?
   b. ¿Por qué han sido ellos los que se han aprovechado más?
10. a. Mencione a quiénes afecta más la nueva situación económica.
    b. Explique por qué.

Unidad 16 ¡Y ahora ... a España!

A **¡Escriba!**
Schreiben Sie!

Sie planen zusammen mit Ihrem Lehrer eine Studienfahrt nach Katalonien. Sie schreiben im Namen der Gruppe einen Brief an die Gemeinde von Mongat, einer Stadt ungefähr 15 km nördlich von Barcelona, und bitten um Information.

B **¡Resuma!**
Fassen Sie zusammen!

Sie erhalten folgende Antwort. Fassen Sie den Inhalt mit Ihren eigenen Worten zusammen:

Secretaría de la Alcaldía del Ayuntamiento de Mongat
Carrer de San Pau, 27

E-08913 MONGAT (Barcelona)
España

Mongat, 27 de febrero de 19...

Muy señores nuestros:

Acusamos recibo de su carta que les agradecemos mucho. Nos alegramos de que Vds. estén planeando un viaje de intercambio cultural con nuestra ciudad. Como hemos visto en su escrito, Vds. quieren entrar en contacto con algún centro de enseñanza semejante a su Instituto. La escuela Santa María nos parece muy adecuada para ese fin. La dirección es:
Escola Santa María Plaça Maior, 1 E-08913 MONGAT (Barcelona)
En cuanto al alojamiento les proponemos el hotel Premiá, que les puede ofrecer un ambiente catalán. No es de mucho lujo, pero sirve platos típicos a buenos precios. Está en Premiá de Mar, un pueblo a cinco kilómetros de aquí, también en la costa. Pueden dirigir la carta simplemente a:
Hotel Premiá E-08915 PREMIÁ DE MAR (Barcelona)
Referente a su deseo de visitar una empresa local que tenga contactos con una casa alemana, no podemos darles ninguna dirección en nuestro municipio. Pero sabemos que ya varias veces alumnos del colegio Santa María han ido de excursión a la fábrica SEAT que se encuentra en la capital catalana. Pueden ponerse en contacto con:
SEAT Relaciones Públicas e Información Calle 2, s/n - Zona Franca Apartado de Correos 740 E-08015 BARCELONA

Esperamos que estas informaciones sean suficientes y que consigan llevar a cabo su viaje. Les saludamos atentamente,

La Secretaria de la Alcaldía

C **¡Escriba!**
Schreiben Sie!

1
Schreiben Sie einen Brief an die Schule in Mongat, in dem Sie sich vorstellen und Ihre Pläne schildern. Sie denken an einen einwöchigen Aufenthalt mit Ausflügen, z.B. nach Barcelona (Museen, Olympiagelände, Seat-Werke usw.).

2
Schreiben Sie dem Hotel in Premiá de Mar einen Brief, in dem Sie anfragen, ob das Hotel für den geplanten Zeitraum noch Zimmer frei hat, und wieviel die Unterkunft mit Halbpension kosten würde.

3
Schreiben Sie einen Brief an die Seat-Werke, in dem Sie erklären, wer Sie sind und was Sie vorhaben (Werksbesichtigung).

D **¡Lea!**
Lesen Sie!

Para informarse más sobre Barcelona, lea los siguientes textos y haga las tareas correspondientes:
Um sich besser über Barcelona zu informieren, lesen Sie folgende Texte und machen Sie die entsprechenden Aufgaben:

1

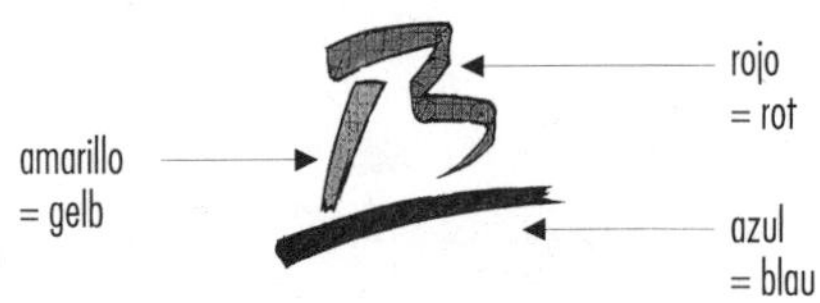

Una B de Barcelona puntiaguda, dinámica. En tres trazos. Con los colores mediterráneos: rojo, amarillo, azul. Un logotipo eficaz.
Y sobre esta imagen de marca, una serie de datos representativos:
41° 16´ y 41° 30´ norte, entre los meridianos.
1° 54´ y 2° 18´ este, respecto al de Greenwich.
Altura máxima, 512 metros en el Tibidabo.
1.796.014 habitantes.
La superficie total es de 9.701,5 hectáreas.
Son los datos esenciales. Significativos. Es Barcelona. Pero no basta.
Barcelona es mucho Barcelona.

Se la ha querido difinir por adición de nombres y mútiples calificativos: Mediterránea. Olímpica. Catalana. Internacional. Gaudí. Vanguardia. Congreso. Picasso. Moda. Las Ramblas. Cosmopolita. Milenaria. Pau Casals. La Sagrada Familia. Playas. Diseño. Liceo. Miró. Cocina. Catedral. Conciertos. Nocturna. Gótica. Cultural. Industrial. Richard Bofill. Abierta. Libros. Teatro. Exposiciones. Tàpies. Deportes. Puerto. Fiestas. Fuentas. Fuentes. Montjuich. Montserrat Caballé. Ferias. Tibidado. Museos. Modernista. Parque Güell. Comics.

Si, todo esto es Barcelona. Y más aún. Emprendedora. Creativa. Tecnológica. Activa. Con iniciativas y un gran futuro económico. Así es Barcelona. Como se ha escrito, una ciudad meridional del norte y una ciudad nórdica del sur, una ciudad española para los mediterráneos y una ciudad mediterránea para España. Una ciudad de múltiplos rostros.

Por ejemplo, las urbes importantes tienen su propio simbolo – Paris, Nueva York – por el que son conocidas en el mundo. Pues bien, Barcelona no tiene un símbolo. Tiene varios: La Dama del Paraguas, escultura que está en el Parque de la Ciudadela. El monumento a Colón. La Sagrada Familia, de Gaudí. Las fuentes luminosas de Montjuich. Copito de nieve. La Dama y el Pájaro, de Miró, que se levanta en el Parque de L´Escorxador.

Si, todos esos monumentos y símbolos son inequívocamente barceloneses. Pero no son Barcelona. Barcelona es más, mucho más. Y, como dice Carandell: ´Es una lástima no tener un emblema. Pero, ¿no es una suerte tener muchos?´

TRES COLORES PARA UNIR UNA DINÁMICA DIVERSIDAD

1. Dcscriba el logotipo de Barcelona.
2. Rellene los siguientes datos de Barcelona:
   - situación geográfica:
   - altura máxima:
   - número de habitantes:
   - superficie total:
3. En el texto se habla de los múltiples rostros de Barcelona.
   a. ¿A qué se refiere el autor?
   b. Mencione los monumentos y símbolos de Barcelona de los que se habla en el texto.

2

XXV Olimpiada

Un minuto trascendental quedó grabado en la historia barcelonesa: el 31 de las trece horas del 17 de octubre de 1986. La 91 Sesión del Comité Olímpico Internacional (COI), reunida en su sede del Palais Beaulieu en la ciudad suiza de Lausana, anunciaba que Barcelona había sido elegida -por 47 votos a favor- ciudad organizadora de los Juegos de Verano de la XXV Olimpiada.

Así culminaba una larga trayectoria como ciudad candidata. Barcelona olvidaba sin más, para mirar esperanzada al futuro, las tres ocasiones anteriores en que había presentado infructuosamente su candidatura: 1924, 1936 y 1972. La sociedad barcelonesa, catalana y española entiende la celebración de los Juegos Olímpicos como un reto y está dispuesta a realizar cualquier esfuerzo para el éxito de Barcelona 92.

La prueba más evidente es el movimiento de voluntarios olímpicos. Más de 100.000 inscritos, jóvenes en su mayoría, han comenzado un plan de formación que se traducirá en un recurso humano y popular imprescindible para la organización de los Juegos.

La designación como sede olímpica acelera el desarrollo que dotará a la ciudad de la infraestructura necesaria para el futuro. Las instalaciones deportivas, culturales y de esparcimiento posibilitarán el amplio abanico de actividades previstas para los próximos años. La construcción de una torre de comunicaciones se enmarca dentro de un programa específico para el desarrollo tecnológico en el campo informático. Algunos ejemplos de obras en curso, destinadas a facilitar la afluencia y estancia masiva de forasteros en la ciudad, pueden ser la remodelación del aeropuerto, la mejora de los accesos por carretera y la apertura de nuevos hoteles.

1. ¿Cuándo fue elegida Barcelona como ciudad organizadora de los Juegos Olímpicos de Verano de 1992?
2. ¿Fue la primera vez que había presentado Barcelona su candidatura?
3. ¿Qué se dice sobre la actitud de los catalanes ante los Juegos Olímpicos de Verano de 1992?
4. Enumere las ventajas que tienen los Juegos Olímpicos para Barcelona.

E

¡Escriba!
Schreiben Sie!

De vuelta en Alemania usted escribe unas líneas de agradecimiento al ayuntamiento de Mongat.
Von Deutschland aus schreiben Sie einen kurzen Dankesbrief an die Stadtverwaltung in Mongat.

F

¡Lea!
Lesen Sie!

Zur Vorbereitung eines mündlichen oder schriftlichen Referats, lesen Sie einige Texte über Andalusien.

1

Lesen Sie den folgenden Text und sammeln Sie auf deutsch die wichtigsten Daten über folgende Aspekte:

1. *Fläche und Lage*
2. *Geografische Gegebenheiten*
3. *Klima*
4. *Bevölkerung*
5. *Landwirtschaft*
6. *Bergbau*
7. *Tourismus*

ANDALUCIA

Es la más extensa de las comunidades autónomas españolas. Sus 87.268 kilómetros cuadrados de superficie representan el 17,3 por ciento del territorio nacional. Limita al norte con Sierra Morena, al sur con el Mediterráneo y el Atlántico, al oeste con Portugal y al este con Murcia.

Geografía

Posee un relieve de gran variedad y riqueza. Se diferencian cuatro grandes unidades geográficas:

–**El valle del Guadalquivir**: amplia fosa tectónica, cubierta por sedimentos terciarios y cuaternarios, que configura una de las regiones agrícolas más ricas de la península, por la fertilidad de sus tierras y la utilización de técnicas de regadío.

–**Sierra Morena**: reborde montañoso que se extiende por las provincias de Huelva, Sevilla, Córdoba y Jaén. Constituye la frontera entre la región andaluza y la meseta castellana. En la zona se encuentra Despeñaperros, frontera natural para las comunicaciones con el resto de España.

–**Las cordilleras Béticas**: ocupan dos tercios de la región. Son la principal unidad montañosa y en ellas se encuentran las mayores altitudes de la península, los picos del Mulhacén (3.478 metros) y el Veleta (3.392 metros). Estas cordilleras las integran los sistemas subbéticos, formados por las sierras de Cazorla-Segura (Jaén), sierra de Córdoba y la serranía de Cádiz; y los sistemas penibéticos, al que pertenecen la serranía de Ronda, las Alpujarras y Sierra Nevada, la estación de nieve más meridional de Europa.

–**El litoral**: tiene 812 kilómetros de costa que se reparten entre las fachadas atlántica y mediterránea. La primera ocupa las provincias de Huelva y Cádiz, con 303 kilómetros de longitud, y se extiende desde la frontera con Portugal, en la desembocadura del Guadiana, hasta la Punta de Tarifa, entrada del estrecho de Gibraltar. Su relieve es llano, con extensas playas arenosas y zonas de gran valor ecológico, entre las que destaca el Parque Nacional de Doñana.

La costa mediterránea, de 509 kilómetros, se extiende desde Gibraltar hasta el Levante español, a lo largo de las provincias de Málaga, Granada y Almería. Es la principal área turística de Andalucía, debido fundamentalmente a la abundancia y calidad de sus playas y a la infraestructura hostelera.

El Guadalquivir es el curso fluvial más importante. Nace en el Parque Natural de la sierra de Cazorla (Jaén) y recorre 680 kilómetros, atravesando Córdoba y Sevilla, hasta desembocar en Sanlúcar de Barrameda, en la provincia de Cádiz. El total de su cuenca es de 57.000 kilómetros y es navegable hasta Sevilla, donde se encuentra el único puerto fluvial de España.

Clima

De carácter mediterráneo, el clima tiende a suaves temperaturas en invierno y acusada sequedad en verano. Sin embargo, por el complejo relieve de la región, presenta ciertos contrastes: se encuentran, junto a las temperaturas más altas de la península, zonas como Sierra Nevada, con nieve permanente durante todo el año. También se dan áreas de extrema aridez, como la provincia de Almería, y enclaves como la sierra de Grazalema (Cádiz), donde se registran las mayores precipitaciones de lluvia de España.

En verano, las temperaturas alcanzan medias superiores a los 20 grados centígrados. Las más altas se registran en el Valle del Guadalquivir, donde pueden superarse los 40 grados centígrados. Las áreas menos calurosas durante el estío son las de Jaén y Granada.

En invierno, las temperaturas medias superan siempre los cero grados centígrados. Las medias anuales de la estación invernal están entre los 16 grados centígrados, a la altura de Sierra Morena, y los 18 del litoral mediterráneo.

La abundancia de horas de sol al año es una característica fundamental de Andalucía. Su número oscila entre las 1.600 horas del área situada más al norte, hasta las más de 3.000 horas en las zonas costeras.

Población

La comunidad andaluza cuenta con 6.789.772 habitantes, lo que supone el 17 por ciento del total de la península. La densidad se estima en 77,80 habitantes por kilómetro cuadrado. En cuanto a su distribución, las áreas montañosas están poco pobladas, mientras que la depresión del Guadalquivir y la costa concentran el mayor potencial demográfico. Las zonas más pobladas son el área metropolitana de Sevilla, la bahía de Cádiz, Algeciras, el área urbana de la Costa del Sol y el resto de las capitales de provincia.

Los últimos datos oficiales cifran en 708.500 el número de parados, mientras que trabajan 1.626.200 personas.

Agricultura

Andalucía es eminentemente rural y la principal región agraria de España. Las actividades agrícolas proporcionan el 12 por ciento del valor añadido bruto de la producción final de la economía andaluza, detrás de los servicios y la industria; y ocupan al 20 por ciento de su población activa. Ello se debe, fundamentalmente, a las excelentes tierras y al suave clima del valle del Guadalquivir y de la Andalucía mediterránea.

Es una zona de fértiles campiñas, dominadas por la gran propiedad (cortijos) y el cultivo de **cereales** y **olivos**. Jaén, Córdoba y Sevilla son, por este orden, las tres principales provincias españolas productoras de aceite de oliva. En el pasado año, la producción alcanzó la cifra de 534 700 toneladas. Entre otros cereales, la mayor producción fue la de trigo, con casi dos millones de toneladas, seguida por la cebada, el maíz y el arroz.

De los **cultivos industriales**, destaca la remolacha azucarera, en el valle del bajo Guadalquivir, especialmente por la provincia de Cádiz, la primera de España en superficie cultivada. Le siguen el girasol, el algodón, la soja, el melocotón y la alfalfa. Son también importantes las grandes plantaciones de naranjos, principalmente en las provincias de Sevilla y Huelva.

Por otra parte, la **zona arrocera** de las marismas del Guadalquivir se ha convertido en una de las más importantes de España.

En la zona oriental de la región, se ha desarrollado un cinturón de **huertas subtropicales** con valiosos cultivos comerciales de agrios, hortalizas y frutos tropicales. Se han introducido nuevas técnicas de cultivos de invernadero en la costa de Almería que ofrecen esperanzadoras perspectivas económicas por su gran rentabilidad.

Uno de los productos agrícolas más importantes de la región son los **viñedos**. La producción total de vino en Andalucía en el año 1987 ha sido de tres millones y medio de hectolitros, de los que la mayor parte corresponde a los viñedos de Jerez de la Frontera.

Las tierras de cultivo ocupan en Andalucía 4.132,5 kilómetros cuadrados. Prados y pastizales se extienden por 741,5 kilómetros cuadrados, mientras que 2.630,7 son de terreno forestal. Los pinares ocupan 2.311 kilómetros cuadrados, 42.461 los encinares y 17.060 los alcornoques.

Uno de los factores que más ha contribuido al desarrollo económico de la agricultura andaluza, así como a la producción de energía eléctrica, ha sido la construcción de **embalses** y **presas hidraúlicas**. En Andalucía hay un total de 44 embalses. Los más importantes son: El Tranco de Beas, Guadalmena, Jándula, Puente Nuevo, Bembézar, Guadalén, Rumblar de la Breña y Cuevas.

Minería

Otra de las bases de la economía es la minería, que tiene sus áreas principales en Sierra Morena y en la Andalucía árida. Su importancia se ha sustentado, durante los últimos años, en la explotación de cobre, metales preciosos, piritas y hierro, que en conjunto suponen el 61 por ciento del valor de la producción de Andalucía y el 8,2 por ciento de la nacional.

Si se añade, además, el cinc, la caliza, el plomo y la antracita, la contribución al valor de la producción andaluza alcanza el 89 por ciento, y el 11,4 a nivel nacional, un porcentaje de importancia considerable.

Son más de 30 las sustancias minerales producidas en la región. Excluyendo los hidrocarburos y el carbón, Andalucía ocupa el primer lugar entre las comunidades autónomas por su contribución al valor total de la producción minera española. Si se excluye el carbón, la producción minera andaluza alcanza un valor de 55.000 millones de pesetas, la tercera del país.

Por lo que respecta al empleo, la minería andaluza genera alrededor de 8.500 puestos de trabajo directos, cifra que asciende a 23.000 si se tiene en cuenta tanto el empleo indirecto como el inducido.

Turismo

Andalucía se convirtió, a partir de la década de los sesenta, en la región mediterránea que acoge el mayor número de turistas a lo largo de todo el año, especialmente en su franja litoral: Costa del Sol, Costa de la Luz y Costa almeriense. Prueba de ello es que, en la última década, el número de viajeros que entró en la región se ha incrementado en varios millones de personas.

Es mayor la afluencia de extranjeros que la de visitantes de otras regiones. Entre los primeros destacan los europeos, que representan el 68 por ciento del total, y los norteamericanos con un 20 por ciento. De los 54.172.700 visitantes llegados a España procedentes del extranjero en el año 1988, 10.824.540 lo hicieron con destino a Andalucía. Proporcionaron al turismo andaluz, en ese mismo año, 3.356 millones de dólares en divisas.

Para hacer frente a la creciente afluencia de visitantes, se ha desarrollado una importante infraestructura de alojamientos turísticos, como hoteles, campings, apartamentos, urbanizaciones, albergues, refugios, residencias y paradores nacionales.

2

Lea el texto y diga en qué se parece la vida de Francisco Esteban al desarrollo de Andalucía en los últimos años.
Lesen Sie den Text und sagen Sie, inwiefern sich das Leben Francisco Estebans und die Entwicklung Andalusiens in den letzten Jahren ähneln.

Crónica General del Sur

Industrias punteras, sofisticadas technologías agrarias, planes de investigación científica. Andalucía ha iniciado el despegue con su mejor capital: la vitalidad e imaginación de gentes como Francisco Esteban, apegados a una tierra a la que siempre se vuelve.

Francisco Esteban lo tuvo siempre muy claro durante los 30 años que estuvo trabajando en Avilés (Asturias). Lo pensaba cada mañana cuando enfilaba hacia el tajo antes del amanecer: apenas tuviera ahorrado algún dinero con el que abrirse camino volvería a su Andalucía de nacimiento de donde había salido siendo un chaval. Y así fue. Después de tantos años de sacrificio volvió a Motril, que es su pueblo, y con lo ahorrado en Asturias, algunos préstamos bancarios y más valor que el Guerra, se embarcó en la compra de una finca de secano que, para más paradoja, se llamó y se llama "El Señorito". «Unos montes resecos que daba pena verlos», según dice el mismo Esteban. Ni corto ni perezoso plantó varias hectáreas de mangos y aguacates después de preparar el terreno en bancales e instalar el riego por goteo.

La finca produce ahora de doce a quince toneladas por hectárea y año de aguacates, que se exportan a Europa en un 95 por ciento. Un dinero. Francisco se ha construido casi un palacio en las afueras de su pueblo granadino y hoy lleva una vida de moderno nazarita, aunque sigue trabajando duro en esa especie de trono volante del todo-terreno que sube y baja montes sin descanso.

La historia de este hombre venido a más es muy paralela a la de la región que habita. Andalucía ha experimentado un salto económico en los últimos años que sorprende más a los extraños que a los propios andaluces. Porque en el Sur la gente está convencida de que su capital humano es el mejor ingrediente para iniciar el despegue que puede hacer de esta región la California de España, si un mal fario no malogra este imparable lanza-
miento en el que están comprometido
todos los andaluces. Las cotas de crec
miento en el año 1988, según afirma
consejero de Trabajo de la Junta de Ar
dalucía, han mostrado que la economí
andaluza está por encima de la media na
cional. Por lo pronto, el producto int
rior bruto (PIB) creció un 6,5 por cient
superando en un punto a la media de E
paña; la inversión pública se increment
en un 30 por ciento, mientras que el co
sumo interno subió el 25 por cient

Las cifras de desempleo siguen siend
preocupantes, pero parece vislumbrars
un rayo de luz con los 22.000 puestos d
trabajo generados por la industria del tu
rismo en 1988 y otros tantos por la cons
trucción. De los 310.000 empleos creado
en España el pasado año, según datos f
cilitados por el Centro de Investigacione
Sociológicas (CIS), Andalucía no sa
muy beneficiada. Sin embargo, a juic
de algunos economistas, el nivel de des
rrollo no se mide en el incremento de e
tos puestos de trabajo, muchos de ello
conyunturales, sino en el asentamien
de unas industrias perdurables y rent
bles que generen una mano de obra e
tabilizada y con un mayor grado de esp
cialización. Y en eso está Andalucí

3

Lea el texto y conteste a las siguientes preguntas:
Lesen Sie den Text und beantworten Sie folgende Fragen:

1. *Welche Bedeutung hat die Ausschiffung eines riesigen Teiles von einem Kraftwerk für die Einwohner Huelvas (= los onubenses) gehabt?*
2. *Inwiefern hat das Entwicklungsprogramm (= Polo de Desarrollo) die daran geknüpften Erwartungen erfüllt? Und welche Änderungen hat es zur Folge gehabt?*
3. *Worauf basierte früher die Wirtschaft Huelvas?*
4. *Auf welche Weise versucht Huelva, die Anbindung an Sevilla, Portugal, Cádiz und Extremadura zu verbessern?*
5. *Welche Pläne hat Huelva im Tourismusbereich?*
6. *Welches Problem hat Huelva bis jetzt noch nicht endgültig lösen können?*
7. *Was bedeutet 'Aquí siempre vivimos con la sombra alargada de la Giralda al fondo' (la Giralda = ein Turm, das Wahrzeichen Sevillas)?*

G **¡Escriba o cuente!**
Schreiben oder erzählen Sie!

Verfassen Sie ein mündliches oder schriftliches Referat über die unterschiedlichen Aspekte Andalusiens und verwenden Sie dabei Informationen aus den obenstehenden Aufgaben.

H **¡Escriba o cuente!**
Schreiben oder erzählen Sie!

Sammeln Sie Daten über eine der 17 Comunidades Autónomas Spaniens und halten Sie auf spanisch einen Vortrag über das von Ihnen gewählte Thema.

Huelva
Una mina de oro

En una fría mañana de diciembre de 1960 casi toda Huelva salió al puerto para recibir una gigantesca mole de 135 toneladas que, para más similitud con la bienvenida a Mr. Marshall, era transportada en un barco de la American Export Lines. Se trataba de la pieza clave para el funcionamiento de la central térmica que llevó el nombre de Cristóbal Colón. Era el comienzo de esa anhelada industrialización, en la que tantas esperanzas habían puesto los onubenses.

La verdad es que el Polo de Desarrollo respondió, en buena medida, a las expectativas. No sólo aumentaron los puestos de trabajo, sino que Huelva se quitó de encima ese tufillo de atraso que poseen las zonas rurales. A partir de entonces, una Huelva que ya no iba a ser nunca la misma, se abrió paso gracias a un proceso de desarrollo que exigió el sacrificio de lo pintoresco, de la nostalgia, de la Huelva del tren de la Punta del Sebo, la de las gitanas vendiendo jazmines en la calle Concepción, la zona de ambiente porteño y bullanguera del bar En la esquinita te espero, las peleas de gallos de Casa Alpresa y los niños que jugaban a las bolas y a pídola en la plaza de las Monjas.

Esa Huelva se ha ido para siempre para dar paso a la sorprendente recuperación del puerto (por él se han embarcado diez millones de toneladas de fresas de Lepe y Mazagón) y que ha visto recientemente la inauguración de un nuevo pantalán en la ría para dar entrada al gas natural que, procedente de Argelia, es transportado en barco. Con el polo de desarrollo y la nueva tecnología agrícola ha abandonado definitivamente una economía basada en la pesca y las minas de Río Tinto, que habían triplicado a finales del pasado siglo la población de la provincia. No obstante, algo se sigue sacando de las minas. En el último año se han extraído unos 5.000 kilos de oro y más de 300.000 de plata, cantidades nada despreciables.

Trabajadoras de una fábrica de Lepe seleccionan la fresa que saldrá a la conquista de los mercados europeos. Las piritas ya son un lejano recuerdo en Huelva.

Situada en una de las cuatro esquinas de España, los onubenses han sufrido hasta ahora las consecuencias de un aislamiento que les impedía relacionarse debidamente con el mundo exterior. Esta situación está cambiando a marchas forzadas. Para empezar, se encuentra muy avanzada la autovía que unirá Huelva con Sevilla, exactamente en 40 cómodos minutos de paseo en automóvil.

Por el oeste, se está construyendo el puente sobre el Guadiana que enlazará a la provincia onubense con el sur de Portugal, una zona turística sólidamente acreditada. El año próximo se pondrá en marcha el proyecto de unir Huelva con Cádiz sin necesidad de pasar por Sevilla y sin alterar el frágil equilibrio ecológico del coto de Doñana.

Por último, también se va a mejorar la carretera con Extremadura. Al fin, el jamón de Jabugo, y otros productos extremeños, tendrán más fácil acceso al mar.

Y no sólo Huelva podrá tener una mejor comunicación con la península, sino que también estará en condiciones de recibir más turistas. Es inminente el comienzo del complejo turístico de la Isla Canela, uno de los más avanzados del mundo.

En este terreno existen otros ambiciosos planes por desarrollar, situados en los dos extremos de la provincia. En la parte occidental está proyectada la urbanización La nueva Umbría. Al otro lado, en Almonte, en el territorio de la Virgen del Rocío y de las aves de Doñana, los concejales del Ayuntamiento llevan meses tirándose los trastos a la cabeza mientras debaten las ventajas económicas de abrir esa zona al turismo o el desacierto ecológico que supondría la llegada de forasteros a aquellas playas.

El medio ambiente ha sido uno de los mayores problemas de Huelva, particularmente en la ciudad, que está considerada como una de las más contaminadas de España. Sin embargo, las industrias químicas se han preocupado en los últimos años de avanzar en el problema de la descontaminación, de difícil solución, porque siempre habrá quien mantenga que el ambiente puede ser más puro. Cualquier traspiés que ocurra, puede echar por tierra una labor de años.

Con la Expo y todo su esplendor al alcance de la vista, en Huelva existe el temor de acabar siendo un barrio de la ciudad del Guadalquivir. La Junta ha concedido ayudas para realizar en la ciudad algunos proyectos urbanísticos de menor importancia. Pero como ha dicho el economista onubense Miguel Martí Pérez: «Aquí siempre vivimos con la sombra alargada de la Giralda al fondo».

Grammatik

1 El artículo — *Artikel*

Formen

el artículo definido — *der bestimmte Artikel*

	Singular		Plural	
männl.	**el** diario	*die Tageszeitung*	**los** diarios	*die Tageszeitungen*
weibl.	**la** carta	*der Brief*	**las** cartas	*die Briefe*

– *Im Spanischen gibt es nur männliche und weibliche Substantive.*

lo bueno	*das Gute*

– **Lo** *(kein Plural) wird gebraucht, um Adjektive zu substantivieren.*

Las playas **del** sur.	*Die Strände des Südens.*
Voy **al** cine.	*Ich gehe ins Kino.*

– *Es gibt im Spanischen zwei Verschmelzungen des Artikels:*
a + el = al
de + el = del

el artículo indefinido — *der unbestimmte Atikel*

	Singular		Plural	
männl.	**un** diario	*eine Tageszeitung*	**unos** diarios	*einige Tageszeitungen*
weibl.	**una** carta	*ein Brief*	**unas** cartas	*einige Briefe*

– **Unos/unas** *bedeutet ‚einige'.*

Gebrauch

el artículo definido — *der bestimmte Artikel*

El señor Franken llega al hotel.	*Herr Franken kommt im Hotel an.*
Los jueves a **las** once.	*Donnerstags um elf Uhr.*
(**El**) Perú está en **la** América del Sur.	*Peru liegt in Südamerika.*
No me gusta **el** café.	*Ich mag keinen Kaffee.*
¿Sabes tocar **la** guitarra?	*Kannst du Gitarre spielen?*
En verano vamos siempre a España.	***Im** Sommer fahren wir immer nach Spanien.*
En tren se llega antes.	*Mit **dem** Zug kommt man schneller an.*

Man verwendet den bestimmten Artikel:

- bei Titeln vor Nachnamen
- *bei Wochentagen*
- *bei Uhrzeiten*
- *bei einigen Länder- und Städtenamen*
- *wenn Gattungsnamen allgemein gebraucht werden*
- *bei den Verben* **tocar** (= ein Instrument spielen) und **jugar** (= Sportart, Gesellschaftsspiel betreiben/spielen)

Man verwendet keinen bestimmten Artikel:

- *bei Jahreszeiten und Monatsnamen*
- *nach der Präposition* **en** *bei Verkehrsmitteln*

el artículo indefinido *der unbestimmte Artikel*

Prefiero otra habitación. Gran parte de la población.	*Ich möchte lieber **ein** anderes Zimmer.* ***Ein** großer Teil der Bevölkerung.*

Der unbestimmte Artikel steht:

- *nie bei* **otro** *und* **semejante**
- *meistens nicht bei* **medio, cierto, tal**
- *oftmals nicht vor* **parte**

2 El sustantivo *Substantiv*

Formen

	Singular		Plural	
männl.	el diar**io**	*die Tageszeitung*	los diari**os**	*die Tageszeitungen*
weibl.	la cart**a**	*der Brief*	las cart**as**	*die Briefe*

	Singular		Plural	
männl.	el buz**ón**	*der Briefkasten*	los buz**ones**	*die Briefkästen*
	el árb**ol**	*der Baum*	los árb**oles**	*die Bäume*
	el col**or**	*die Farbe*	los col**ores**	*die Farben*
weibl.	la lecc**ión**	*die Lektion*	las lecc**iones**	*die Lektionen*
	la ciud**ad**	*die Stadt*	las ciud**ades**	*die Städte*
	la ve**z**	*das Mal*	las ve**ces**	*die Male*

- *Im Spanischen gibt es nur männliche und weibliche Substantive.*
- *Substantive, die auf* **-o** *enden, sind in der Regel männlich. Substantive, die auf* **-a** *enden, sind in der Regel weiblich.*
- *Substantive, die auf Vokal enden, bilden den Plural mit* **-s**.
  (Ausnahmen: el israelí – los israelíes el hindú – los hindúes)
- *Substantive, die auf* **-ón**, **-ol** *oder* **-or** *enden, sind meistens männlich.*
- *Substantive, die auf Konsonant enden, bilden den Plural mit* **-es.**
- *Substantive, die auf* **ión**, **-ad** *oder* **-z** *enden, sind meistens weiblich.*
  Alle Substantive mit der Endung **-z** *bilden den Plural* **-ces**.

Ausnahmen

1. -o

la foto (grafía)	*das Foto*
la radio (fonía)	*der Rundfunk, das Radiogerät*
la moto (cicleta)	*das Motorrad*

– *Einige Substantive, die auf* **-o** *enden, sind weiblich, weil sie Abkürzungen sind.*

2. -ma

el clima	*das Klima*	**el programa**	*das Programm*
el idioma	*die Sprache*	**el sistema**	*das System*
el esquema	*das Schema*	**el problema**	*das Problem*
el tema	*das Thema*	**el telegrama**	*das Telegramm*

– *Viele Substantive, die auf* **-ma** *enden, sind männlich.*

3. -a, -e, -ista

el belga	*der Belgier*	**la belga**	*die Belgierin*
el amante	*der Geliebte*	**la amante**	*die Geliebte*
el pianista	*der Pianist*	**la pianista**	*die Pianistin*

– *Einige Substantive, die auf* **-a** *oder* **-e** *enden, und alle, die auf* **-ista** *enden, werden unverändert für männliche und weibliche Personen verwendet.*

4. Außerdem:

la mano	*die Hand*
el mapa	*die Landkarte*
el tranvía	*die Straßenbahn*
el planeta	*der Planet*
el día	*der Tag*

Gebrauch

1. *Einige Substantive können im Plural eine zweite Bedeutung haben:*

el padre + la madre	**los padres**	*die Eltern*
el hijo + la hija	**los hijos**	*die Kinder*
el hermano + la hermana	**los hermanos**	*die Geschwister*
el señor + la señora	**los señores**	*Herr und Frau*
el rey + la reina	**los reyes**	*der König und die Königin*

2. *Einige Substantive werden im Spanischen nur im Plural verwendet.*

las gafas	*die Brille, die Brillen*
los ingresos	*das Einkommen, die Einkünfte*
las afueras	*das Vorstadtviertel*

Umgekehrt wird **la gente** *(= die Leute) fast immer im Singular gebraucht.*

3. *Besitz und Zugehörigkeit werden im Spanischen durch* **de** *ausgedrückt.*
Zusammengesetzten deutschen Substantiven entspricht im Spanischen eine Verbindung mit **de**.

el pasaporte **de** Alicia	*Alicias Paß*
las vacaciones **de** verano	*die Sommerferien*
la botella **de** agua mineral	*die Flasche Mineralwasser*

3 El adjetivo *Adjektiv (Eigenschaftswort)*

Formen

	Singular		Plural	
männl.	coche blanc**o**	*weißes Auto*	coches blanc**os**	*weiße Autos*
weibl.	mesa blanc**a**	*weißer Tisch*	mesas blanc**as**	*weiße Tische*

männl.	vino español	*spanischer Wein*	vinos español**es**	*spanische Weine*
weibl.	costa español**a**	*spanische Küste*	costas español**as**	*spanische Küsten*

männl.	chico trabajador	*fleißiger Junge*	chicos trabajador**es**	*fleißige Jungen*
weibl.	chica trabajador**a**	*fleißiges Mädchen*	chicas trabajador**as**	*fleißige Mädchen*

männl.	libro verde	*grünes Buch*	libros verde**s**	*grüne Bücher*
weibl.	costa verde	*grüne Küste*	costas verde**s**	*grüne Küsten*

- *Im Spanischen enden die meisten Adjektive in der männlichen Form auf* **-o,** *in der weiblichen Form auf* **-a.**
- *Die Pluralbildung der Adjektive erfolgt wie bei den Substantiven. Adjektive, die auf Vokal enden, bilden den Plural auf* **-s**.
  Adjektive, die auf Konsonant enden, bilden den Plural auf **-es**.
- *Nationalitätsadjektive bilden die weibliche Form auf* **-a, -as**. *Bei folgenden Ausnahmen sind die männliche und weibliche Form identisch:*

belg**a**	*belgisch*
hind**ú**	*Hindu-*
árab**e**	*arabisch*
marroquí	*marokkanisch*

- *Adjektiven, die auf* **-dor, -tor, -sor, -ón, -án** *und* **-ín** enden, wird bei der weiblichen Form ein **-a** *angehängt.*
  Der Akzent entfällt im Plural.

Gebrauch und Stellung

El señor García tiene **un coche blanco.**	*Herr García hat ein weißes Auto.*
El coche del señor García **es blanco**.	*Herrn Garcías Auto ist weiß.*
Juan es muy simpátic**o**.	*Juan ist sehr nett.*
María es muy simpátic**a**.	*María ist sehr nett.*
Juan y María son muy simpátic**os**.	*Juan und María sind sehr nett.*
El hombre **pobre** no tiene nada que comer.	*Der arme Mann hat nichts zu essen.*
El **pobre** hombre no deja de pensar en su mujer fallecida.	*Der arme Mann denk nur an seine verstorbene Frau.*
La **alta** sociedad **berlinesa**.	*Die „oberen zehntausend" aus Berlin.*
Tengo la presión **alta.**	*Ich habe hohen Blutdruck.*
Hace **buen** tiempo.	*Es ist schönes Wetter.*
El **primer** producto del subsuelo.	*Das wichtigste Mineral.*
Gran parte de la población.	*Ein großer Teil der Bevölkerung.*
Los **grandes** núcleos urbanos.	*Die großen Stadtkerne.*
Con chicos no se puede viajar **muchas** horas.	*Mit Kindern kann man nicht viele Stunden Auto fahren.*
Hace muy **pocos días**.	*Vor wenigen Tagen, vor kurzem.*
Otra cerveza.	*Noch ein Bier.*

- *Das Adjektiv stimmt in Geschlecht und Zahl mit dem Substantiv überein.*
- *Bezieht sich das Adjektiv auf männliche und weibliche Substantive gleichzeitig, wird die männliche Pluralform verwendet.*
- *Das Adjektiv steht meistens hinter dem Substantiv.*
- *Ein Adjektiv steht vor dem Substantiv, wenn es im übertragenen Sinn gebraucht wird oder eine typische Eigenschaft bezeichnet.*
- *Das Adjektiv steht immer hinter dem Substantiv, wenn es von Wörtern wie:* **muy**
(un) poco
demasiado
bastante
bien
más
menos
verstärkt wird.

- *Folgende Adjektive stehen meistens vor dem Substantiv. Sie verlieren dann im Singular die männliche Endung* **-o**:

un **buen** amigo	*ein guter Freund*	el **primer** plato	*der erste Gang*
un **mal** hotel	*ein schlechtes Hotel*	el **tercer** día	*der dritte Tag*

- **Grande** *wird vor dem Substantiv im Singular, egal ob männlich oder weiblich, zu* **gran** *verkürzt.*
- *Immer vor das Substantiv werden gestellt:*

otro	*ein anderer*	**bastante**	*genug, ausreichend*
mucho	*viel*	**demasiado**	*zu(viel)*
poco	*wenig*		

Vergleichsformen

La pesca es un sector **tan importante como** la industria.	*Der Fischfang ist ein ebenso wichtiger Sektor wie die Industrie.*
La minería es **más importante que** la agricultura.	*Der Bergbau ist wichtiger als die Landwirtschaft.*
Los cultivos **más importantes** son el algodón y el café.	*Die wichtigsten Anbauprodukte sind Baumwolle und Kaffee.*
El sector agrícola es mucho **menos importante que** los demás.	*Die Landwirtschaft ist viel weniger wichtig als die anderen Wirtschaftszweige.*
Los vinos más caros no son siempre **los mejores**.	*Die teuersten Weine sind nicht immer die besten.*
La situación económica actual es **peor que** la del año pasado.	*Die jetzige Wirtschaftslage ist schlechter als die des vergangenen Jahres.*
La mayor parte de los turistas es de Estados Unidos.	*Die meisten Touristen kommen aus den Vereinigten Staaten.*
La hermana **menor** de Cristina tiene nueve años.	*Die jüngste Schwester von Christina ist neun Jahre alt.*

- *Komparativ* { tan + *Adjektiv* + como / más/menos + *Adjektiv* + que
- *Superlativ* el/la/los/las + más + *Adjektiv*

bueno	**mejor**	**el/la mejor**
malo	**peor**	**el/la peor**
grande	**mayor**	**el/la mayor**
pequeño	**menor**	**el/la menor**

- *Diese vier Adjektive haben sowohl regelmäßige als auch unregelmäßige Komparativ-/Superlativformen.*
- *Merke:* **mayor** *und* **menor** *werden vor allem in Verbindung mit dem Alter verwendet.*

Man verwendet die regelmäßigen Steigerungsformen für:

bueno	= lieb, süß, brav
malo	= ungehorsam, unartig, ungezogen
grande	= groß (Umfang und Menge)
pequeño	= klein (Umfang und Menge)

Verstärkung des Adjektivs

Much**ísimos** campesinos han dejado el campo para ir a la ciudad.	*Sehr viele Bauern haben das Land verlassen, um in die Stadt zu ziehen.*
Las distancias en Chile son **muy** largas.	*Die Entfernungen in Chile sind sehr groß.*

Man kann im Spanischen ein Adjektiv verstärken, indem man:
- *an das Adjektiv* **-ísimo(s)/-ísima(s)** *anhängt*
- **muy** *vor das Adjektiv stellt*

4 El adverbio *Adverb (Umstandwort)*

Erscheinungsformen

Perdóneme, no le oigo **bien**.	*Verzeihen Sie mir, ich verstehe Sie nicht gut.*
Les informaremos detallad**amente**.	*Wir werden Sie ausführlich informieren.*
La gente les recibía **con mucha hospitalidad**.	*Die Leute empfingen sie sehr gastfreundlich.*

- *Adverbien leitet man von Adjektiven ab, indem man die Endung* **-mente** *an die weibliche Singularform des Adjektivs anhängt.*
  abierta – abiertamente offen
  fácil – fácilmente leicht

- *Im Spanischen werden oftmals statt Adverbien adverbiale Ausdrücke verwendet: Präposition + Substantiv.*

- *Im Spanischen gibt es folgende Adverbien:*

• *Art und Weise:*	**bien** **así**	*gut* *so*	**mal**	*schlecht*
• *Ort:*	**aquí** **ahí**	*hier* *dort (in der Nähe der Sprechenden)*	**acá**	*hierhin*
	allí	*dort (weit vom Sprechenden entfernt)*	**allá**	*dorthin*
	abajo **delante** **fuera** **cerca**	*unten* *vorn, voran* *draußen* *nahe, in der Nähe*	**arriba** **detrás** **dentro** **lejos**	*oben* *hinter, dahinter* *innen* *weit entfernt*
• *Zeit:*	**antes** **ahora** **luego**	*früher* *jetzt* *danach*	**después** **entonces**	*nachher, danach* *damals, dann*
	ayer **hoy**	*gestern* *heute*	**mañana** **pasado mañana**	*morgen* *übermorgen*
	temprano	*früh*	**tarde**	*spät*
• *Menge:*	**algo** **poco** **muy**	*etwas* *wenig* *sehr*	**bastante** **mucho** **demasiado**	*ziemlich, genug* *viel/sehr* *zu (viel/sehr)*

Gebrauch

Es un hotel **muy** bonito. Usted habla **muy** bien el español.	*Das ist ein sehr schönes Hotel.* *Sie sprechen sehr gut Spanisch.*
Venezuela es **mucho** más grande que Panamá. México se desarrolla **mucho** más lentamente.	*Venezuela ist viel größer als Panama.* *Mexiko entwickelt sich viel langsamer.*
¿Le gustan **mucho** las naranjas?	*Mögen Sie Apfelsinen sehr?*
Me gusta **muchísimo** el café.	*Ich trinke sehr gerne Kaffee.*
La vida en la ciudad no es **tan** barata como en el campo.	*Das Leben in der Stadt ist nicht so billig wie auf dem Lande.*
Hoy no ha llovido **tanto** como ayer.	*Heute hat es nicht so viel geregnet wie gestern.*

- **Muy** *steht vor einem Adjektiv oder einem Adverb.*
- **Mucho** *wird verwendet vor dem Komparativ eines Adjektivs oder eines Adverbs.*
- **Mucho** *steht bei einem Verb.*
- **Mucho** *kann nur durch das Anhängen von* **-ísimo** *verstärkt werden.*
- **Tan** *wird vor einem Adjektiv oder einem Adverb gebraucht.*
- **Tanto** *steht bei einem Verb.*

Die Vergleichsformen

El autobús de Segovia suele llegar **más** temprano que el de Palencia.	*Der Bus aus Segovia kommt meistens früher als der aus Palencia.*
Estos aparatos funcionan **mejor** que aquellos.	*Diese Geräte funktionieren besser als die (da hinten).*

- *Die Vergleichsformen des Adverbs werden wie beim Adjektiv gebildet.*

- *Folgende Adverbien bilden eine unregelmäßige Steigerung:*

bien	*gut*	**mejor**	*besser*	**lo mejor**	*am besten*
mal	*schlecht*	**peor**	*schlechter*	**lo peor**	*am schlechtesten*
mucho	*viel*	**más**	*mehr*	**lo más**	*am meisten*
poco	*wenig*	**menos**	*weniger*	**lo menos**	*am wenigsten*

5 Los numerales — *Zahlwörter*

Die Grundzahlen

0	cero	**30**	treinta
1	uno	**31**	treinta y uno
2	dos		
3	tres	**40**	cuarenta
4	cuatro	**50**	cincuenta
5	cinco	**60**	sesenta
6	seis	**70**	setenta
7	siete	**80**	ochenta
8	ocho	**90**	noventa
9	nueve	**100**	cien/ciento
10	diez	**101**	ciento uno
11	once		
12	doce	**200**	doscientos
13	trece	**300**	trescientos
14	catorce	**400**	cuatrocientos
15	quince	**500**	quinientos
		600	seiscientos
16	dieciséis	**700**	setecientos
17	diecisiete	**800**	ochocientos
18	dieciocho	**900**	novecientos
19	diecinueve		
20	veinte	**1000**	mil
21	veintiuno	**2000**	dos mil
22	veintidós		
23	veintitrés	**100.000**	cien mil
24	veinticuatro	**200.000**	doscientos mil
25	veinticinco		
26	veintiséis	**1.000.000**	un millón
27	veintisiete	**2.000.000**	dos millones
28	veintiocho	**1.000.000.000**	mil millones
29	veintinueve	**1.000.000.000.000**	un billón, un millón de millones

- *Merke:* **veintiún** libros
  treinta y un amigos

- *Man verwendet* **ciento** *in den Zahlwörtern 101–199 und in Ausdrücken wie* **por ciento** *(= Prozent) und* **cientos de...** *(= Hunderte von). Sonst verwendet man* **cien**.

- *Die „Hunderter" zwischen 200–900 sind veränderlich.*

cuatrocient**os** marc**os** quinient**as** peset**as**	cuatrocient**os** mil marc**os** quinient**as** mil peset**as**

- **Mil** *ist als Zahl unveränderlich. Es kann auch wie ein Substantiv verwendet werden in* **miles de...**

miles de toneladas	*Tausende von Tonnen*

- *Zwischen* **millón, millones** *und dem folgenden Substantiv steht immer die Präposition* **de.**

México D. F. tiene unos veinte **millones de habitantes.** Un **millón** cuatrocientas mil pesetas.	*Mexiko D. F. hat ungefähr zwanzig Millionen Einwohner.* *Eine Million vierhundert tausend Peseten.*

Merke: **mil millones** — *eine Milliarde*
un billón — *eine Billion*

Ordnungszahlen

1°	primero, -a	**7°**	séptimo, -a
2°	segundo, -a	**8°**	octavo, -a
3°	tercero, -a	**9°**	noveno, -a
4°	cuarto, -a	**10°**	décimo, -a
5°	quinto, -a	**11°**	undécimo, -a
6°	sexto, -a	**12°**	duodécimo, -a

– *Die Ordnungszahlen sind Adjektive, stehen meistens vor einem Substantiv und richten sich in Geschlecht und Zahl nach diesem.*

Barcelona es la **segunda** ciudad más grande de España.	*Barcelona ist die zweitgrößte Stadt Spaniens.*

– **Primero** *und* **tercero** *werden vor einem männlichen Substantiv Singular verkürzt. Vergleichen Sie:* **bueno, malo, uno** *usw.*

El **primer** mes del año es enero.	*Der erste Monat des Jahres ist Januar.*

– *Ab 11 werden in der Umgangssprache fast ausschließlich die Grundzahlen verwendet.*

Alfonso **XIII (trece)**	*Alfons XIII.*

Gebrauch

La hora — *Die Uhrzeit*

Es la una.	*Es ist ein Uhr.*
Son las dos.	*Es ist zwei Uhr.*
Son las dos **y cinco**.	*Es ist fünf nach zwei.*
Son las dos **y cuarto**.	*Es ist Viertel nach zwei.*
Son las dos **y veintinueve**.	*Es ist fünf vor halb drei.*
Son las dos **y media**.	*Es ist halb drei.*
Son las tres **menos veintinueve**.	*Es ist eine Minute nach halb drei.*
Son las tres **menos cuarto**.	*Es ist Viertel vor drei.*
Llegué **a las** nueve.	*Ich kam um neun Uhr an.*

– *Bei der Angabe der Uhrzeit wird im Spanischen* **hora(s)** *weggelassen. In der Umgangssprache gebraucht man die Zahlen 1–12. Entsprechend der Tageszeit wird eventuell hinzugefügt:*

de la madrugada	*morgens (bis ca. 5.00 Uhr)*
de la mañana	*morgens*
de la tarde	*mittags (bis Einbruch der Dunkelheit)*
de la noche	*abends/nachts (nach Einbruch der Dunkelheit)*

- *Die Zahlen 13–24 werden bei amtlichen Zeitangaben verwendet (Radio, Fernsehen, Abfahrts- und Ankunftszeiten).*
- las siete **y** veinte
  las cuatro **menos** diez

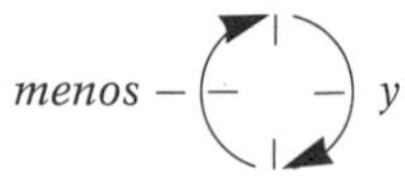

- *Merke:* cuar**to** *(= Viertel)* aber cua**tro** *(= vier)!*
- *Um anzugeben, um wieviel Uhr etwas stattfindet, sagt man:* **a la una, a las dos, a las tres** *usw.*

La fecha — *Datum und Jahreszahl*

Hoy es el primero/uno de marzo.	*Heute ist der 1. März.*
El **dos** de mayo.	*Am 2. Mai.*
El doce **de** octubre **de** 1492 Colón descubrió América.	*Am 12. Oktober 1492 entdeckte Kolumbus Amerika.*
Madrid, **12 de octubre de** 1992.	*Madrid, den 12. 10. 1992.*
Estamos a veinte de julio.	*Heute ist der 20. Juli/haben wir den 20. Juli.*

- *Für das Datum werden immer die Grundzahlen verwendet.*
  Ausnahme: el **primero** de abril
  el **uno** de abril

- **am** *12. Oktober:* **el** doce de octubre

- *Sowohl zwischen Tag und Monat als zwischen Monat und Jahr verwendet man immer* **de**.

- *In einem spanischen Brief wird das Datum (im Briefkopf) ohne den bestimmten Artikel geschrieben. Verkürzt wird das Datum mit Bindestrich geschrieben: 12-10-1992.*

Números fraccionarios, cálculos y porcentajes — *Bruchzahlen, Berechnungen und Prozentzahlen*

Por favor, déme un cuarto de kilo de manzanas.	*Geben Sie mir bitte ein halbes Pfund Äpfel.*
El avión llegó con un retraso de media hora.	*Das Flugzeug kam mit einer halben Stunde Verspätung an.*
En esta garrafa caben dos litros y medio de agua.	*In diese Karaffe passen zweieinhalb Liter Wasser.*
Tres más tres son seis.	*3 + 3 = 6*
El siete coma cinco por ciento de la población es analfabeta.	*7,5% der Bevölkerung sind Analphabeten.*

tres cuartos	– 3/4
dos quintos	– 2/5
un octavo	– 1/8

Bruchzahlen werden im Spanischen wie im Deutschen mit einer Grundzahl und einer Ordnungszahl gebildet.

Ausnahmen:

un tercio	1/3
medio	1/2

Merke: dos litros y **medio** de leche — 2 1/2 *Liter Milch*

Im Spanischen rechnet man wie folgt:

dos **más** dos **son** cuatro	*2 + 2= 4*
nueve **menos** tres **son** seis	*9 – 3 = 6*
tres **por** tres **son** nueve	*3 x 3 = 9*
diez **dividido por** cinco **son** dos	*10 : 5 = 2*

– *Vor* **por ciento** *sind sowohl der bestimmte Artikel* **el** *als auch der unbestimmte Artikel* **un** *möglich.*
  Le concedemos **el/un diez por ciento** de descuento. — *Wir gewähren Ihnen 10% Nachlaß.*

6 El pronombre personal *Personalpronomen*

Formen

		Nominativ		Dativ		Akkusativ	
Sing.	1	**yo**	*ich*	**me**	*mir*	**me**	*mich*
	2	**tú**	*du*	**te**	*dir*	**te**	*dich*
	3	**él**	*er*	**le**	*ihm*	**le/lo**	*ihn*
		ella	*sie*	**le**	*ihr*	**la**	*sie*
		usted	*Sie*	**le**	*Ihnen*	**la/le**	*Sie*
Pl.	1	**nosotros**	*wir*	**nos**	*uns*	**nos**	*uns*
		nosotras	*wir*	**nos**	*uns*	**nos**	*uns*
	2	**vosotros**	*ihr*	**os**	*euch*	**os**	*euch*
		vosotras	*ihr*	**os**	*euch*	**os**	*euch*
	3	**ellos**	*sie*	**les**	*ihnen*	**les/los**	*sie*
		ellas	*sie*	**les**	*ihnen*	**las**	*sie*
		ustedes	*Sie*	**les**	*Ihnen*	**las/les**	*Sie*

nach Präposition (para, por, de, en, a usw.)

Sing.	1	(para)	**mí**	*(für) mich*
	2		**ti**	*dich*
	3		**él**	*ihn*
			ella	*sie*
			ello	*dafür*
			usted	*Sie*
Pl.	1		**nosotros**	*uns*
			nosotras	*uns*
	2		**vosotros**	*euch*
			vosotras	*euch*
	3		**ellos**	*sie*
			ellas	*sie*
			ustedes	*Sie*

Gebrauch

Im Nominativ

(Yo) soy español y **(yo)** vivo en Madrid.	*Ich bin Spanier und wohne in Madrid.*
Yo soy argentino pero **ella** es peruana.	*Ich bin Argentinier, aber sie ist Peruanerin.*
¿Como se llama **usted**?	*Wie heißen Sie?*
¿Dónde viven **ustedes**?	*Wo wohnen Sie?* *(Sp. Am. auch: Wo wohnt ihr?)*

– *Im Nominativ wird im Spanischen das Personalpronomen meistens weggelassen.*

– *Das Personalpronomen im Nominativ wird gebraucht:*
  • *zur Hervorhebung der Person als Subjekt*
  • *bei einer Beschreibung eines Gegensatzes*
  • *wenn nicht deutlich ist, welche Person das Subjekt ist*

– *Im Spanischen gibt es unterschiedliche Formen für ‚Sie' (Sing.)* **usted** *und ‚Sie' (Pl.):* **ustedes**. *Diese werden oft abgekürzt, wie folgt:*
usted ⟶ **Vd.**
ustedes ⟶ **Vds.**

Im Dativ

La recepcionista no **le** ha dado la llave de la habitación nº 104.	*Die Rezeptionistin hat ihm/ihr/ Ihnen den Schlüssel von Zimmer Nr. 104 nicht gegeben.*
Le he dicho **a él** que todo está bien.	*Ich habe ihm gesagt, daß alles in Ordnung ist.*
¿Puede devolver**me** el pasaporte? ¡**Díg***a***me**!	*Können sie mir meinen (Reise-)paß zurückgeben?* *Hallo/Ja, bitte (am Telefon).*

– *Das Personalpronomen im Dativ steht im Spanischen meistens unmittelbar vor dem konjugierten Verb (zwischen dem Subjekt/der Verneinung und dem Prädikat).*
– *Zur Betonung kann man zum Personalprnomen im Dativ dazufügen:*

a + Personalpronomen nach Präposition.

Das Personalpronomen im Dativ muß an den bejahten Imperativ gehängt werden. Nicht zwingend ist diese Stellung bei Infinitiv und Gerundium wenn ein anderes Verb im Infinitiv folgt:
Puede **devolverme** ... = **Me** puede **devolver** ...

Im Akkusativ

¿Quién tiene **las entradas**? Mi amiga no **las** tiene.	*Wer hat die Eintrittskarten?* *Meine Freundin hat sie nicht.*
Perdone, no **le** oigo bien.	*Verzeihung, ich höre Sie nicht gut.*
¿Dónde está mi pasaporte? Ah, sí, ya **lo** veo.	*Wo ist mein Paß?* *Ah, ja, ich sehe ihn schon.*
Al señor Franken no **le** conozco.	*Herrn Franken kenne ich nicht.*
¿Pueden despertar**me** a las ocho? Considerándo**lo** bien, creo que tienes razón.	*Können Sie mich um acht Uhr wecken?* *Wenn ich es genau betrachte, glaube ich, daß du recht hast.*

- *Das Personalpronomen im Akkusativ steht im Spanischen meistens unmittelbar vor dem konjugierten Verb (nach dem Subjekt und nach der Verneinung).*

- *In Lateinamerika und in einigen Teilen von Spanien wird für männliche Personen* **lo(s)** *statt* **le(s)** *verwendet.*

- *Für männliche Sachen wird immer* **lo(s)** *verwendet. Bezieht sich das Personalpronomen auf einen vollständigen Satz, verwendet man* **lo**.

Si el coche va a aguantar el viaje, no **lo** sé.	*Ob das Auto die Reise überstehen wird, das weiß ich nicht.*

- *Steht ein Substantiv als direktes oder indirektes Objekt vor dem Verb, so muß zusätzlich das entsprechende Personalpronomen verwendet werden.*

Gleichzeitiger Gebrauch von Personalpronomen im Dativ und Akkusativ

¿Me das la llave? Sí, **te la** doy ahora mismo.	*Gibst du mir den Schlüssel?* *Ja, ich gebe ihn dir sofort.*
¿**Le** da (usted) **el cheque al señor**? **Se lo** daré en seguida.	*Geben sie dem Herrn den Scheck?* *Ich werde ihn ihm sofort geben.*
Quiero **dárselo a él.**	*Ich will es ihm geben.*

- *Beim gleichzeitigen Gebrauch von zwei Personalpronomen ist die Reihenfolge im Spanischen anders als im Deutschen; der Dativ steht immer vor dem Akkusativ.*

¿Dónde está el libro? **Te lo** doy ahora mismo.	*Wo ist das Buch?* *Ich gebe* ***es dir*** sofort.
DAT. AKK. ⟷	AKK. DAT.
Te lo doy.	*Ich gebe* ***es dir.***

le(s)	**lo(s)**	→	**se lo(s)**
le(s)	**la(s)**	→	**se la(s)**

- *Steht das Personalpronomen im Dativ für eine 3. Person Singular oder Plural, so wird es zu* **se**.
- *Die Kombination der Personalpronomen im Dativ und Akkusativ muß an den bejahten Imperativ angehängt werden. Nicht zwingend ist diese Stellung bei Infinitiv und Gerundium, wenn ein anderes Verb im Infinitiv folgt:*
  Voy a **dárselo.** = **Se lo** voy a dar.

Nach Präposition

¿Hay un recado para **mí**?	*Gibt es eine Nachricht für mich?*
Quiero hablar **contigo**.	*Ich möchte mit dir reden.*

- *Die Personalpronomen nach Präposition stimmen fast alle mit den Personalpronomen im Nominativ überein. Ausnahmen sind:* **mí** *und* **ti**.
- **Con + mí** → **conmigo**
  Con + ti → **contigo**
  Weiter: **con él**, *usw.*

7 El pronombre reflexivo — *Reflexivpronomen (rückbezügliches Fürwort)*

Formen

Sing.	1	**me** refiero a...	*ich beziehe* **mich** *auf...*
	2	**te** refieres a...	*du beziehst* **dich** *auf...*
	3	**se** refiere a...	*er bezieht* **sich** *auf...*
Pl.	1	**nos** referimos a...	*wir beziehen* **uns** *auf...*
	2	**os** referís a...	*ihr bezieht* **euch** *auf...*
	3	**se** refieren a...	*sie beziehen* **sich** *auf...*

Gebrauch

Aquel chico no **se** lava nunca.	*Jener Junge wäscht sich nie.*
La industria de España **se** ha desarrollado mucho últimamente.	*Die spanische Industrie hat sich in den letzten Jahren sehr entwickelt.*
Nuestra firma quiere establecer**se** en su país.	*Unsere Firma möchte sich in Ihrem Land niederlassen.*
A veces no me gusta ir a pasear**me**.	*Manchmal mag ich nicht spazierengehen.*
En América Latina muchos campesinos **se** han ido a vivir en la ciudad.	*In Lateinamerika sind viele Bauern in die Stadt gezogen.*
En la Costa de la Luz **se** puede tomar el sol todo el año.	*An der Costa de la Luz kan man das ganze Jahr sonnenbaden.*
Uno **se** da cuenta en seguida de que la situación es muy grave.	*Man bemerkt sofort, daß die Lage sehr ernst ist.*
Mucha gente sólo piensa en **sí** misma.	*Viele Leute denken nur an sich selbst.*

- *Das Reflexivpronomen steht im Spanischen an der gleichen Stelle wie das Personalpronomen.*

- *Einige Verben werden im Spanischen reflexiv gebraucht, im Deutschen nicht:*

desperta**rse**	*aufwachsen*	llama**rse**	*heißen*
levanta**rse**	*aufstehen*	queda**rse**	*bleiben*
acosta**rse**	*zu Bett gehen*	marcha**rse**	*weggehen*
detene**rse**	*stehenbleiben*	para**rse**	*stehenbleiben*

- *Einige Verben werden im Deutschen reflexiv gebraucht, im Spanischen nicht:*

celebrar		***sich** freuen, daß*	
estar		***sich** befinden*	

- *Bedeutungsunterschiede zwischen nicht reflexivem und reflexivem Gebrauch bestehen bei folgenden Verben:*

ir	*gehen*	ir**se**	***weg**gehen*
comer	*essen*	come**rse**	***auf**essen*
dormir	*schlafen*	dormi**rse**	***ein**schlafen*
quedar	*übrigbleiben*	queda**rse**	*bleiben*

- **Se** + *3. Person des Verbs wird für Übersetzungen von **‚man'** oder des Passivs verwendet. Um bei reflexiven Verben* **se se** *zu vermeiden, verwendet man* **uno se**.

- *Nach Präposition:*

Nach Präposition:	**me**	→	**mí** (mismo, -a)
	te	→	**ti** (mismo, -a)
	se	→	**sí** (mismo, -a)
	nos	→	**nosotros, -as** (mismos, -as)
	os	→	**vosotros, -as** (mismos, -as)
	se	→	**sí** (mismos, -as)
Merke:	**con +mí**	→	**conmigo**
	con +ti	→	**contigo**
	con +si	→	**consigo**

8 El pronombre recíproco — *Das reziproke Pronomen (wechselbezügliches Fürwort)*

Nos conocimos en el aeropuerto de Madrid.	*Wir haben uns am Flughafen von Madrid kennengelernt.*
¿Por qué **se** dicen cosas tan feas **el uno al otro**?	*Warum sagen sie sich so schlimme Sachen?*
Los gángsteres **se** repartieron el dinero **entre sí**.	*Die Gangster verteilten das Geld unter sich.*
Los países latinoamericanos tienen que ayuda**rse mutuamente.**	*Die lateinamerikanischen Länder müssen sich gegenseitig helfen.*

- *Im Spanischen ist das reziproke Pronomen dasselbe wie das Reflexivpronomen.*
- *Um das reziproke Pronomen zu verstärken oder zu verdeutlichen, fügt man hinzu:*

  el uno al otro (**la una a la otra,** *usw.*)
  entre sí (**entre nosotros,** *usw.*)
  mutuamente

9 Usos de «se»

Gebrauch von ‚se‘

La gente **se** da cuenta de la situación.	*Die Leute werden sich der Situation bewußt.*
Se conocen mucho.	*Sie kennen sich sehr gut.*
Se puede observar una progresiva degeneración de la flora.	Man *kann einen zunehmenden Verfall der Pflanzenwelt feststellen.*
Se lo comunicaré cuanto antes.	*Ich werde es Ihnen so bald wie möglich mitteilen.*

Se *kann u. a. gebraucht werden als:*
- *Reflexivpronomen:* ***sich***
- *reziprokes Pronomen:* ***sich***
- *eine mögliche Übersetzung von* ***man***
- *Personalpronomen im Dativ* ***ihm/ihr/Ihnen*** (Sing.)
  ihnen/Ihnen (Pl.)

10 El pronombre posesivo

Possessivpronomen (besitzanzeigendes Fürwort)

Formen

unbetont **betont**

mi	mis	*mein, meine*	mío mía	míos mías
tu	tus	*dein, deine*	tuyo tuya	tuyos tuyas
su	sus	*sein, seine* *ihr, ihre* *Ihr, Ihre*	suyo suya	suyos suyas
nuestro nuestra	nuestros nuestras	*unser* *unsere*	nuestro nuestra	nuestros nuestras
vuestro vuestra	vuestros vuestras	*euer* *eure*	vuestro vuestra	vuestros vuestras
su	sus	*ihre, ihre* *Ihr, Ihre*	suyo suya	suyos suya

Gebrauch

Lo apuntaré para **mi** colega. Necesito **sus** pasaportes. **Nuestros** precios no son altos. ¿Dónde está **vuestra** oficina?	*Ich werde es für* ***meinen*** *Kollegen notieren.* *Ich brauche* ***Ihre*** *Pässe.* ***Unsere*** *Preise sind nicht hoch.* *Wo ist* ***euer*** *Büro?*
Un empleado **nuestro** ha olvidado enviárselo. Muy señores **míos:...** Mi cámara no es tan buena como **la tuya**. ¿Esta casa es **suya?**	*Einer* ***unserer*** *Angestellten hat vergessen, es Ihnen zu schicken.* *Sehr geehrte Damen und Herren! (Brief)* ***Mein*** *Fotoapparat ist nicht so gut wie* ***deiner****.* *Gehört* ***Ihnen*** *dieses Haus?*

- *Die unbetonten Formen des Possessivpronomens stehen im Spanischen vor dem Substantiv und stimmen wie ein Adjektiv in Geschlecht und Zahl mit diesem Substantiv überein.*

- *Die betonten Formen des Possessivpronomens*
  - *stehen im Spanischen vor dem Substantiv*
  - *stimmen wie Adjektive in Geschlecht und Zahl mit dem Substantiv überein*
  - *stehen allein nach bestimmten Artikeln, wenn das Substantiv nicht erwähnt wird*
  - *stehen allein nach einer Form von* **ser**, *wenn Artikel oder Substantiv nicht erwähnt werden*

- *Falls es bei den Formen* **su(s)/suyo(s)/suya(s)** *nicht eindeutig ist, auf wen sie sich beziehen, dann kann anstatt dieser das entsprechende Personalpronomen mit der Präposition* **de** *verwendet werden.*

Necesito los pasaportes **de él**, **de ella** y **de usted**.	*Ich brauche die Pässe* ***von ihm, von ihr*** *und* ***von Ihnen****.*
¿Esta llave es **de ella o de usted**?	*Gehört dieser Schlüssel* ***ihr*** *oder* ***Ihnen****?*

11 El pronombre demostrativo *Demonstrativpronomen (hinweisendes Fürwort)*

Formen

	Singular		Plural	
männl.	**este** libro	***dieses*** *Buch*	**estos** libros	***diese*** *Bücher*
weibl.	**esta** carta	***dieser*** *Brief*	**estas** cartas	***diese*** *Briefe*
männl.	**ese** libro	***das*** *Buch* ***da***	**esos** libros	***die*** *Bücher* ***da***
weibl.	**esa** carta	***der*** *Brief* ***da***	**esas** cartas	***die*** *Briefe* ***da***
männl.	**aquel** libro	***das*** *Buch* ***dort***	**aquellos** libros	***die*** *Bücher* ***dort***
weibl.	**aquella** carta	***der*** *Brief* ***dort***	**aquellas** cartas	***die*** *Briefe* ***dort***

esto	***dies, das hier***
eso	***das da***
aquello	***das dort***

- *Die Demonstrativpronomen haben, wie viele Adjektive, eine weibliche und männliche Form, Singular und Plural. Merke:*
  este ⟶ estos
  ese ⟶ esos
  aquel ⟶ aquellos

- **Esto, eso** *und* **aquello** *beziehen sich nicht auf ein Substantiv, sondern auf eine bereits bekannte Tatsache.*

Gebrauch

Siempre desayunamos en **este** bar.	*Wir frühstücken immer in **diesem** Café.*
Este año aún no hemos ido de vacaciones.	*In **diesem** Jahr sind wir noch nicht in die Ferien gefahren.*
¿Qué es **esto**?	*Was ist **das/dies**?*
Los incas tenían sacerdotes para el culto a los dioses.	*Die Inkas hatten Priester für den Gottesdienst.*
Este culto era muy importante para los incas.	***Dieser** Kult war sehr wichtig für die Inkas.*
Las bodegas se encuentran en Haro. **Éstas** tienen una superficie de 120.000 m².	*Die Weinkeller befinden scih in Haro. **Diese** haben eine Fläche von 120.000 m².*
¿Dónde has comprado **ese** jersey?	*Wo hast du **den** Pullover **da** gekauft?*
¿El 12 de octubre? – En **ese** día se conmemora el descubrimiento de América.	*Der 12. Oktober? – An **diesem** Tag gedenkt man der Entdeckung Amerikas.*
¿Quién te contó **eso**?	*Wer hat dir **das** erzählt?*
Prefiero **aquella** postal.	*Ich möchte lieber **die** Karte **dort**.*
En **aquella** época los incas tenían un territorio de más de 900.000 km².	*In **jener** Zeit besaßen die Inkas ein Gebiet von mehr als 900.000 km².*
Aquello sucedió el 12 de octubre de 1492.	***Das (damals)** geschah am 12. Oktober 1492.*
Los aztecas y los mayas vivían en México. **Éstos** en la península de Yucatán y **aquéllos** en el centro del país.	*Die Azteken und die Mayas wohnten in Mexiko. Letztere auf der Halbinsel Yucatan und erstere im Zentrum des Landes.*

- *Man verwendet das Demonstrativpronomen, um einen Ort anzugeben:*
  - **este** *verweist auf alles, was sich in unmittelbarer Nähe des Sprechenden befindet*
  - **ese** *weist auf alles hin, was sich in der Nähe des Angesprochenen befindet*
  - **aquel** *weist auf alles hin, was sich weder in der Nähe des Sprechenden noch des Angesprochenen befindet*
  - dieselbe Regel gilt für die Lokaladverbien **aquí, ahí, allí**

aquí	**este** **estos** **esto**	**esta** **estas**
ahí	**ese** **esos** **eso**	**esa** **esas**
allí	**aquel** **aquellos** **aquello**	**aquella** **aquellas**

- *Man kann das Demonstrativpronomen auch als Zeitangabe verwenden:*
  - **este** *weist auf den Zeitpunkt des Sprechens hin*
  - **ese** *weist auf einen Zeitpunkt hin, der gerade erwähnt wurde*
  - **aquel** *weist auf einen Zeitpunkt hin, der schon länger zurückliegt*

- *Für den Gebrauch ohne Substantiv gibt es im Spanischen die unveränderlichen Formen* **esto, eso** *und* **aquello**. *Sie beziehen sich auf eine bereits bekannte Tatsache.*

- *Éstos, éste, usw. tragen Akzent, wenn sie sich auf das zuletztgenannte Substantiv beziehen oder diesem vorausgehen.*

- **este** ***(= der letztere)*** *und* **aquel** *(=* ***der erstere)*** *verweisen auf schon erwähnte Personen oder Sachen.*

12 El pronombre relativo

Relativpronomen (bezügliches Fürwort)

Formen

que				
quien	**quienes**			
el que	**los que**	**el cual**	**los cuales**	**lo cual**
la que	**las que**	**la cual**	**las cuales**	**lo que**
cuyo, -a	**cuyos, -as**			
donde				

- *Das meist gebrauchte Relativpronomen im Spanischen ist* **que**. *Es ist unveränderlich.*
- *Die Mehrzahl von* **quien** *(= quienes) wird seltener verwendet.*
- **El que** *und* **el cual** *haben eine männliche und weibliche Form, Singular und Plural.*
- **Lo que** *und* **lo cual** *beziehen sich nicht auf Personen oder Sachen, sondern auf Inhalte oder Aussagen. Sie sind unveränderlich.*
- **Cuyo, -a** *richtet sich in Geschlecht und Zahl nach dem (folgenden!) Substantiv.*
- **Donde** *ist unveränderlich.*

Gebrauch

Los turistas **que** visitan México son sobre todo norteamericanos. Del millón de cajas **que** la bodega vende anualmente, un tercio va al extranjero.	*Die Touristen, die Mexiko besuchen, sind vor allem Nordamerikaner.* *Von der Million Kisten, die von der Weinkellerei jährlich verkauft werden, geht ein Drittel ins Ausland.*
La persona con **quien** está hablando el señor García es el representante de la casa Myrurgia.	*Die Person, mit der Herr García gerade spricht, ist der Vertreter der Firma Myrurgia.*
Esta es la empresa de **la que** te hablé ayer.	*Das ist die Firma, von der ich gestern mit dir sprach.*
Acusamos recibo de su carta por **la cual** les damos las gracias.	*Wir bestätigen den Empfang Ihres Briefes, für den wir Ihnen danken.*
Lo que sí sé es que el jefe no está en la oficia. España ha entrado en el Mercado Común, **lo cual** significa que se establecerán más empresas multinacionales allí.	*Was ich wohl weiß ist, daß der Chef nicht im Büro ist.* *Spanien ist Mitglied der EG geworden, was bedeutet, daß sich dort mehr multinationale Unternehmen niederlassen werden.*
Al Andalus es un restaurante **cuyo** propietario es de Sevilla.	*Al Andalus ist ein Restaurant, dessen Besitzer aus Sevilla kommt.*
La ciudad **donde** nació Colón está en Italia.	*Die Stadt, in der Kolombus geboren wurde, liegt in Italien.*

- **Que** *bezieht sich auf Personen und Sachen.*
- **Quien** *bezieht sich immer auf Personen. Es wird oft mit einer Präposition verwendet.*
- **El que** *wird für Personen und Sachen gebraucht. Es wird häufig mit einer Präposition verwendet, um Unklarheiten zu vermeiden.*
- **El cual** *kann* **el que** *ersetzen. In Spanien wird es nicht so oft verwendet wie in Lateinamerika.*
- **Lo que** *bezieht sich auf einen nachfolgenden Satz.*
- **Lo cual** *bezieht sich auf einen vorausgehenden Satz.*
- **Cuyo, -a** *bezieht sich auf Personen und Sachen. Es wird immer in Verbindung mit einem darauffolgenden Substantiv verwendet.*
- **Donde** *wird für Ortsangaben gebraucht.*

13 El pronombre indefinido *Indefinites Pronomen (unbestimmtes Fürwort)*

Formen

algo	*etwas*	**nada**	*nichts*
alguien	*jemand*	**nadie**	*niemand*
alguno, -a	*irgendeiner, eine*	**ninguno, -a**	*keiner, keine*
			keine einzige
algunos, as	*manche, einige*		
uno, -a	*man*		
unos, unas	*manche, einige*		
cada	*jeder*		
cada uno, -a	*jeder, jede*		
cualquier(a)	*jeder, irgendein*		
mucho, -a, -os, -as	*viel, viele*		
poco, -a, -os, -as	*wenig, wenige*		
un poco (de)	*ein bißchen*		
tanto, -a, -os, -as	*so viel, so viele*		
demasiado, -a, -os, -as	*zu viel, zu viele*		
todo	*alles*		
todo, -a, -os, -as	*alle*		
tal	*ein solcher*		
cierto, -a, -os, -as	*ein gewisser*		
semejante	*ein ähnlicher*		
otro, -a, -os, -as	*ein anderer*		
los demás	*die übrigen*		
mismo	*selbst*		
mismo, -a, -os, -as	*derselbe, selbst*		

Gebrauch

Todavía no he comido **nada.**	*Ich habe noch nichts gegessen.*
Si tienen **alguna** fotografía reciente, mándenla.	*Wenn Ihr (Argentinien) irgendein neues Foto habt, schickt es mir.*
Seguro que conoce **algún** restaurante bueno por aquí.	*Sie kennen hier sicherlich irgendein gutes Restaurant.*
No podemos darles **ninguna** dirección en nuestro municipio.	*Wir können Ihnen keine (einzige) Adresse in unserer Gemeinde geben.*
Pidió al empleado **todo** el dinero de la caja.	*Er verlangte vom Angestellten das ganze Geld aus der Kasse.*
Puede venir a **cualquier** hora.	*Sie können jederzeit kommen.*

Cada año se interesan más empresas extranjeras por el mercado español.	*Jedes Jahr interessieren sich mehr ausländische Firmen für den spanischen Markt.*
Cada uno tiene sus preferencias.	*Jeder hat so seine Vorliebe.*
Hay **tantas** cosas que ver. En el resto del país la situación no es **tan** grave.	*Es gibt so viele Sachen zu sehen. Im Rest des Landes ist die Lage nicht so schlimm.*
Pronto llegó **otro** guardia.	*Schon bald kam ein anderer Polizist*
Otra cerveza, por favor.	*Noch ein Bier, bitte.*

- *Stehen* **nada, nadie** *oder* **ninguno** *hinter dem Verb, muß* **no** *vor dem Verb stehen.*
- *Vor männlichen Substantiven Singular werden* **alguno** *und* **ninguno** *zu* **algún** *und* **ningún** *verkürzt.*
- *Zwischen* **todo** *und einem Substantiv wird meistens der bestimmte Artikel gebraucht.*
- *Vor einem männlichen oder weiblichen Substantiv Singular benutzt man* **cualquier** *statt* **cualquiera**. *Nach dem Substantiv schreibt man* **cualquiera**. *Zum Beispiel:*
  un producto **cualquiera** – *irgendein Produkt*
- **Cada** *verändert sich nicht.*
- **Cada uno/cada una** *gibt es nur in der Einzahl.*
- **Tanto, -a, -os, -as** *wird vor einem Adjektiv oder Adverb zu* **tan** *verkürzt.*
- *Vor* **otro** *steht niemals der unbestimmte Artikel* **un**.
- **Otro, -a, -os, -as** *kann auch „noch ein" bedeuten.*

14 El pronombre interrogativo *Interrogativpronomen (Fragewort)*

Formen

qué	*was, welcher, welche, was für ein(e)*
quién, quiénes	*wer*
cuál, cuáles	*welcher, welche, welches*
cuánto(s), -a(s) **cuándo**	*wieviel(e)* *wann*
dónde **adónde** **de dónde**	*wo* *wohin* *woher*
cómo	*wie*

Gebrauch

¿En **qué** puedo servirles? ¿**Qué** clase de hotel prefiere?	*Womit kann ich Ihnen dienen?* *Was für ein Hotel bevorzugen Sie?*
¿**Quién** ha llamado?	*Wer hat angerufen?*
¿**Cuál** (de estos hoteles) me recomienda?	*Welches (dieser Hotels) empfehlen Sie mir?*
¿**Cuántos** días se quedará en Menorca?	*Wieviele Tage werden sie auf Menorca bleiben?*
¿**Cuándo** sale el barco?	*Wann läuft das Schiff aus?*
No sé **dónde** está el hotel. ¿**Adónde** va?	*Ich weiß nicht, wo das Hotel ist.* *Wohin fahren Sie?*
¿**Cómo** quiere ir?	*Wie wollen Sie fahren?*

- **Qué** *fragt meist nach Sachen, selten nach Personen, und bleibt unverändert.*
- **Quién** *(Plural:* **quiénes***) fragt nach Personen und steht allein oder nach einer Präposition. Der Plural* **quiénes** *wird selten verwendet.*
- **Cuál** *(Plural:* **cuáles***) fragt nach Personen oder Dingen. Es wird in substantivischer Funktion gebraucht und dient zur Bestimmung oder Auswahl einer angenommenen Gruppe oder Menge.*
- **Cuánto, -a, -os, -as** *wird wie ein Adjektiv verwendet.*
- **Cuándo, dónde, adónde** *und* **cómo** *ändern sich nicht.*
- *Die Fragewörter tragen immer einen Akzent, auch bei indirekter Rede.*
- *Die Präposition* **a** *wird mit* **dónde** *zusammengeschrieben.*

15 La negación *Negation (Verneinung)*

Formen

no	*nein*
no	*nicht / kein*
ni	*und nicht, und auch nicht*
nada	*nichts*
nadie	*niemand*
ninguno, -a, -os, -as	*keiner, keine, kein einziger, keine einzige*
nunca	*nie, niemals*
jamás	*nie, niemals*
tampoco	*auch nicht, ebensowenig*
ni siquiera	*nicht einmal*
sin	*ohne*

Gebrauch

El señor Franken **no** ha llegado aun.	*Herr Franken ist noch nicht angekommen.*
No había clientes en el banco.	*Es gab keine Kunden in der Bank.*
No es así, **ni** mucho menos.	*So ist es überhaupt nicht.*
Estoy harto de que el gobierno **no** haga **nada** contra la polución.	*Ich habe es satt, daß die Regierung nichts gegen die Verschmutzung unternimmt.*
Se marchó **sin** decir **nada**.	*Er ging weg, ohne etwas zu sagen.*
Nadie sabe quién ha robado el banco.	*Niemand weiß, wer die Bank beraubt hat.*
No podemos darles **ninguna** dirección.	*Wir können Ihnen keine Adresse geben.*
Ninguno de mis amigos ha estado en Argentina.	*Keiner meiner Freunde ist (mal) in Argentinien gewesen.*
Ningún país cultiva tanta caña de azúcar.	*Kein Land baut soviel Zuckerrohr an.*
No me levanto **nunca** antes de las siete.	*Ich stehe nie vor sieben Uhr auf.*
Jamás lo haré.	*Ich werde es nie machen.*
No tenemos ni coche ni televisión.	*Wir haben weder ein Auto noch einen Fernseher.*

- *Bei der Verneinung eines Satzes im Spanischen steht* **no** *immer vor dem konjugierten Verb.*
- **No... ni** *bedeutet:* ***‚nicht... und auch nicht‘.***
- **Nada, nadie, ninguno, nunca, jamás, tampoco** *und* **ni siquiera** *können vor oder nach dem Verb stehen.*

  Stehen Sie hinter dem Verb, so muß immer **no** *(oder eine andere Verneinung, z. B.* **sin***) vor dem konjugierten Verb stehen.*
- **Ninguno, -a** *kann wie ein Adjektiv oder wie ein Substantiv verwendet werden. Vor einem männlichen Substantiv im Singular wird es zu* **ningún** *verkürzt.*
- *Für* ***‚nie‘*** *wird im Spanischen meistens* **nunca** *gebraucht.* **Jamás** *ist nachdrücklicher.*
- **Ni ... ni** *bedeutet* ***weder noch.***

16 Verbos regulares — *Regelmäßige Verben*

Infinitivo	I **-ar** hablar	II **-er** comer	III **-ir** vivir

Indicativo — *Indikativ (Wirklichkeitsform)*

presente

ich spreche usw.	yo	hablo	como	vivo
	tú	hablas	comes	vives
	él/ella/Vd.	habla	come	vive
	nosotros/nosotras	hablamos	comemos	vivimos
	vosotros/vosotras	habláis	coméis	vivís
	ellos/ellas/Vds.	hablan	comen	viven

pretérito imperfecto

ich sprach usw.	hablaba	comía	vivía
	hablabas	comías	vivías
	hablaba	comía	vivía
	hablábamos	comíamos	vivíamos
	hablabais	comíais	vivíais
	hablaban	comían	vivían

pretérito indefinido

ich sprach usw.	hablé	comí	viví
	hablaste	comiste	viviste
	habló	comió	vivió
	hablamos	comimos	vivimos
	hablasteis	comisteis	vivisteis
	hablaron	comieron	vivieron

futuro

ich werde sprechen usw.	hablaré	comeré	viviré
	hablarás	comerás	vivirás
	hablará	comerá	vivirá
	hablaremos	comeremos	viviremos
	hablaréis	comeréis	viviréis
	hablarán	comerán	vivirán

condicional

ich würde sprechen usw.	hablaría	comería	viviría
	hablarías	comerías	vivirías
	hablaría	comería	viviría
	hablaríamos	comeríamos	viviríamos
	hablaríais	comeríais	viviríais
	hablarían	comerían	vivirían

pretérito perfecto

ich habe gesprochen usw.	**he**	hablado
	has	comido
	ha	vivido
	hemos	
	habéis	
	han	

pretérito pluscumperfecto

ich hatte gesprochen usw.	**había** **habías** **había** **habíamos** **habíais** **habían**	habl**ado** com**ido** viv**ido**

futuro perfecto

ich werde gesprochen haben usw.	**habré** **habrás** **habrá** **habremos** **habréis** **habrán**	habl**ado** com**ido** viv**ido**

condicional perfecto

ich würde gesprochen haben, ich hätte gesprochen usw.	**habría** **habrías** **habría** **habríamos** **habríais** **habrían**	habl**ado** com**ido** viv**ido**

Subjuntivo *Konjunktiv (Möglichkeitsform)*

presente

	habl**e**	com**a**	viv**a**
	habl**es**	com**as**	viv**as**
	habl**e**	com**a**	viv**a**
	habl**emos**	com**amos**	viv**amos**
	habl**éis**	com**áis**	viv**áis**
	habl**en**	com**an**	viv**an**

pretérito imperfecto

	habl**ara**	com**iera**	viv**iera**
	habl**aras**	com**ieras**	viv**ieras**
	habl**ara**	com**iera**	viv**iera**
	habl**áramos**	com**iéramos**	viv**iéramos**
	habl**arais**	com**ierais**	viv**ierais**
	habl**aran**	com**ieran**	viv**ieran**
folgende Formen sind weniger gebräuchlich:	habl**ase**	com**iese**	viv**iese**
	habl**ases**	com**ieses**	viv**ieses**
	habl**ase**	com**iese**	viv**iese**
	habl**ásemos**	com**iésemos**	viv**iésemos**
	habl**aseis**	com**ieseis**	viv**ieseis**
	habl**asen**	com**iesen**	viv**iesen**

pretérito perfecto

	haya **hayas** **haya** **hayamos** **hayáis** **hayan**	habl**ado** com**ido** viv**ido**

pretérito pluscuamperfecto

hubiera **hubieras** **hubiera** **hubiéramos** **hubierais** **hubieran**	habl**ado** com**ido** viv**ido**	oder	**hubiese** **hubieses** **hubiese** **hubiésemos** **hubieseis** **hubiesen**	habl**ado** com**ido** viv**ido**

imperativo

habl**a**	*sprich*	no habl**es**	*sprich nicht*
habl**e** Vd.	*sprechen Sie*	no habl**e** Vd.	*sprechen Sie nicht*
habl**emos**	*sprechen wir*	no habl**emos**	*sprechen wir nicht*
habl**ad**	*sprecht*	no habl**éis**	*sprecht nicht*
habl**en** Vds.	*sprechen Sie*	no habl**en** Vds.	*sprechen Sie nicht*

Bemerkungen:

- *Im Spanischen gibt die Endung des Verbs an, wer Subjekt der Handlung ist. Das Personalpronomen im Nominativ wird deshalb nur gebraucht:*
  - *wenn nicht deutlich ist, welche Person das Subjekt ist*
  - *zur Hervorhebung des Subjekts*
  - *bei der Beschreibung eines Gegensatzes*

  Usted *und* **ustedes** *(3. Person!) werden öfter verwendet.*

- *Bei einigen Verben ändert sich der Stamm im* **futuro** *und* **condicional**. *Die Endungen bleiben jedoch regelmäßig.*

			–e		**+d**
decir	**diré**	caber	**cabré**	poner	**pondré**
hacer	**haré**	haber	**habré**	salir	**saldré**
		querer	**querré**	tener	**tendré**
		poder	**podré**	venir	**vendré**
		saber	**sabré**	valer	**valdré**

Die zusammengesetzten Zeiten **(perfecto, pluscuamperfecto, futuro perfecto** *und* **condicional perfecto)** *werden mit dem Hilfsverb* **haber** + *dem* **participio perfecto** (= *Partizip Perfekt) gebildet. Dieses* **participio perfecto** *ist unveränderlich und steht unmittelbar nach dem Hilfsverb:*
Las mercancias no **han llegado todavía.** *Die Güter sind noch nicht angekommen.*

- *Besondere* **imperativo***-Formen gibt es im Spanischen nur für die bejahte Form der 2. Person Singular und Plural:*

¡habl**a**!	*sprich!*
¡habl**ad**!	*sprecht!*

Die übrigen **imperativo**-*Formen werden mit den entsprechenden Personen des* **presente de subjuntivo** *gebildet:*

¡no habl**es**!	*sprich nicht!*
¡(no) habl**e** Vd.!	*sprechen Sie (nicht)!*
¡(no) habl**emos**!	*sprechen wir nicht!*
¡no habl**éis**!	*sprecht nicht!*
¡(no) habl**en** Vds.!	*sprechen Sie (nicht)!*

– *Die 1. und 2. Person Plural des* ***bejahten*** **imperativo** *der Reflexivverben verändern sich (*-**s** *und* -**d** *entfallen).*

¡sentémonos!	*setzen wir uns!*
¡sentaos!	*setzt euch!*

17 Verbos regulares con particularidades — *Regelmäßige Verben mit Besonderheiten*

A Diphtongierung

Bei einer Reihe von Verben werden die Vokale ,e' und ,o' in den stammbetonte Formen zu **,ie'** und **,ue'**. z. B.
cerrar**(ie)** *schließen* poder**(ue)** *können*

Indicativo	**Subjuntivo**
c**ie**rro	c**ie**rre
c**ie**rras	c**ie**rres
c**ie**rra	c**ie**rre
cerramos	cerremos
cerráis	cerréis
c**ie**rran	c**ie**rren

Indicativo	**Subjuntivo**
p**ue**do	p**ue**da
p**ue**des	p**ue**das
p**ue**de	p**ue**da
podemos	podamos
podéis	podáis
p**ue**den	p**ue**dan

Einige Verben mit Diphtongierung sind:

e → ie		o → ue	
calentar	*erwärmen*	acordarse	*sich erinnern*
cerrar	*schließen*	acostarse	*sich hinlegen*
comenzar	*anfangen*	almorzar	*zu Mittag essen*
despertarse	*aufwachen*	comprobar	*überprüfen*
empezar	*anfangen*	contar	*(er)zahlen*
negar	*bestreiten*	costar	*kosten*
pensar	*denken*	mostrar	*zeigen*
recomendar	*empfehlen*	probar	*(an)probieren*
sentarse	*sich setzen*	recordar	*(sich) erinnern*
defender	*verteidigen*	rogar	*bitten*
encender	*anzünden*	sonar	*klingeln, ertönen*
entender	*verstehen*	soñar	*träumen*
perder	*verlieren*	volar	*fliegen*
querer	*wollen, lieben*	doler	*weh tun*
tenderse	*sich ausstrecken*	llover	*regnen*
		mover	*bewegen*
		oler (huele)	*riechen nach*
		poder	*können, dürfen*
		resolver	*lösen*
		soler (hacer algo)	*(etw. zu tun) pflegen*
		volver	*zurückkehren*

Merke:	1) *Diphtongierung* **i** ⟶	**ie** *ergibt sich beim Verb*
	adquirir = *erwerben):*	adqu**ie**ro
		adqu**ie**res *usw.*
	2) *Diphtongierung* **u** ⟶	**ue** *ergibt sich beim Verb*
	jugar *(= spielen):*	j**ue**go
		j**ue**gas *usw.*

B Vokaländerung

Bei einigen Verben mit einem **-e-** *im Stamm, die auf* **-ir** *enden, wird das* **-e** *zu* **-i-**, *außer wenn es ein betontes* **i** *in der Endung gibt. Letzteres gilt aber nicht für die* futuro- *und* condicional-*Formen.*

Indicativo presente

pido
pides
pide
pedimos
pedís
piden

Subjuntivo presente

pida
pidas
pida
pidamos
pidáis
pidan

imperativo

¡pide!
¡pedid!

pretérito imperfecto

pidiera		pidiese
pidieras		pidieses
pidiera	*oder:*	pidiese
pidiéramos		pidiésemos
pidierais		pidieseis
pidieran		pidiesen

pretérito indefinido

pedí
pediste
pidió
pedimos
pedisteis
pidieron

Einige Verben mit Vokaländerung sind:

e ⟶ i	
conseguir	*erreichen, erlangen*
corregir	*verbessern*
despedirse	*sich verabschieden*
elegir	*wählen*
impedir	*verhindern*
reírse	*lachen*
repetir	*wiederholen*
seguir	*(ver)folgen*
servir	*dienen*
vestirse	*sich anziehen*

C *Diphtongierung und Vokaländerung*

Verben mit Diphtongierung und Vokaländerung:

e ⟶ ie, i **Indicativo**	**o ⟶ ue, u** **Subjuntivo**
pref**ie**ro pref**ie**res pref**ie**re preferimos preferís pref**ie**ren	pref**ie**ra pref**ie**ras pref**ie**ra pref**i**ramos pref**i**ráis pref**ie**ran
d**ue**rmo d**ue**rmes d**ue**rme dormimos dormís d**ue**rmen	d**ue**rma d**ue**rmas d**ue**rma d**u**rmamos d**u**rmáis d**ue**rman

e ⟶ ie, i		o ⟶ ue, u	
advertir	*aufmerksam machen*	dormir	*schlafen*
convertir	*machen zu*	morir	*sterben*
divertir(se)	*sich unterhalten*		
mentir	*lügen*		
preferir	*bevorzugen*		
referirse a	*sich beziehen auf*		
requerir	*benötigen*		

D *Orthographische Änderungen*

– *Bei Verben, deren Stamm auf* **-z**, **-c** *oder* **-g** *endet, erfolgt eine orthographische Änderung zur Erhaltung der Aussprache:*

coger	–	cojo	(coges etc.)	/	coja, cojas etc.
seguir	–	sigo	(sigues etc.)	/	siga, sigas etc.
averiguar	–	averi**gü**é	(averi**gu**aste etc.)	/	averi**gü**e etc.
empezar	–	empe**c**é	(empe**z**aste etc.)	/	empie**c**e, empie**c**es etc.
buscar	–	bus**qué**	(buscaste etc.)	/	bus**que**, bus**ques** etc.
pagar	–	pa**gué**	(pagaste etc.)	/	pa**gue**, pa**gues** etc.

– *Ein unbetontes* **i** *zwischen Vokalen wird zu* **y**:

leer	– leí, leíste, leyó, leímos, leísteis, le**y**eron

– *Bei einigen Verben auf* **-iar** *und* **-uar** *werden das* **-i-** *und das* **-u-** *mit Akzent geschrieben, um anzugeben, daß sie betont ausgesprochen werden müssen.*

envi**ar**	⟶	envío, envías, envía, enviamos, enviáis, envían
continu**ar**	⟶	continúo, continúas, continúa, continuamos, continuáis, continúan

E *Sonstige Besonderheiten*

Die Verben, die auf **-acer, -ecer, -ocer** *und* **-ucir** *enden, bekommen anstelle von* **-c** *ein* **-zc**,

con**ocer** ⟶ cono**zco**, conoces etc.
cconoz**ca**, cono**zcas** etc.

18 Verbos irregulares *Unregelmäßige Verben*

Presente indicativo	Perfecto	Indefinido	Imperfecto	Pluscuamperfecto
Agradecer	*danken*		Gerundio: agradeciendo	
agradezco agradeces agradece agradecemos agradecéis agradecen	he agradecido	agradecí	agradecía	había agradecido
Andar	*gehen*		Gerundio: andando	
ando andas anda andamos andáis andan	he andado	**anduve** **anduviste** **anduvo** **anduvimos** **anduvisteis** **anduvieron**	andaba	había andado
Aparecer	*erscheinen*		*siehe* agradecer	
Atraer	*anziehen*		*siehe* traer	
Caer	*fallen*		Gerundio: **cayendo**	
caigo caes cae caemos caéis caen	he caído	caí caíste **cayó** caímos caísteis **cayeron**	caía	había caído
Coger	*nehmen, greifen*		Gerundio: cogiendo	
cojo coges coge cogemos cogéis cogen	he cogido	cogí	cogía	había cogido
Conducir	*führen, fahren*		Gerundio: conduciendo	
conduzco conduces conduce conducimos conducís conducen	he conducido	**conduje** **condujiste** **condujo** **condujimos** **condujisteis** **condujeron**	conducía	había conducido

Futuro	Condicional	Presente Subjuntivo	Imperfecto Subjuntivo	

Imperativo: agradece agradeced **agradezca** **agradezcan**

agradeceré	agradecería	**agradezca** **agradezcas** *usw.*	agradeciera	agradeciese

Imperativo: anda andad ande anden

andaré	andaría	ande	**anduviera** **anduvieras** *usw.*	**anduviese** **anduvieses** *usw.*

Imperativo: cae caed **caiga** **caigan**

caeré	caería	**caiga** **caigas** *usw.*	**cayera** **cayeras** *usw.*	**cayese** **cayeses** *usw.*

Imperativo: coge coged coja cojan

cogeré	cogería	**coja** **cojas** *usw.*	cogiera	cogiese

Imperativo: conduce conducid **conduzca** **conduzcan**

conduciré	conduciría	**conduzca** **conduzcas** *usw.*	**condujera** **condujeras** *usw.*	**condujese** **condujeses** *usw.*

Presente indicativo	Perfecto	Indefinido	Imperfecto	Pluscuamperfecto

Conocer *kennen; kennenlernen* Gerundio: conociendo

conozco	he conocido	conocí	conocía	había conocido
conoces				
conoce				
conocemos				
conocéis				
conocen				

Conseguir *erreichen* *siehe* seguir

Constituir *bilden; darstellen* Gerundio: constitu**y**endo

constituyo	he constituido	constituí	constituía	había constituido
constituyes		constituiste		
constituye		**constituyó**		
constituimos		**constituimos**		
constituís		constituisteis		
constituyen		**constituyeron**		

Crecer *wachsen* *siehe* agradecer

Dar *geben* Gerundio: dando

doy	he dado	**di**	daba	había dado
das		**diste**		
da		**dio**		
damos		**dimos**		
dais		**disteis**		
dan		**dieron**		

Decir *sagen* Gerundio: **diciendo**

digo	**he dicho**	**dije**	decía	había **dicho**
dices	**has dicho**	**dijiste**		habías **dicho**
dice	*usw.*	**dijo**		*usw.*
decimos		**dijimos**		
decís		**dijisteis**		
dicen		**dijeron**		

Desaparecer *verschwinden* *siehe* agradecer

Descubrir *entdecken* *siehe* cubrir

Detener *festnehmen* *siehe* tener

Devolver *zurückgeben* *siehe* volver

Futuro	Condicional	Presente Subjuntivo	Imperfecto Subjuntivo	

Imperativo: conoce conoced **conozca** **conozcan**

conoceré	conocería	**conozca** **conozcas** *usw.*	conociera	conociese

Imperativo: **constituye** constituid **constituya** **constituyan**

constituiré	constituiría	**constituya** **constituyas** *usw.*	**constituyera** **constituyeras** *usw.*	**constituyese** **constituyeses** *usw.*

Imperativo: da dad **dé** den

daré	daría	**dé** des **dé** demos deis den	**diera** **dieras** *usw.*	**diese** **dieses** *usw.*

Imperativo: **di** decid **diga** **digan**

diré **dirás** *usw.*	**diría** **dirías** *usw.*	**diga** **digas** *usw.*	**dijera** **dijeras** *usw.*	**dijese** **dijeses** *usw.*

Presente indicativo	**Perfecto**	**Indefinido**	**Imperfecto**	**Pluscuamperfecto**
Dirigir	*leiten, führen*		Gerundio: dirigiendo	
dirijo	**he dirigido**	**dirigí**	dirigía	había dirigido
diriges				
dirige				
dirigimos				
dirigís				
dirigen				
Distraer	*zerstreuen*		*siehe* traer	
Dormir	*schlafen*		Gerundio: **durmiendo**	
duermo	**he dormido**	dormí	dormía	había dormido
duermes		dormiste		
duerme		**durmió**		
dormimos		dormimos		
dormís		dormisteis		
duermen		**durmieron**		
Estar	*sein, sich befinden*		Gerundio: estando	
estoy	**he estado**	**estuve**	estaba	había estado
estás		**estuviste**		
está		**estuvo**		
estamos		**estuvimos**		
estáis		**estuvisteis**		
están		**estuvieron**		
Haber	*haben (Hilfsverb)*		Gerundio: habiendo	
he		**hube**	había	
has		**hubiste**		
ha		**hubo**		
hemos		**hubimos**		
habéis		**hubisteis**		
han		**hubieron**		
Hay	*es gibt*		Gerundio: habiendo	
hay	**ha habido**	**hubo**	había	había habido
Hacer	*machen*		Gerundio: haciendo	
hago	**he hecho**	**hice**	**hacía**	**había hecho**
haces	**has hecho**	**hiciste**		**habías hecho**
hace	*usw.*	**hizo**		*usw.*
hacemos		**hicimos**		
hacéis		**hicisteis**		
hacen		**hicieron**		

Futuro	Condicional	Presente Subjuntivo	Imperfecto Subjuntivo	

Imperativo: dirige dirigid **dirija** dirijan

dirigiré	dirigiría	**dirija** **dirijas** *usw.*	dirigiera	dirigiese

Imperativo: **duerme** dormid **duerma** **duerman**

dormiré	dormiría	**duerma** **duermas** **duerma** **durmamos** **durmáis** **duerman**	**durmiera** **durmieras** *usw.*	**durmiese** **durmieses** *usw.*

Imperativo: **está** estad **esté** **estén**

estaré	**estaría**	**esté** **estés** **esté** **estemos** **estéis** **estén**	**estuviera** **estuvieras** *usw.*	**estuviese** **estuvieses** *usw.*

habré **habrás** *usw.*	**habría** **habrías** *usw.*	**haya** **hayas** *usw.*	**hubiera** **hubieras** *usw.*	**hubiese** **hubieses** *usw.*

habrá	**habría**	**haya**	**hubiera**	**hubiese**

Imperativo: **haz** haced **haga** **hagan**

haré **harás** *usw.*	**haría** **harías** *usw.*	**haga** **hagas** *usw.*	**hiciera** **hicieras** *usw.*	**hiciese** **hicieses** *usw.*

Presente indicativo	Perfecto	Indefinido	Imperfecto	Pluscuamperfecto

Huir *flüchten* Gerundio: huyendo

huyo	**he huido**	**huí**	huía	había huido
huyes		**huiste**		
huye		**huyó**		
huimos		**huimos**		
huís		**huisteis**		
huyen		**huyeron**		

Influir *beeinflussen* *siehe* huir

Ir *gehen* Gerundio: **yendo**

voy	he ido	**fui**	**iba**	había ido
vas		**fuiste**	**ibas**	
va		**fue**	**iba**	
vamos		**fuimos**	**íbamos**	
vais		**fuisteis**	**ibais**	
van		**fueron**	**iban**	

Jugar *spielen* Gerundio: jugando

juego	he jugado	**jugué**	jugaba	había jugado
juegas		jugaste		
juega		*usw.*		
jugamos				
jugáis				
juegan				

Morir(se) *sterben* Gerundio: **muriendo**

muero	**he muerto**	morí	moría	**había muerto**
mueres	**has muerto**	moriste		**habías muerto**
muere	*usw.*	**murió**		*usw.*
morimos		morimos		
morís		moristeis		
mueren		**murieron**		

Nacer *geboren werden* Gerundio: naciendo

nazco	he nacido	nací	nacía	había nacido
naces				
nace				
nacemos				
nacéis				
nacen				

Futuro	Condicional	Presente Subjuntivo	Imperfecto Subjuntivo	

Imperativo: **huye** huid **huya** **huyan**

huiré	**huriá**	**huya** **huyas** *usw.*	**huyera** **huyeras** *usw.*	**huyese** **huyeses** *usw.*

Imperativo: **ve** id **vaya** **vayan**

iré	iría	**vaya** **vayas** **vaya** **vayamos** **vayáis** **vayan**	**fuera** **fueras** *usw.*	**fuese** **fueses** *usw.*

Imperativo: **juega** jugad **juegue** **jueguen**

jugaré	jugaría	**juegue** **juegues** **juegue** **juguemos** **juguéis** **jueguen**	jugara	jugase

Imperativo: **muere** morid **muera** **mueran**

moriré	moriría	**muera** **mueras** **muera** **muerамos** **muráis** **mueran**	**muriera** **murieras** *usw.*	**muriese** **murieses** *usw.*

naceré	nacería	**nazca** **nazcas** *usw.*	naciera	naciese

Presente indicativo	Perfecto	Indefinido	Imperfecto	Pluscuamperfecto
Oír	*hören*		Gerundio: **oyendo**	
oigo	he oído	oí	oía	había oído
oyes		oíste		
oye		**oyó**		
oímos		oímos		
oís		oísteis		
oyen		**oyeron**		
parecer	*scheinen*		*siehe* agradecer	
Poder	*können*		Gerundio: **pudiendo**	
puedo	he podido	**pude**	podía	había podido
puedes		**pudiste**		
puede		**pudo**		
podemos		**pudimos**		
podéis		**pudisteis**		
pueden		**pudieron**		
Poner	*setzen, legen, stellen*		Gerundio: poniendo	
pongo	**he puesto**	**puse**	ponía	**había puesto**
pones	**has puesto**	**pusiste**		**habías puesto**
pone	*usw.*	**puso**		*usw.*
ponemos		**pusimos**		
ponéis		**pusisteis**		
ponen		**pusieron**		
Producir	*herstellen*		*siehe* conducir	
Querer	*wollen, mögen, lieben*		Gerundio: queriendo	
quiero	he querido	**quise**	quería	había querido
quieres		**quisiste**		
quiere		**quiso**		
queremos		**quisimos**		
queréis		**quisisteis**		
quieren		**quisieron**		
Recoger	*aufräumen*		*siehe* coger	
Reconocer	*wiedererkennen*		*siehe* conocer	
Reducir	*verringern*		*siehe* conducir	

Futuro	Condicional	Presente Subjuntivo	Imperfecto Subjuntivo	

Imperativo: **oye** oíd **oiga** **oigan**

oiré	oiría	**oiga** **oigas** *usw.*	**oyera** **oyeras** *usw.*	**oyese** **oyeses** *usw.*

podré **podrás** *usw.*	**podría** **podrías** *usw.*	**pueda** **puedas** *usw.*	**pudiera** **pudieras** *usw.*	**pudiese** **pudieses** *usw.*

Impertivo: **pon** poned **ponga** **pongan**

pondré **pondrás** *usw.*	**pondría** **pondrías** *usw.*	**ponga** **pongas** *usw.*	**pusiera** **pusieras** *usw.*	**pusiese** **pusieses** *usw.*

Imperativo: **quiere** quered **quiera** **quieran**

querré **querrás** *usw.*	**querría** **querrías** *usw.*	**quiera** **quieras** **quiera** queramos queráis quieran	**quisiera** **quisieras** *usw.*	**quisiese** **quisieses** *usw.*

Presente indicativo	Perfecto	Indefinido	Imperfecto	Pluscuamperfecto

Reír(se) *lachen* Gerundio: **riendo**

río	he reído	reí	reía	había reído
ríes		reíste		
ríe		**rio**		
reímos		reímos		
reís		reísteis		
ríen		**rieron**		

Resolver *lösen* Gerundio: resolviendo

resuelvo	**he resuelto**	resolví	resolvía	**había resuelto**
resuelves	**has resuelto**			**habías resuelto**
resuelve	*usw.*			*usw.*
resolvemos				
resolvéis				
resuelven				

Saber *wissen, können* Gerundio: sabiendo

sé	he sabido	**supe**	sabía	había sabido
sabes		**supiste**		
sabe		**supo**		
sabemos		**supimos**		
sabéis		**supisteis**		
saben		**supieron**		

Salir *ausgehen, abfahren* Gerundio: saliendo

salgo	he salido	salí	salía	había salido
sales				
sale				
salimos				
salís				
salen				

Seguir *folgen, fortsetzen* Gerundio: **siguiendo**

sigo	he seguido	seguí	seguía	había seguido
sigues		seguiste		
sigue		**siguió**		
seguimos		seguimos		
seguís		seguisteis		
siguen		**siguieron**		

Ser *sein* Gerundio: siendo

soy	he sido	**fui**	**era**	había sido
eres	has sido	**fuiste**	**eras**	habías sido
es	*usw.*	**fue**	**era**	*usw.*
somos		**fuimos**	**éramos**	
sois		**fuisteis**	**erais**	
son		**fueron**	**eran**	

Sonreír *lächeln* *siehe* reír

Futuro	Condicional	Presente Subjuntivo	Imperfecto Subjuntivo	

Imperativo: **ríe** reíd **ría ríen**

reiré	reiría	**ría** **rías** *usw.*	**riera** **rieras** *usw.*	**riese** **rieses** *usw.*

Imperativo: **resuelve** resolved **resuelva resuelvan**

resolveré	resolvería	**resuelva** **resuelvas** *usw.*	resolviera	resolviese

Imperativo: sabe sabed **sepa sepan**

sabré **sabrás** *usw.*	**sabría** **sabrías** *usw.*	**sepa** **sepas** *usw.*	**supiera** **supieras** *usw.*	**supiese** **supieses** *usw.*

Imperativo: **sal** salid **salga salgan**

saldré **saldrás** *usw.*	**saldría** **saldrías** *usw.*	**salga** **salgas** *usw.*	saliera	saliese

Imperativo: **sigue** seguid **siga sigan**

seguiré	seguiría	**siga** **sigas** *usw.*	**siguiera** **siguieras** *usw.*	**siguiese** **siguieses** *usw.*

Imperativo: **sé** sed **sea sean**

seré	**sería**	**sea** **seas** *usw.*	**fuera** **fueras** *usw.*	**fuese** **fueses** *usw.*

Presente indicativo	Perfecto	Indefinido	Imperfecto	Pluscuamperfecto
Tener	*haben, besitzen*		Gerundio: teniendo	
tengo	**he tenido**	**tuve**	tenía	había tenido
tienes		**tuviste**		
tiene		**tuvo**		
tenemos		**tuvimos**		
tenéis		**tuvisteis**		
tienen		**tuvieron**		

Presente indicativo	Perfecto	Indefinido	Imperfecto	Pluscuamperfecto
Traer	*herbringen*		Gerundio: **trayendo**	
traigo	**he traído**	**traje**	**traía**	había traído
traes		**trajiste**		
trae		**trajo**		
traemos		**trajimos**		
traéis		**trajisteis**		
traen		**trajeron**		

Presente indicativo	Perfecto	Indefinido	Imperfecto	Pluscuamperfecto
Venir	*herkommen*		Gerundio: **viniendo**	
vengo	he venido	**vine**	venía	había venido
vienes		**viniste**		
viene		**vino**		
venimos		**vinimos**		
venís		**vinisteis**		
vienen		**vinieron**		

Presente indicativo	Perfecto	Indefinido	Imperfecto	Pluscuamperfecto
Ver	*sehen*		Gerundio: **viendo**	
veo	**he visto**	**vi**	**veía**	**había visto**
ves	**has visto**	**viste**	**veías**	**habías visto**
ve	*usw.*	**vio**	*usw.*	*usw.*
vemos		**vimos**		
veis		**visteis**		
ven		**vieron**		

Presente indicativo	Perfecto	Indefinido	Imperfecto	Pluscuamperfecto
Volver	*zurückkommen*		Gerundio: volviendo	
vuelvo	**he vuelto**	volví	volvía	**había vuelto**
vuelves	**has vuelto**			**habías vuelto**
vuelve	*usw.*			*usw.*
volvemos				
volvéis				
vuelven				

yo soy estoy
tú eres
el es

ser
soy
eres
es
somos
sois
son

el

estar
estoy
estás
está
estamos
estais
estan

tener
tengo
tienes
tiene
tenemos
teneis
tienen

Futuro **Condicional** **Presente Subjuntivo** **Imperfecto Subjuntivo**

Imperativo: **ten** tened **tenga** **tengan**

tendré	**tendría**	**tenga**	**tuviera**	**tuviese**
tendrás	**tendrías**	**tengas**	**tuvieras**	**tuvieses**
usw.	*usw.*	*usw.*	*usw.*	*usw.*

Imperativo: trae traed **traiga** **traigan**

traeré	**traería**	**traiga**	**trajera**	**trajese**
		traigas	**trajeras**	**trajeses**
		usw.	*usw.*	*usw.*

Imperativo: **ven** venid **venga** **vengan**

vendré	**vendría**	**venga**	**viniera**	**viniese**
vendrás	**vendrías**	**vengas**	**vinieras**	**vinieses**
usw.	*usw.*	*usw.*	*usw.*	*usw.*

Imperativo: **ve** ved **vea** **vean**

veré	vería	**vea**	**viera**	**viese**
		veas	**vieras**	**vieses**
		usw.	*usw.*	*usw.*

Imperativo: **vuelve** volved **vuelva** **vuelvan**

volveré	volvería	**vuelva**	volviera	volviese
		vuelvas		
		vuelva		
		volvamos		
		volváis		
		vuelvan		

Gebrauch 19–38

19 Presente

Mi padre trabaja de cajero en el Banco de Bilbao. ¿**Cierro** la ventana?	*Mein Vater arbeitet als Kassierer* *bei der Banco de Bilbao.* *Soll ich das Fenster schließen?*

- *Das* **presente** *wird verwendet zur Beschreibung von Handlungen oder Sachverhalten in der Gegenwart.*
- *Auch zur Angabe von Handlungen, die in der unmittelbaren Zukunft stattfinden werden, verwendet man in Fragesätzen gelegentlich* **presente.**

20 Perfecto compuesto

Este año no **he ido** de vacaciones. Esta mañana **he escrito** una carta.	*In diesem Jahr bin ich nicht in Urlaub gefahren.* *Heute morgen habe ich einen Brief geschrieben.*

Das **perfecto compuesto** *wird für Handlungen verwendet, die in einem Zeitraum stattgefunden haben, der mit der Gegenwart in Verbindung steht. Signalwörter sind häufig:* **hoy, esta mañana, esta semana, este mes, este año,** *usw.*

21 Pretérito indefinido

Su padre **nació** el 12 de octubre de 1948.	*Ihr Vater wurde am 12. Oktober 1948 geboren.*
Anoche **cené** en el hotel, **miré** la televisión y después **salí** a dar un paseo.	*Gestern abend aß ich im Hotel, schaute Fernsehen* *und danach machte ich einen Spaziergang.*
Fue rápidamente a la caja donde había dos empleados.	*Sie ging schnell zur Kasse,* *wo sich zwei Angestellte befanden.*
Cristina **conoció** a su novio en 1990. Colón **tuvo** la idea de ir por occidente a las Indias.	*Cristina lernte ihren Freund 1990 kennen.* *Kolumbus hatte die Idee, in Richtung* *Westen nach Indien zu fahren.*

Das **pretérito indefinido** *wird gebraucht:*

- *für die Beschreibung von Handlungen und Vorgängen, die zu einem bestimmten Zeitpunkt in der Vergangenheit erfolgten. Schematisch:*

```
: ------------- :
```

- *für die Beschreibung aufeinander folgender, abgeschlossener Handlungen oder Vorgänge. Schematisch:*

```
       1                    2                    3                    4
: ------------- :    : ------------- :    : ------------- :    : ------------- :
```

- *für die Beschreibung einer Handlung, die erfolgte, während eine andere Handlung schon im Gange war. Schematisch:*

```
                        ┌----------------  (pret. indefinido)
------------------------┴------------------------
```

für die Beschreibung einsetzender Handlungen oder Vorgänge. Schematisch:

```
: ----------------------------------------
```

Merke: Im Deutschen wird zur Beschreibung von Handlungen und Vorgängen, die in einem abgeschlossenen Zeitraum in der Vergangenheit stattfanden/stattgefunden haben, sowohl das Imperfekt als auch das Perfekt verwendet, z. B.

¿Qué **hizo** ayer?	*Was* ***haben*** *Sie gestern* ***gemacht?***
Ayer **fui** al restaurante.	*Gestern* ***bin*** *ich ins Restaurant* ***gegangen.***

22 Pretérito imperfecto

La mujer joven **parecía** extranjera. **Era** muy alta y **llevaba** un abrigo verde y unas botas altas.	*Die junge Frau schien Ausländerin zu sein. Sie war sehr groß, trug einen grünen Mantel und hohe Stiefel.*
Trabajaba en una tienda de modas.	*Sie arbeitete in einem Modegeschäft.*
Los lunes **había** un autobús que **iba** de Morilla a Málaga. Siempre **regresaba** a las siete de la tarde.	*Montags fuhr ein Bus von Morilla nach Malaga. Er kehrte immer um sieben Uhr abends zurück.*
Fue rápidamente a la caja donde **había** dos empleados.	*Sie ging schnell zur Kasse, wo sich zwei Angestellte befanden.*

Das **pretérito imperfecto** *wird verwendet:*

- *Zur Beschreibung eines Zustandes, in dem sich irgendeine Person oder Sache zu einem bestimmten Zeitpunkt in der Vergangenheit befand*
- *zur Beschreibung einer Handlung, deren Anfang und Ende nicht angegeben sind*
- *zur Beschreibung wiederholter Handlungen oder Vorgänge innerhalb eines Zeitraumes, der nicht abgeschlossen ist*
- *zur Beschreibung eines Zustandes oder einer Handlung, die schon im Gange war, als eine andere Handlung einsetzte. Schematisch:*

```
                        ┌----------------
------------------------┴------------------------  (pret. imperfecto)
```

23 Pretérito pluscuamperfecto

Al entrar en el banco, el hombre se dio cuenta de que **había olvidado** los cheques. Los **había puesto** en la mesilla.	*Als der Mann die Bank betrat, bemerkte er, daß er seine Schecks vergessen hatte. Er hatte sie auf den Nachttisch gelegt.*

Das **pretérito pluscuamperfecto** *wird für Ereignisse oder Handlungen verwendet, die bereits vor anderen Handlungen oder Ereignissen in der Vergangenheit abgeschlossen waren.*

24 Futuro

Ya les enviar**emos** una postal.	*Wir werden Ihnen eine Karte schicken.*
Sald**remos** a primeros de febrero.	*Wir werden Anfang Februar abfahren./ Wir fahren Anfang Februar ab.*
Serán las siete.	*Es wird wohl sieben Uhr sein.*

- *Das* **futuro** *wird gebraucht für in der Zukunft liegende Handlungen. Man verwendet auch oft* **ir a** + *Infinitiv.*
- *Das* **futuro** *drückt auch eine Vermutung oder Erwartung aus.*

25 Condicional

¿Adónde **irían** ustedes?	*Wohin würden Sie fahren?*
Nos dijo que **mandaría** una postal.	*Sie sagte uns, daß sie eine Karte schicken würde.*
La mujer **tendría** unos treinta años.	*Die Frau wird ungefähr dreißig Jahre alt gewesen sein.*
Serían las tres de la tarde.	*Es wird ungefähr drei Uhr gewesen sein.*
Me **gustaría** hacer un viaje por el mundo.	*ich würde gern eine Reise um die Welt machen.*
¿**Podría** decirme dónde está Correos?	*Können/könnten Sie mir sagen, wo das Postamt ist?*

Das **condicional** *wird gebraucht:*
- *um auszudrücken was geschehen würde, wenn bestimmte Bedingungen erfüllt würden*
- *zur Angabe eines Vorhabens in der indirekten Rede, wenn der einleitende Satz in der Vergangenheit steht*
- *zur Angabe einer Vermutung oder eines vermutlichen Zeitpunktes in der Vergangenheit*
- *um einen Wunsch oder eine Bitte auszudrücken.*

Merke: *Bei* **querer, deber, poder** *und* **haber** *wird häufig das* **imperfecto de subjuntivo** *anstelle des* **condicional** *verwendet:*

Quisiera reservar una habitación. — *Ich möchte ein Zimmer reservieren.*

26 Futuro perfecto

Ya **habrán llegado** las mercancías.	*Die Waren werden wohl schon angekommen sein.*

Das **futuro compuesto** *wird gebraucht, um die Vermutung auszudrücken, daß etwas stattgefunden hat.*

27 Condicional perfecto

Habrían llegado a tiempo si no hubieran perdido el tren.	*Sie wären rechtzeitig angekommen, wenn Sie den Zug nicht verpaßt hätten.*

Das **condicional perfecto** *wird verwendet, um auszudrücken, daß etwas nicht geschah, weil die Voraussetzung fehlte.*

Subjuntivo 28–34 *Konjunktiv (Möglichkeitsform)*

28 Subjuntivo in Hauptsätzen

¡**Viva** España! ¡Ojalá **llegue** a tiempo! Quizás **tengas** suerte.	*Es lebe Spanien!* *Hoffentlich kommt sie rechtzeitig an.* *Vielleicht hast du Glück.*

Man verwendet **subjuntivo** *in Hauptsätzen:*
- *um einen Wunsch auszudrücken. Der Satz kann mit Wörtern wie* **que** *oder* **ojalá** *beginnen*
- *um zusammen mit Wörtern wie* **acaso, quizá(s)** *und* **tal vez** *großen Zweifel auszudrücken. Diese Wörter stehen meistens vor dem Prädikat.*

Subjuntivo in Nebensätzen

29 Subjuntivo nach Verben der Einflußnahme

Les rogamos (que) nos **informen** detalladamente. El director de la empresa quiere que todo **funcione** bien. Le recomiendo que **tome** el menú del día. Es importante que **sea** de la misma edad que yo.	*Wir bitten Sie, uns ausführlich zu informieren.* *Der Direktor des Unternehmens möchte, daß alles gut läuft.* *Ich empfehle Ihnen, das Tagesmenü zu nehmen.* *Es ist wichtig, daß sie genau so alt ist wie ich.*

Im Nebensatz verwendet man eine Form des **subjuntivo,** *wenn es sich im Hauptsatz um eine Beeinflussung von dem handelt, was im Nebensatz geschieht. Dies gilt für Verben, die einen* ***Willen****, einen* ***Wunsch****, eine* ***Bitte****, eine* ***Forderung****, ein* ***Verbot****, einen* ***Rat****, eine* ***Absicht****, eine* ***Empfehlung****, eine* ***Erlaubnis*** *oder einen* ***Vorschlag*** *ausdrücken. Ist das Subjekt des Haupt- und Nebensatzes dasselbe, so folgt kein Konjunktiv, sondern Infinitiv:*
Me molesta trabajar en estas condiciones.
Aber: Me molesta que trabajes en estas condiciones.

Schematisch:

Hauptsatz → **Nebensatz**

Verben der Einflußnahme ------------------------► **subjuntivo**

Einige Verben/unpersönliche Ausdrücke, die eine Einflußnahme ausdrücken können, sind:

aconsejar	*empfehlen*	**es importante**	*es ist wichtig*
decir (i)	*sagen, befehlen*	**es necesario**	*es ist nötig*
dejar	*(zu)lassen*	**hace falta**	*es ist nötig, erforderlich*
desear	*wünschen, wollen*	**conviene**	*es ist angemessen*
exigir	*fordern*		
hacer	*machen, veranlassen, bewirken*		
impedir (i)	*vermeiden*		
mandar	*anordnen*		
pedir (i)	*bitten*		
permitir	*erlauben*		
preferir (ie, i)	*lieber mögen, daß bevorzugen*		
prohibir	*verbieten*		
proponer	*vorschlagen*		
querer (ie)	*wollen*		
recomendar (ie)	*empfehlen*		
rogar (ue)	*bitten*		

30 Subjuntivo nach Verben des Gefühls

Celebramos mucho que nos **hayan favorecido** con su pedido.	*Wir freuen uns sehr, daß Sie uns mit Ihrem Auftrag beehrt haben.*
Siento que el hotel no **tenga** habitación libre.	*Es tut mir leid, daß das Hotel kein Zimmer frei hat.*
Es extraño que no **hayan mandado** ninguna noticia.	*Es ist sonderbar, daß sie keine Nachricht geschickt haben.*
Me molesta que **haya** tanta contaminación del aire.	*Es stört/ärgert mich, daß es so viel Luftverschmutzung gibt.*

*Im Nebensatz **muß** man eine Form des* **subjuntivo** *verwenden, wenn das Verb im Hauptsatz ein **Gefühl** (Bedauern, Furcht, Gefallen, Freude, Ärger, Trauer, Schmerz, Überraschung usw.) ausdrückt.*
Schematisch:

Hauptsatz → **Nebensatz**

Verb des Gefühls --------------------► subjuntivo

Einige wichtige Verben/unpersönliche Ausdrücke, die ein Gefühl ausdrücken können, sind:

agradecer (zc)	*danken*	**es absurdo**	*es ist absurd*
alegrarse de	*sich freuen*	**es extraño**	*es ist sonderbar*
celebrar	*sich freuen*	**es raro**	*es ist seltsam*
doler (ue)	*schmerzen*	**es triste**	*es ist traurig*
esperar	*hoffen*	**es una pena**	*es ist schade*
estar contento de	*froh sein*	**es una lástima**	*es ist schade*
estar triste de	*traurig sein*		
gustar	*gefallen*		
lamentar	*bedauern*		
molestar	*stören, ärgern*		
perdonar	*verzeihen*		
sentir (ie, i)	*bedauern*		
temer	*fürchten*		
tener miedo de	*sich fürchten*		

31 Subjuntivo nach Verben und Ausdrücken der Unsicherheit

Es posible que **trabaje** en Barcelona el año que viene.	*Es ist möglich, daß ich nächstes Jahr in Barcelona arbeite.*
La señora **niega** que **haya robado** el banco.	*Die Frau leugnet, daß sie die Bank beraubt hat.*
Es probable que la situación **mejore** en el Perú.	*Es ist wahrscheinlich, daß sich die Situation in Peru verbessert.*
No creas que **tengas** razón.	*Glaube nur nicht, daß du recht hast.*
No me parece que **ganemos** mucho con este negocio.	*Ich glaube nicht, daß wir viel bei diesem Geschäft verdienen.*

Im Nebensatz muß man eine Form des **subjuntivo** *verwenden, wenn im Hauptsatz eine Unsicherheit oder ein Zweifel ausgedrückt wird durch*
- *Verben wie* ***‚ableugnen', ‚zweifeln'*** *usw.;*
- *eine* ***Verneinung*** *des Verbes im Hauptsatz.*

Schematisch:

Hauptsatz — **Nebensatz**

Verb des ***Zweifels/der Unsicherheit***

Verneinung

--► **subjuntivo**

? / –

Einige bestimmte Verben/unpersönliche Ausdrücke, die Unsicherheit oder Zweifel ausdrücken können, sind:

dudar	*zweifeln*	**es dudoso**	*es ist zweifelhaft*
negar (ie)	*ableugnen*	**es (im)posible**	*es ist (un)möglich*
		es probable	*es ist wahrscheinlich*
		es corriente	*es ist normal*
		puede	*es kann sein*
		puede ser	*es mag sein*

Verben, die mit einer Verneinung, Unsicherheit oder Zweifel ausdrücken können, sind:

no creer	*nicht glauben*	no es evidente	*es ist nicht klar*
no decir	*nicht sagen*	no (me) parece	*es scheint (mir) nicht*
no estar seguro de	*nicht sicher sein*	no es que	*es ist nicht, daß*
no pensar	*nicht denken*	no es verdad	*es ist nicht wahr*

32 Subjuntivo in Relativsätzen

Busco una casa que **tenga** balcón.	*Ich suche ein Haus, das einen Balkon hat.*
¿Conoces **a una persona que quiera** ayudarme?	*Kennst du jemanden, der mir helfen möchte?*
No hay ninguna empresa que **haga** *eso.*	*Es gibt keine Firma, die so etwas macht.*

Eine Form des **subjuntivo** *muß in einem Relativsatz verwendet werden:*
- *wenn dieser Relativsatz einen Wunsch oder eine Bedingung enthält, die erfüllt werden muß*
- *wenn das Beziehungswort (= das Wort/die Wörter, worauf sich das Relativpronomen bezieht)*
  - ***unbestimmt*** *oder* ***unbekannt*** *ist*
  - ***zusammen mit*** *einer* ***Verneinung*** *steht*

33 Subjuntivo nach bestimmten Konjunktionen

Se lo comunico por fax **para que** no me **llame** por teléfono.	*Ich teile es Ihnen über Fax mit, damit Sie mich nicht anrufen.*
Cuando ustedes **hayan mandado** el aparato de sustitución, efectuaremos el pago de la suma total del suministro.	*Wenn Sie das Ersatzgerät geschickt haben, werden wir die Gesamtsumme der Lieferung überweisen.*
Aunque Latinoamérica **reciba** en los próximos años mucha ayuda, no tendrá solucionados sus problemas económicos antes de terminar los años noventa.	*Selbst wenn Lateinamerika in den kommenden Jahren viel Hilfe bekommt, wird es seine wirtschaftlichen Probleme nicht vor Ende der neunziger Jahre gelöst haben.*
Si el Perú **empleara** todos los recursos naturales, sería un país rico.	*Wenn Peru alle Bodenschätze nutzen würde, wäre es ein reiches Land.*

Man verwendet den **subjuntivo:**

- ***immer*** *nach den Konjunktionen:*

a condición (de) que	*unter der Bedingung, daß*
a no ser que	*es sei denn, daß*
antes (de) que	*bevor*
como si	*als ob*
con tal (de) que	*vorausgesetzt, daß*
en (el) caso (de) que	*falls*
para que	*damit*
sin que	*ohne daß*

- *nach den folgenden* ***Konjunktionen der Zeit****, wenn sich der Satz auf die* ***Zukunft*** *bezieht:*

así que	*sobald*
cuando	*sobald (als)*
en cuanto	*sobald*
después de que	*nachdem, als, bis*
hasta que	*bis daß*
mientras	*während, bis daß*

- *nach folgenden* ***Konjunktionen der Einräumung****, wenn die Handlung im Nebensatz möglich aber nicht sicher ist:*

aunque	*obwohl, auch/selbst wenn*
por mucho que	*so sehr... auch*
por muy que	*so sehr... auch*
por más que	*so sehr... auch*
por... que	*so sehr... auch*

- *nach* **si** *in einem Bedingungssatz, wenn eine Zeit der* ***Vergangenheit*** *verwendet wird und die* ***Bedingung noch nicht erfüllt*** *worden ist.*

34 Subjuntivo ←——→ Indicativo

Quizás **tengas** suerte. Quizás **tienes** suerte.	*Vielleicht (= nicht sicher) hast du Glück.* *Vielleicht (= fast sicher) hast du Glück.*
El director le dice a la secretaria que **escriba** la carta cuanto antes. El director le dice a la secretaria que ya **ha escrito** la carta.	*Der Direktor sagt der Sekretärin, sie solle den Brief so schnell wie möglich schreiben.* *Der Direktor sagt der Sekretärin, daß er den Brief schon geschrieben habe.*
Esperamos que la mercancía **llegue** a su poder en buen estado. Esperamos que la mecancía **llegará** a su poder antes de fines de este mes.	*Wir hoffen, daß die Ware in gutem Zustand in Ihren Besitz gelangen wird.* *Wir erwarten, daß die Ware vor Ende dieses Monats in Ihren Besitz gelangen wird.*
Dudo que esa casa **sea** capaz de producir la cantidad deseada. **No** dudo que esa casa **es** capaz de producir la cantidad deseada.	*Ich bezweifle, daß die Firma in der Lage ist, die gewünschte Menge zu produzieren.* *Ich zweifle nicht daran, daß die Firma in der Lage ist, die gewünschte Menge zu produzieren.*
Quiero una casa que **tenga** balcón. Tengo una casa que **tiene** balcón.	*Ich möchte ein Haus, das einen Balkon hat.* *Ich habe ein Haus, das einen Balkon hat.*
¿Me llamarás cuando **llegues** a Madrid?	*Wirst du mich anrufen, wenn du in Madrid ankommst?*
Cuando **llegaba** a Madrid (siempre) me llamaba.	*(Immer) wenn er in Madrid ankam, rief er mich an.*
Aunque Argentina **exporte** más, no conseguirá solucionar sus problemas sin una reforma económica. **Aunque** Argentina **exporta** mucho, no consigue solucionar sus problemas económicos. Si **tuviera** suficiente dinero, iría a Latinoamérica. Si **tengo** suficiente dinero, voy a Latinoamérica	*Selbst wenn Argentinien mehr exportiert, wird es seine Probleme ohne eine Wirtschaftsreform nicht lösen können.* *Obwohl Argentinien viel exportiert, kann es seine wirtschaftlichen Probleme nicht lösen.* *Wenn ich genügend Geld hätte, würde ich nach Lateinamerika fahren.* *Wenn ich genügend Geld habe, fahre ich nach Lateinamerika.*

35 Participio perfecto *Partizip Perfekt*

Formen

	I	II	III
Infinitivo	habl**ar**	com**er**	viv**ir**
Participio perfecto	habl**ado**	com**ido**	viv**ido**

– *Das* **participio perfecto** *der regelmäßigen Verben wird gebildet, indem man folgende Endungen an den Stamm anhängt:*
Verben auf **-ar** **-ado**
Verben auf **-er/-ir** **-ido**

- *Folgende Verben bilden ein unregelmäßiges* **participio perfecto:**

escribir	*schreiben*	**escrito**
abrir	*öffnen*	**abierto**
decir	*sagen*	**dicho**
hacer	*tun/machen*	**hecho**
volver	*zurückkehren*	**vuelto**
ver	*sehen*	**visto**
romper	*(zer)brechen*	**roto**
poner	*setzen/ stellen/legen*	**puesto**
morir	*sterben*	**muerto**
resolver	*lösen*	**resuelto**

Gebrauch

Este año aún no hemos salido de vacaciones.	*In diesem Jahr sind wir noch nicht in Urlaub gefahren.*
América fue descubierta por Colón en 1492.	*Amerika wurde 1492 von Kolumbus entdeckt.*
La playa está muy contaminada.	*Der Strand ist stark verschmutzt.*
Tenemos reservadas dos habitaciones a partir del lunes.	*Wir haben ab Montag zwei Zimmer reserviert.*

Das **participio perfecto** *wird verwendet*
- *für die Bildung der zusammengesetzten Zeiten (ausschließlich mit dem Hilfsverb* **haber!**). *In Verbindung mit* **haber** *ändert es sich nie.*
- *für die Bildung des Passivs (mit dem Hilfsverb* ser!). *In diesem Fall richtet es sich in Geschlecht und Zahl nach dem Subjekt.*
- *als Adjektiv nach einer Form des Verbes* **estar,** *um einen Zustand oder ein Resultat einer Handlung an zugeben. Anstelle des Verbs* **estar** *kann man für einige Nuancen andere Verben verwenden.*
  Zum Beispiel:
  - **ir** *(Bewegung)*
  - **dejar** *(Folge einer Handlung)*
  - **quedar** *(Beginn eines Zustandes)*
  - **tener** *(Resultat einer Handlung)*

36 Gerundio *Gerundium*

Formen

	I	II	III
Infinitivo	habl**ar**	com**er**	viv**ir**
Gerundio	habl**ando**	com**iendo**	viv**iendo**

- *Das* gerundio *der regelmäßigen Verben wird gebildet, indem man folgende* **Endungen** *an den Stamm anhängt:*

Verben auf	**-ar**	**-ando**
Verben auf	**-er/-ir**	**-iendo**

- *Einige Verben haben ein* ***unregelmäßiges*** gerundio:

decir	*sagen*	di**diendo**
dormir	*schlafen*	d**u**rmiendo
morir	*sterben*	m**u**riendo
poder	*können, dürfen*	p**u**diendo

- *Achten Sie auf die* ***orthographischen Änderungen:***

caer	*fallen*	ca**y**endo
creer	*glauben*	cre**yendo**
huir	*fliehen*	hu**y**endo
ir	*gehen, fahren*	**y**endo
oír	*(zu)hören*	o**y**endo
traer	*herbringen, holen*	tra**y**endo

Gebrauch

El 40 por ciento de las calderas madrileñas eran viejas y defectuosas, **emitiendo** gran cantidad de azufre.	*40 Prozent der Madrider Heizkessel waren alt und schadhaft und stießen große Mengen von Schwefel aus.*
En la recepción hay una señora que **está hablando.**	*An der Rezeption steht eine Frau, die gerade spricht.*
Las cifras de desempleo **siguen siendo** preocupantes.	*Die Arbeitslosenzahlen sind noch immer beunruhigend.*
Los precios en España **van subiendo** cada año más.	*Die Preise in Spanien steigen jedes Jahr mehr.*

Das **gerundio** *wird verwendet:*
- *anstelle eines Nebensatzes (Voraussetzung ist Gleichzeitigkeit der Handlungen im Haupt- und Nebensatz)*
- *bei* **estar** *zur Angabe einer Handlung, die gerade stattfindet, bzw. stattfand*
- *bei* **ir** *zur Angabe einer allmählich fortschreitenden Handlung bzw. eines Vorganges*
- *bei* **llevar** *zur Angabe der Dauer einer Handlung*
- *bei* **seguir** *zur Angabe der Fortsetzung einer Handung*

37 La voz pasiva — *Das Passiv*

El proyecto **fue aprobado** por la reina Isabel.	*Der Plan wurde von der Königin Isabel gebilligt.*

- *Das Passiv wird mit dem Hilfsverb* **ser** *und dem* **participio perfecto** *gebildet. Mit* **por** *werden die deutschen Präpositionen ‚von' bzw. ‚durch' übersetzt. Das Partizip richtet sich in Geschlecht und Zahl nach dem Subjekt.*

Se requiere buen conocimiento de español hablado y escrito.	*Erwünscht werden gute Spanischkenntnisse in Wort und Schrift.*
Muchos ciudadanos temen que **se construyan** más nucleares.	*Viele Einwohner fürchten, daß man mehr Kernkraftwerke bauen wird.*
Se detuvo a la joven que había robado el Banco de Andalucía.	*Man nahm die junge Frau fest, die die Banco de Andalucía beraubt hatte.*
Viendo el tráfico en la Gran Vía **uno** se da cuenta de los problemas de la capital española.	*Wenn man den Verkehr auf der Gran Vía sieht, werden einem die Probleme der spanischen Hauptstadt bewußt.*
Dicen que perdió todo su dinero en la Bolsa.	*Man sagt, daß er sein ganzes Geld an der Börse verloren habe.*
En España **vamos** cada año más al extranjero.	*In Spanien fährt man jedes Jahr häufiger ins Ausland.*
Estando de vacaciones, **te olvidas** de todo.	*Wenn man im Urlaub ist, vergißt man alles.*

- *Zur Übersetzung von **„man“** oder **„werden“** verwendet das Spanische entweder* **se = *3. Person Singular*** *oder* **se + *3. Person Plural***.
  Merke: wenn das Objekt eine bestimmte, bekannte Person ist, steht vor diesem Objekt die Präposition **a**!
- *Weitere Möglichkeiten, um **„man“** oder **„werden“** auszudrücken, sind:*
  - **uno** *(oft bei reflexiven Verben, um eine Verdoppelung von* **se** *zu vermeiden)*
  - *die **3. Person Plural** des Verbs, wenn der Sprechende sich nicht einschließt*
  - *die **1. Person Plural** des Verbs, wenn der Sprechende sich einschließt*
  - *die **2. Person Singular** des Verbs*

38 Hay/estar/ser *Sein*

No **hay** luz en el hotel.	*Es gibt kein Licht im Hotel.*
Sin enseñanza no **hay** oportunidades para los niños.	*Ohne Schulbildung gibt es für die Kinder keine Möglichkeiten.*

- *Für „sein“ als Vollverb in der Bezeichnung von „es gibt“, „es ist“, „es sind“, „es liegt“, „es liegen“, „es steht“, „es stehen“ verwendet man* **hay**, *wenn*
  - *ein Substantiv mit einem unbestimmten Artikel oder ohne einen Artikel*
  - *ein Zahlwort*
  - *ein unbestimmtes Fürwort (z. B.* **alguien, alguno** *usw.) folgt.*

A poca distancia **está** el Parque de Doñana.	*In kurzer Entfernung ist/befindet sich der Nationalpark Doñana.*
¡Mi café **está muy dulce**!	*Mein Kaffee ist sehr süß.*
Los domingos esta playa **está llena** de niños.	*Sonntags ist dieser Strand voller Kinder.*
La habitación **está reservada** a nombre del señor Franken.	*Das Zimmer ist auf den Namen von Herrn Franken reserviert.*
Después de la visita de la feria el señor Franken **está muy cansado**.	*Nach dem Messebesuch ist Herr Franken sehr müde.*

- *Für „sein" als Vollverb in der Bezeichnung von „sich befinden" verwendet man* **estar**, *wenn das Subjekt:*
  - *zusammen mit einem* ***bestimmten Artikel*** *steht*
  - *zusammen mit einem* ***Possesivpronomen*** *oder einem* ***Demonstrativpronomen*** *steht*
  - *ein* ***Eigenname*** *ist*

- *Ferner verwendet man* **estar** *zur Angabe*
  - *einer Ortsbezeichnung (wo ist/liegt/steht/befindet sich etwas oder jemand)*
  - *des sich-Fühlens (zu einem bestimmten Zeitpunkt)*
  - *als Ergebnis einer Handlung*
  - *von leicht veränderbaren Eigenschaften*

Los zapatos **son** de cuero.	*Die Schuhe sind aus Leder.*
La madre de Cristina **es enfermera**. **Son las dos (horas)** de la tarde.	*Die Mutter von Cristina ist Krankenschwester.* *Es ist zwei Uhr mittags/Es ist vierzehn Uhr.*
La miel **es muy dulce**. La Cordillera de los Andes **es muy alta**.	*Der Honig ist sehr süß.* *Die Gebirgskette der Anden ist sehr hoch.*

- *Für „sein" als Vollverb in der Bezeichnung von „stattfinden", „geschehen" oder „bestehen" verwendet man* **ser**.
- **Ser** *wird außerdem gebraucht bei der Angabe*
  - *typischer und/oder dauerhafter Eigenschaften von Personen und Dingen*
  - *von Beruf, Nationalität, Religion, Verwandtschaft*
  - *von Uhrzeit, Datum, Tag*
  - *von Materialien, Besitz und Herkunft (verbunden mit der Präposition* **de***)*

39 Preposiciones — *Präpositionen*

Verwendung einzelner Präpositionen

a

Vamos **a** las playas del sur de Brasil.	*Wir fahren zu den Ständen Südbrasiliens.*
¿Ya has devuelto los pasaportes **a** la pareja belga? La policía detuvo **a** la joven.	*Hast du dem belgischen Ehepaar die* *Pässe schon zurückgegeben?* *Die Polizei verhaftete die junge Frau.*
Al oír el nombre de Huelva, mucha gente piensa en fresas.	*Wenn sie den Namen Huelva hören, denken* *viele Leute an Erdbeeren.*
Salí **a** las ocho de la mañana. El tren de París ya ha llegado **a** la estación.	*Ich fuhr um acht Uhr morgens ab.* *Der Zug aus Paris ist schon im* *Bahnhof eingetroffen.*
Viajamos unos 200 kilómetros **al** día. Voy **a** pie. Me gusta la merluza **a** la (manera) romana. Mataró está **a** unos treinta kilómetros de Barcelona.	*Wir fahren ungefähr 200 Kilometer pro Tag.* *Ich gehe zu Fuß.* *Ich mag Seehecht nach römischer Art.* *Mataró liegt ungefähr dreißig Kilometer von* *Barcelona enfernt.*

Die Präposition **a** *wird verwendet:*
- *zur Angabe der* ***Uhrzeit***
- *zur Angabe einer* ***Richtung*** *oder* ***Bewegung***
- *vor dem Substantiv als* ***indirektes Objekt (Dativ)***
- *vor dem Substantiv als* ***Akkusativobjekt****, wenn es sich um* ***bestimmte, bekannte Personen (und Tiere)*** *handelt*
- *mit einem* ***Infinitiv****, um anzugeben, daß die Handlung* ***gleichzeitig*** *mit anderen Handlungen im Satz stattfindet.*

en

¿Todavía hace mucho frío **en** Europa?	*Ist es noch immer kalt in Europa?*
En el mes de julio está de vacaciones en Ampurias.	*Im Juli ist sie auf Urlaub in Ampurias.*
¡Viaje **en** tren!	*Reisen Sie per Bahn!*
¡Conteste **en español!**	*Antworten Sie auf spanisch!*
Pensó **en** lo que pudiera pasar. Tardó dos horas **en** llegar. Entró **en** el restaurante.	*Er dachte daran, was hätte passieren können.* *Er brauchte zwei Stunden um anzukommen.* *Er betrat das Restaurant.*

Die Präposition **en** *wird verwendet:*
- *zur Angabe eines* ***Ortes*** *(keine Bewegung!)*
- *zur Angabe eines* ***Zeitraumes***
- *vor einem* ***Beförderungsmittel***
- *zur Angabe von* ***Art*** *und* ***Weise***

de

El autobús sale a las tres **de** la la estación de autobuses.	*Der Bus fährt um drei Uhr vom Busbahnhof ab.*
El director **de** la fábrica se marchó con el dinero **de** los empleados. Lleva un jersey **de** lana. Procesamiento **de** texto. La ciudad **de** México. Una botella **de** vino tinto.	*Der Direktor der Fabrik ist mit dem Geld der Angestellten durchgebrannt.* *Sie trägt einen Pullover aus Wolle.* *Die Textverarbeitung.* *Die Stadt Mexiko.* *Eine Flasche Rotwein.*
Mi hermano trabaja **de** recepcionista en el hotel Washington. Aún no he ido **de** vacaciones. **De** una vez.	*Mein Bruder arbeitet als Rezeptionist im Hotel Washington.* *Ich bin noch nicht in Urlaub gefahren.* *Ein für allemal/Auf einmal.*

Die Präposition **de** *wird verwendet:*
- *um auszudrücken,* ***woher*** *jemand/etwas kommt*
- *zur Angabe eines Besitzers oder eines Materials*

  Merke: die Präposition **de** *wird auch verwendet, um zwei Substantive miteinander zu verbinden:*
  El procesamiento **de** texto.
  La ciudad **de** México.
  Una botella **de** vino tinto.

para

He comprado unos regalos **para** mi novia.	*Ich habe für meine Freundin einige Geschenke gekauft.*
Quisiera reservar una habitación **para** la próxima semana.	*Ich möchte ein Zimmer für nächste Woche reservieren.*
El tren **para** Zaragoza sale de la vía nº 4.	*Der Zug nach Saragossa fährt am Gleis 4 ab.*
Para combatir la contaminación, hay que tomar medidas.	*Um die Luftverschmutzung zu bekämpfen, müsssen Maßnahmen ergriffen werden.*
¿Qué tomas **para** el desayuno?	Was nimmst du zum Frühstück?

Die Präposition **para** *wird verwendet:*
- *um auszudrücken,* ***für wen/was*** *etwas bestimmt ist* ***(„für“);***
- *um auszudrücken,* ***für wann*** *etwas bestimmt ist* ***(„für“);***
- *zur Angabe einer* ***Zielrichtung („nach“);***
- *vor einem* ***Infinitiv****, in der Bezeichnung von* ***um zu****“.*

por

Estas nuevas técnicas ofrecen buenas perspectivas económicas **por** su gran rentabilidad. ¿**Por qué** no has venido antes? El ordenador portátil puede ser utilizado **por** el viajante en su coche.	*Diese neuen Techniken bieten wegen ihrer großen Rentabilität gute wirtschaftliche Perspektiven.* *Warum bist du nicht früher gekommen?* *Der tragbare Computer kann vom Vertreter in seinem Wagen benutzt werden.*
Tengo que llamarle **por** teléfono. **Por** correo separado les mandamos unas muestras.	*Ich muß ihn anrufen.* *Mit gesonderter Post schicken wir Ihnen einige Muster.*
¿Cuántas presetas me dan **por** cien marcos? Su teléfono marca **por** usted.	*Wieviele Peseten geben Sie mir für hundert Mark?* *Ihr Telefon wählt für Sie.*
Muchas veces no me siento a gusto paseando **por** la Gran Vía. Hay muchos Cajeros Automáticos repartidos **por** toda España.	*Oftmals fühle ich mich unwohl, wenn ich durch die Gran Vía spaziere.* *Über ganz Spanien verteilt gibt es viele Geldautomaten.*
Por la mañana trabaja en el ayuntamiento.	*Morgens arbeitet sie im Rathaus.*
Por otra parte... **Por** mí puedes fumar tranquilamente.	*Andererseits/Auf der anderen Seite...* *Meinetwegen kannst du ruhig rauchen.*

Die Präposition **por** *wird verwendet, um anzugeben:*
- ***aus welchem Grund*** *oder* ***durch wen*** *etwas geschieht* ***(„wegen“, „von“)***
- *mit welchem Mittel etwas geschieht* ***(„per“, „mit“);***
- ***„im Tausch gegen“*** *und* ***„statt“***
- *wodurch, worüber, womit etwas geschieht*

40 ‚müssen, sollen'

Tienes que llamar al departamento de marketing.	*Du mußt die Marketing-Abteilung anrufen.*
Hay que tomar medidas contra la polución.	*Man muß Maßnahmen gegen die Verschmutzung ergreifen.*
Los países europeos **deberían** preocuparse por los países del tercer mundo.	*Die europäischen Länder müßten sich mehr um die Dritte Welt kümmern.*
Deben de haber llegado ya.	*Sie müssen schon da sein.*
Para sobrevivir, la empresa **ha de** intensificar sus negocios con los países del Mercado Común.	*Um zu überleben, muß die Firma ihre Geschäftsbeziehungen zu den Ländern der EG verstärken.*
Hoy día cada vez más personas **necesitan** llevar consigo la información que manejan en su oficina.	*Heutzutage müssen immer mehr Leute die Daten, mit denen sie in ihrem Büro arbeiten, bei sich haben.*
Para eso tienen el ordenador portátil.	*Dafür haben sie den tragbaren Computer.*
¿**Hace falta** reservar?	*Muß man reservieren?*
Es necesario que se reduzca la inflación cuanto antes.	*Es ist notwendig, daß sich die Inflation so schnell wie möglich verringert.*
El gerente le dice al camarero que limpi**e** la mesa.	*Der Geschäftsführer sagt zum Kellner, daß er den Tisch säubern solle.*

*Für den deutschen Begriff **„müssen"/„sollen"** gibt es im Spanischen verschiedene Übersetzungen:*

– **tener que** + *Infinitiv:*	***Zwang,*** *der von außen oder von einem selbst sich auferlegt wird*
– **hay que** + *Infinitiv:*	*‚man muß', ‚man braucht', ‚man soll'*
– **deber** + *Infinitiv:*	*‚sollen'* ***(moralische Verpflichtung)***
– **deber de** + *Infinitiv:*	***Wahrscheinlichkeit***
– **haber de** + *Infinitiv:*	***Verpflichtung oder Erfordernis***
– **necesitar, es necesario que**	*‚notwendig/nötig sein', ‚benötigen'*
– **hace falta que:**	
– **subjuntivo** *im Nebensatz.*	*nach bestimmten Verben im Hauptsatz, die* ***Einfluß*** *ausdrücken auf das, was im Nebensatz geschehen soll.*

41 ,werden' (kein Passiv)

Mi cuñado **se ha hecho** director de un hotel muy famoso.	*Mein Schwager ist Direktor eines berühmten Hotels geworden.*
Después de haber comido en aquel restaurante, **me puse** enferma.	*Nachdem ich in jenem Restaurant gegessen hatte, wurde ich plötzlich krank.*
El Mar del Norte **llega a ser** una cloaca.	*Die Nordsee wird letzten Endes eine Kloake.*
¿Qué **ha sido** de tu hermana menor?	*Was ist aus deiner jüngsten Schwester geworden?*
Al oír la noticia de la muerte de su mujer, **se volvió** loco.	*Als er die Nachricht vom Tod seiner Frau hörte, wurde er verrückt.*
El joven violinista **se quedó** ciego.	*Der junge Geigenspieler wurde blind.*
Por las medidas económicas del nuevo gobierno el déficit **se ha convertido** en un superávit.	*Durch die wirtschaftliche Maßnahmen der neuen Regierung ist aus dem Defizit ein Überschuß geworden.*
Mientras unos países **se empobrecen** por la crisis del petróleo, **se enriquecen** otros.	*Während manche Länder durch die Ölkrise verarmen, werden andere Länder reich.*

*Für den deutschen Begriff **,werden' (kein Passiv) gibt es im Spanischen verschiedene Übersetzungen:***

– **hacerse:**	*(meist **neutrale** Übersetzung)*
– **ponerse:**	***(spontan)***
– **llegar a ser:**	***(letzten Endes)***
– **ser:**	***(neutral)***
– **volverse:**	***(plötzlich)***
	*(vor allem gerichtet auf **psychische** Kennzeichen)*
– **quedarse:**	*(**Beginn** eines Zustandes)*
– **transformarse en:**	***(Änderung)***
– **convertirse en:**	

– **Reflexive Verben wie:**

calmarse	*ruhig werden*
empobrecerse	*arm werden, verarmen*
enfermarse	*krank werden*
enojarse	*böse werden*
enriquecerse	*reich werden*
mejorarse	*besser werden*

42 El alfabeto español/ deletrear — *Das spanische Alphabet/buchstabieren*

a	a	**A**ntonio
b	be	**B**arcelona
c	ce	**C**armen
ch	che	**Ch**ocolate
d	de	**D**olores
e	e	**E**nrique
f	efe	**F**rancia
g	ge	**G**erona
h	hache	**H**istoria
i	i	**I**nés
j	jota	**J**osé
k	ka	**K**ilo
l	ele	**L**orenzo
ll	elle	**Ll**obregat
m	eme	**M**adrid
n	ene	**N**avarra
ñ	eñe	**ñ**oño
o	o	**O**viedo
p	pe	**P**arís
q	ku	**Q**uerido
r	erre	**R**amón
rr	erre doble	
s	ese	**S**ábado
t	te	**T**arragona
u	u	**U**lises
v	uve	**V**alencia
w	uve doble	**W**ashington
x	equis	**X**iquena
y	i griega	**Y**agüe
z	zeta	**Z**aragoza

43 El español de América — *Das Spanisch Lateinamerikas*

Im allgemeinen kann man sagen, daß Personen aus den verschiedenen Teilen der spanischsprechenden Welt sich ohne große Probleme miteinander unterhalten können. Es gibt jedoch bestimmte Unterschiede in bezug auf Aussprache, Vokabular und Grammatik. Diese Unterschiede stehen in Zusammenhang mit den sprachlichen Besonderheiten der Gebiete, aus denen die spanischen Kolonisten kamen (vor allem Andalusien, Extremadura und Galicien).

Aussprache

- *Fast überall in Lateinamerika, wo Spanisch gesprochen wird, werden* **z** *und* **c** *vor* **e/i** *wie [s] ausgesprochen. Man nennt dies* **seseo.**
- *In den Niederungen der Karibik und des La Plata-Gebietes wird ein* **s** *vor einem Konsonant oder am Ende eines Wortes oft schwach oder gar nicht ausgesprochen. Das* **s** *hört sich wie ein (h) an, z. B. [ehtá bien] statt [está bien].*

- *In den selben Gebieten werden auch andere Konsonanten schwächer ausgesprochen:*
  - *das* **-r** *am Ende eines Wortes:* [comprá] *statt* [comprar]*;*
  - *das* **-d-** *der Endung ‚-ado' wird oft nicht ausgesprochen:* [callao] *statt* [callado].
  - *das* **-j-** *wird wie ein [h] ausgesprochen:* [baho] *statt* [bajo].
  - *das* **-n** *am Ende eines Wortes wird oft wie ein französischer Nasallaut ausgesprochen:* [bjeng].
- *In vielen Ländern Lateinamerikas und in großen Teilen Spaniens werden* ***ll*** *und* **y** *wie das deutsche [j] ausgesprochen:* [kabazjo] *statt* [kabaljo] (‚caballo' = *‚Pferd'). Man nennt dies* ***yeísmo****.*
  Im La Plata-Gebiet (Argentinien und Uruguay) spricht man diese Laute ähnich dem französischen [j] von ‚jour' aus: [kabazjo].

Grammatik

- *In Lateinamerika sowie im Süden Spaniens verwendet man statt* **le/les** *(= Objekt, 4. Fall des Personalpronomens) die Formen* **lo/los**. *Man nennt dies* **loísmo.**
  Zum Beispiel:

¿Ya has conocido a Nacho? Sí, **lo** conocí en la taquería de su hermano.	*Hast du Nacho kennengelernt? Ja, ich habe ihn in der taquería (= Imbißstube) seines Bruders kennengelernt.*

- *Überall in Lateinamerika verwendet man* **ustedes** *statt* ‚vosotros'. **Ustedes** *wird zum Dutzen und Sietzen verwendet.*
- *Im La Plata-Gebiet und in manchen Teilen Mittelamerikas vewendet man statt* **tú** *die Form* **vos** *mit der dazugehörenden 2. Person Plural des Verbes, wobei bei den Verben auf* **-ar** *und* **-er** *das* **-i-** *weggelassen wird. Dies nennt man* **voseo.**

Also:

voseo		***normale Form***
vos llegás	**(llegáis)**	**tú llegas**
vos comés	**(coméis)**	**tú comes**
vos vivís	**(vivís)**	**tú vives**

- *In Lateinamerika hört man viele Verkleinerungswörter, selbst wenn keine Verkleinerung beabsichtigt wurde.*

Lateinamerika	*Spanien*
ahorita	ahora
cansadito	cansado

Vokabular

- *In Lateinamerika gibt es eine beträchtliche Anzahl von Wörtern indianischer Herkunft. Es ist der Einfluß der Indianersprachen wie das Náhuatl und die Sprache der Mayas in Mexiko, das Quechua in Ecuador und Peru, das Aymará in Bolivien und Peru und das Guaraní in Paraguay. Beispiele auch in anderen Sprachen verwendeter Leihwörter sind:*

el cacao	*der Kakao*
la canoa	*das Kanu*
el jaguar	*der Jaguar*
el huracán	*der Orkan*
el maíz	*der Mais*
el tomate	*die Tomate*

Beispiele von Wörtern mit unterschiedlichen Übersetzungen in Lateinamerika und Spanien sind:

Deutsch	*Lateinamerika*	*Spanien*
das Auto	**el carro**	**el coche**
hier	**acá**	**aquí**
die Kartoffel	**la papa**	**la patata**
das Geld	**la plata**	**el dinero**
(Auto) fahren	**manejar**	**conducir**
aufstehen	**pararse**	**levantarse**
die Fahr-, Eintrittskarte	**el boleto**	**el billete**
sich beeilen	**apurarse**	**darse prisa**

Inhaltsverzeichnis der Übersichtsgramatik

Sachregister zur Grammatik

Wörterverzeichnis nach Unidades

Unidad 1

A

viajar reisen
la **República Federal de Alemania** Bundesrepublik Deutschland
Queridos amigos: Liebe Freunde
querido, -a geliebte(r); liebe(r)
el **amigo** Freund
la **amiga** Freundin
todavía noch (immer)
hace frío es ist kalt
el **frío** Kälte
la **foto(grafía)** Foto
el **diario** Tageszeitung
la **ola polar** Kältewelle
la **ola** Welle
polar polar, Polar-
mientras während
congelarse gefrieren
bajar de heruntergehen, fallen (von)
imaginarse sich vorstellen
lo tostados que estamos wie braun wir sind
tostado, -a braun, sonnenverbrannt
aún noch
ir de vacaciones in (die) Ferien fahren
las **vacaciones** Ferien
salir abfahren
a primeros de am Anfang
primero, -a erste(r)
ir fahren
la **playa** Strand
el **sur** Süden
(el) **Brasil** Brasilien
pensar (*ie*) gedenken (zu tun), vorhaben
alquilar mieten
la **casita** Häuschen
la **isla** Insel
como da, weil
nuevo, -a neu
aguantar aushalten, ertragen
largo, -a lang, groß
la **distancia** Abstand, Entfernung
se man
los que diejenigen, die
dicen (decir) sie sagen
decir (*i*) sagen
vale la pena es lohnt sich
valer wert sein
la **pena** Mühe, Arbeit
con tiempo in aller Ruhe
ya schon
enviar senden, schicken
la **postal** Postkarte
así so
a lo mejor vielleicht
animarse Lust bekommen, Mut fassen
Argentina Argentinien
la **escala** Zwischenlandung
terminar beenden
alguno, -a (irgend)eine(r)
reciente neu(erlich), unlängst (geschehen)
mandar schicken, senden
las **noticias** Nachrichten
recibir empfangen, erhalten
todo el cariño Alles Liebe, Liebe Grüße
el **cariño** Liebe, Zärtlichkeit
el **remitente** Absender

B

la **dirección** Anschrift
el **lugar** Ort
la **fecha** Datum
el **saludo** Anrede
la **despedida** Grußformel

H

el **folleto** Broschüre
temprano früh

I

¿quién? wer?
abrir öffnen
la **ventana** Fenster

L

las **conjunciones** Bindewörter
mientras que während
si wenn, falls
aunque obwohl
pero aber
porque weil
cuando wenn

M

agradecer, dar las gracias por danken für
las gracias Dank
el **calor** Hitze
el **apartamento** Appartement
julio Juli
Suiza Schweiz
Francia Frankreich

P

el **suplemento** Zuschlag, Aufpreis
el **camarote** Kajüte, Kabine
el **aseo** Bad

Unidad 2

A+B

la **agencia de viajes** Reisebüro
el **viaje** Reise
esperar warten, erwarten, hoffen
la **empleada** Angestellte
escuchar zuhören
¿En qué puedo servirle? Womit kann ich Ihnen dienen?
servir (*i*) dienen, bedienen, helfen
la **información** Auskunft, Information
¿cómo? wie?
el **avión** Flugzeug
el **barco** Schiff
además außerdem
quisiera (querer, *ie***)** ich möchte
querer (*ie*) wollen
reservar reservieren
el **alojamiento** Unterkunft
se puede (poder, *ue***)** man darf
poder (*ue*) können, dürfen
entonces also
la **clase** Art, Klasse
prefiero (preferir, *ie, i***)** ich bevorzuge
preferir (*ie, i*) bevorzugen, vorziehen
la **estrella** Stern
recomienda (recomendar, *ie***)** er, sie empfiehlt
recomendar (*ie*) empfehlen
sé (saber) ich weiß
saber wissen, können
depender abhängen
el **deporte** Sport
náutico, -a Wasser–
cerca de in der Nähe von
con aire acondicionado mit Klimaanlage
el **aire** Luft
el **programa** Programm
perfecto, -a ausgezeichnet
quedarse bleiben
la **semana** Woche
incluir einschließen
el **jueves** Donnerstag
el **lunes** Montag
el **martes** Dienstag
el **miércoles** Mittwoch
el **viernes** Freitag
el **sábado** Samstag
el **domingo** Sonntag

llevar dabeihaben
recorrer durchreisen, bereisen
vale einverstanden, okay
¿cuánto (dinero)? wieviel (Geld)?
costar (*ue*) kosten
a ver mal sehen
(la) **pensión completa** Vollpension
media pensión Halbpension
pagar zahlen
el **cheque** Scheck
¡cómo no! selbstverständlich, jawohl, natürlich
Tenga. (tener) Bitte. (*beim Überreichen*)
recoger abholen
la **semana que viene** nächste Woche
la **próxima semana** nächste Woche
la **semana** Woche
próximo, -a nächste(r)

D

la **estación** Bahnhof
hace falta es ist erforderlich, es ist notwendig
el **asiento** Sitzplatz
el **Talgo** Talgo, **Luxusschnellzug in Spanien*
quedar übrig sein, noch vorhanden sein
claro que sí aber selbstverständlich
quedarse bleiben
la **plaza** (Sitz-)Platz
el **Emperador Carlos** Kaiser Karl
la **cocina** Küche
internacional international
madrileño, -a aus/von Madrid
el **centro** Zentrum
¡cómo no! jawohl, natürlich, selbstverständlich
mañana morgen
mañana por la mañana morgen früh
la **mañana** Morgen

E

el **camping** Campingplatz
la **pensión** Pension
el **desayuno** Frühstück

H

al año im Jahr, pro Jahr
realizar unternehmen, durchführen
más de tres mehr als drei
¿adónde? wohin?
el **interior** Inland
el **extranjero** Ausland
Austria Österreich
alojarse absteigen, sich niederlassen
el **familiar** Familienangehöriger
propio, -a eigen
el **medio de transporte** Verkehrsmittel
el **medio** Mittel
el **transporte** Transport
utilizar benutzen
organizar gestalten, planen
el **club** Klub, Verein
de forma particular auf eigene Faust
la **forma** Form, Art
particular persönlich, Privat-
durar dauern
el **mes** Monat
agosto August
se(p)tiembre September

Unidad 3

A

la **habitación** Zimmer
la **entrada** Eintritt, Beitritt
el **Mercado Común** Europäische Gemeinschaft, gemeinsamer Markt
el **mercado** Markt
común gemeinschaftlich, gemeinsam
la **compañía** (Handels-)Gesellschaft
exportador, -a Ausfuhr-, Export-
alemán deutsch
ampliar ausdehen, erweitern, ausbauen
mismo,-a selbst, selber
el **sector** (Sach-)Bereich, Zweig
la **casa** Firma
la **feria** Messe
la **secretaria** Sekretärin
buscar suchen
marcar wählen
el **número de teléfono** Telefonnummer
el **número** Zahl, Anzahl, Nummer
el **teléfono** Telefon
contestar (be)antworten
la **recepcionista** Rezeptionistin
sonar (ue) klingeln; klingen
¡Dígame! Hallo!
perdóneme entschuldigen Sie (mich)
perdonar verzeihen, entschuldigen
oigo (oír) ich höre
oír (zu)hören
hablar más alto lauter sprechen
alto laut; hoch, groß
exportar exportieren
la **carne** Fleisch
de martes a viernes von Dienstag bis Freitag
desde von, ab
hasta bis
¿qué tipo? was für ein ...
pues also
la **(habitación) individual** Einzelzimmer
el **cuarto de baño** Badezimmer
el **nombre** Name
el **representante** Vertreter
deletrear buchstabieren
necesitar brauchen
está bien es ist gut
a nombre de auf den Namen
estupendo ausgezeichnet

E

el **retraso** Verspätung
llegar a ankommen in/an
el **aeropuerto** Flughafen
después de nach(dem)
recoger abholen
la **maleta** Koffer
más tarde später
las **horas punta** Stoßzeiten
el **tráfico** Verkehr
bajar de aussteigen aus
pagar al chófer den Fahrer bezahlen
el **chófer** Fahrer
la **recepción** Rezeption
está hablando spricht gerade
el **joven** junger Mann
la **joven** junges Mädchen
mirar schauen, ansehen, betrachten
tranquilamente ruhig
limpio, -a sauber
el **ruido** Lärm, Geräusch
el **muchacho** Junge
la **muchacha** Mädchen
marcharse weggehen
le toca a él ist er an der Reihe
buenas tardes guten Tag/Abend
la **tarde** Nachmittag, Spätnachmittag; (früher) Abend
tengo .... reservada ich habe reserviert
reservar reservieren
¿a nombre de quién? auf wessen Namen?
ya lo veo ich sehe schon
ver sehen
dar al patio zum Innenhof liegen
dar a gehen auf
el **patio** Innenhof
las que diejenigen, die
el **pasaporte** Paß
devolver (*ue*) zurückgeben
es que nämlich
cambiar wechseln
ahora mismo jetzt, gleich, sofort
despertar (*ie*) (auf)wecken
claro natürlich

apuntar notieren, verzeichnen
el **colega** Kollege
estar de turno an der Reihe sein, im Dienst sein
el **turno** Reihe, Schicht

I

enseñar zeigen
los **Sres. B (los señores B)** Herr und Frau B.
la **Srta. T. (la señorita T.)** Fräulein T., (Frau. T.)
el **Sr. S. (el señor S.)** Herr S.

K

en seguida sofort

L

la **llave** Schlüssel
la **cuenta** Rechnung
los **papeles** Papiere
el **periódico** Zeitung

N

el **plano** Stadtplan

O

el **jefe** Chef
Felipe IV (cuarto) Philipp IV.
Valladolid Valladolid, **eine Stadt nördlich von Madrid*
hacer el favor de den Gefallen tun, zu
el **favor** Gefälligkeit; Gefallen

Q

Rey Don Jaime König Jaime
el **rey** König

T

con ducha mit Dusche
el **precio es de ...** der Preis beträgt ...
el **precio** Preis

Unidad 4

A+B

la **(feria) alimentaria** Nahrungsmittelmesse
la **feria** Messe
alimentario, -a Nähr-, Lebensmittel
estupendo ausgezeichnet
¿qué tal? wie geht's?, wie war...?
pues wohl
estar de viaje auf Reisen sein, unterwegs sein
parecer (*zc*) scheinen
muchísimo, -a sehr viel
la **gente** Leute
llegar a ankommen in/an/auf
almorzar (*ue*) zu Mittag essen
hay tantas cosas que ver es gibt so viel zu sehen
la **cosa** Ding, Sache
al lado neben
algo etwas
anoche gestern abend
tardar en brauchen, dauern
instalado, -a untergebracht
instalar unterbringen
el **palacio** Palast
señorial von Adel, adlig
el **siglo** Jahrhundert
además außerdem
hizo (hacer) Sie machten, Sie haben gemacht
hacer machen, tun
por la noche abends, nachts
la **noche** Abend, Nacht
cené (cenar) ich aß zu Abend
salir (hin)ausgehen
dar un paseo einen Spaziergang machen
el **paseo** Spaziergang
antes de bevor
mirar la tele Fernsehen schauen
la **tele(visión)** Fernsehen
leí (leer) ich las, ich habe gelesen
leer lesen
la Vanguardia La Vanguardia, **bedeutende Zeitung in Katalonien*
ha visto (ver) Sie haben gesehen
ver sehen
notar (be)merken
la **empresa** Betrieb
interesarse por sich interessieren für
sobre todo vor allem
alemán, -a deutsch
holandés, -a holländisch
el **camarero** Kellner
poner setzen, stellen, legen
la **bebida** Getränk
durante während
la **comida** Essen
los **negocios** Geschäfte
después de terminar (la comida) nachdem sie zu Ende gegessen haben
terminar fertig werden, beenden
tomar un café Kaffee trinken
un **plato combinado** ein gemischter Teller
un **plato** Gericht, Teller
invitar einladen
esta noche heute abend
seguro que (es ist) sicher, daß
por aquí hier in der Nähe
claro que sí natürlich, selbstverständlich
conozco (conocer) ich kenne
conocer (*zc*) kennen(lernen)
la **puñalada** Dolchstich, -stoß
servir (*i*) servieren
catalán, -a katalanisch
excelente ausgezeichnet
pasar por vorbeigehen an
¿Le parece bien? Ist es Ihnen recht?

C

anteayer vorgestern
el **tío** Onkel
la **tía** Tante
los **tíos** Onkel und Tante
ayer gestern
subir a einstiegen in

D

volver (*ue*) zurückkehren
apagar ausschalten

E

ese der da, jener
el **extranjero** Ausländer

G

el **fin de semana** Wochenende
el **fin** Ende, Schluß
la **semana** Woche
levantarse aufstehen
desayunar frühstücken
practicar deportes Sport treiben
ir de compras Einkäufe machen
la **compra** Einkauf
escuchar la radio/la casete Radio/Kassette hören
la **radio** Radio
el **casete** Kassettenrecorder
escuchar (an)hören

I

la **función** Aufgabe, Funktion
suele llegar er kommt meistens
soler (*ue*) pflegen zu, gewohnt sein
fuera de außerhalb
la **mayoría** Mehrheit, die meisten
incluye el precio es ist im Preis enthalten
incluir einschließen
suelen comer sie essen meistens
comer (zu Mittag) essen

Unidad 5

leyendo el periódico beim Lesen der Zeitung

A

el **periódico** Zeitung
la **gángster** Gangsterin, Verbrecherin
hace vor (*zeitl.*)
abrirse öffnen
la **sucursal** Filiale
Andalucía Andalusien, **größte 'Comunidad Autónoma' Spaniens, im Süden des Landes*
Sevilla Sevilla, * *Hauptstadt Andalusiens*
pasar por *hier:* durchgehen
la **puerta** Tür
joven jung
parecer (*zc*) scheinen
era (ser) sie war
ser sein
llevar tragen, anhaben
el **abrigo** Mantel
verde grün
la **bota** Stiefel
ponerse anziehen; *hier:* aufsetzen
enorme übermäßig
las **gafas** Brille
oscuro, -a dunkel
cubrirse (sich) bedecken
la **cara** Gesicht
entrar hereinkommen; hineingehen
quedó esperando sie wartete
esperar warten, hoffen
el **banco** Bank
sin decir nada ohne etwas zu sagen
el **bolso** (Hand-)Tasche
vio (ver) sie sah, hat gesehen
había (hay) es gab
hay es gibt
el **cliente** Kunde
fue (ir) er ging
ir gehen, fahren
rápidamente schnell
la **ventanilla** Schalter
la **caja** Kasse
el **empleado** Angestellter
de **repente** plötzlich
sacar herausziehen
el **revólver** Revolver
puso (poner) stellte
poner stellen, setzen
contra gegen
la **cabeza** Kopf
pidió (pedir, *i*) sie verlangte
pedir (*i*) fragen, bitten, verlangen
el **dinero** Geld
diciendo (decir, *i*) indem sie sagte
entregar überreichen
matar töten
primero zuerst
el **cajero** der Kassierer
tratar de versuchen zu
persuadir überreden
la **tontería** Dummheit
lo que (das) was
hacía (hacer) sie machte
hacer tun, machen
enfadarse sich ärgern
mandar callar befehlen zu schweigen
mandar befehlen
callar schweigen
iba (ir) sie ging
entonces dann, darauf
discutir diskutieren
casi fast, beinahe
medio, -a ein(e) halbe(r)
el **millón** Million
coger greifen, fassen
correr rennen, laufen
el **guardia** Polizist
al oír als er hörte
el **grito** Schrei
siguió (seguir, *i*) er verfolgte
seguir (*i*) (ver)folgen
detuvo (detener) er verhaftete
detener verhaften; anhalten; aufhalten
pronto bald
llevar bringen
la **comisaría** Kommissariat, Polizeirevier
descubrir entdecken, aufdecken
ser de buena familia aus gutem Hause sein
desde que seit(dem)
el **marido** Ehemann
morirse (*ue, u*) sterben
el año Jahr
pasado, -a vergangen
faltar fehlen
la **tienda de modas** Bekleidungsgeschäft
la **tienda** Geschäft
la **moda** Mode
tener miedo Angst haben
el **miedo** Angst
ser descubierto, -a (descubrir) entdeckt werden
descubrir entdecken, aufdecken
perder (*ie*) verlieren
devolver (*ue*) zurückgeben
robar stehlen, rauben
utilizar verwenden, gebrauchen
ser de juguete Spielzeug sein
el **juguete** Spielzeug

B

sino sondern
hasta que no hubiera (hay) bis es keine mehr gab
el **renglón** Zeile
pudo (poder, *ue*) sie konnte
poder (*ue*) können, dürfen
enterrar (*ie*) begraben, beerdigen

D

enterarse de erfahren
el **mismo banco** dieselbe Bank
(el, la) **mismo, -a** selbst, selber, derselbe, dieselbe
irse weggehen

E

despertarse (*ie*) aufwachen
lavarse sich waschen
peinarse sich kämmen
vestirse sich anziehen
encontrarse (*ue*) **con** sich treffen mit
charlar plaudern

G

espléndido, -a herrlich, strahlend
hace sol die Sonne scheint
llover (*ue*) regnen
no le gusta la lluvia ihr gefällt der Regen nicht
gustar gefallen
la **lluvia** Regen
hace mal tiempo es ist schlechtes Wetter
mal(o), -a schlecht
el tiempo Wetter; Zeit
preferir (*ie, i*) bevorzugen, vorziehen
está hablando er spricht gerade
hablar sprechen
delante de vor (*örtl.*)
cerrado, -a geschlossen
está escribiendo (a máquina) er schreibt gerade (auf der Schreibmaschine)
la **máquina (de escribir)** (Schreib-) Maschine
tener prisa Eile haben
la **prisa** Eile

H

el **pueblo** Dorf
desde hace seit
el barrio satélite Trabantenstadt
el **barrio** Stadtviertel, Vorstadt
el **satélite** Satellit, Trabant
soñar (*ue*) **con** träumen von
bonito, -a schön
el **balcón** Balkon
la **flor** Blume
sólo nur
cien(to) hundert
(tener) de todo von allem (haben)
la **escuela** Schule
la **iglesia** Kirche
la **carnicería** Metzgerei
vender verkaufen
las **frutas** Früchte, Obst
las **legumbres** Gemüse
el **chocolate** Schokolade
la **leche** Milch
el **carnicero** Metzger
gordo, -a dick, fett
el **hijo** Sohn
la **hija** Tochter
delgado, -a schlank
el **gato** Katze, Kater
la **gata** Katze, Katzenweibchen
creer glauben
los **lunes** jeden Montag, montags
el **lunes** Montag
los **viernes** jeden Freitag, freitags
el **viernes** Freitag
el **autobús** Bus
regresar zurückkommmen
a veces manchmal
agradable angenehm, freundlich
la **fiesta** Fest
el **baile** Tanz, Tanzen
divertido, -a amüsant, lustig, unterhaltend
tocar música Musik spielen
la **música** Musik
el **violín** Violine
la **guitarra** Gitarre
la **gente** Menschen, Leute
el **niño** Kind, kleiner Junge
la **niña** kleines Mädchen
hacer excursiones al campo Ausflüge aufs Land machen
la **excursión** Ausflug
el **campo** Land, Feld
encontrar (*ue*) begegnen, treffen
los sábados jeden Samstag, samstags
el **sábado** Samstag

J

el **nieto** Enkel
el **bisnieto** Urenkel
notar (be)merken, feststellen
antaño ehemals
¿cuál? welcher?

K

olvidar vergessen
dejar (liegen)lassen
la **mesilla** Tischchen

N

un **habitante** ein Bewohner
dejar (stehen)lassen
el **garaje** Garage
una **bicicleta** ein Fahrrad
el **estanque** Teich
bajar hinabgehen, heruntergehen
empujar fortschieben, stoßen
la **orilla** Ufer
el **vecino** Nachbar
flotante schwimmend, treibend
conseguir (*i*) erzielen, erreichen
en vez de ello stattdessen
la **vez** Mal
chocar con zusammenstoßen mit
ser sacado herausgezogen werden
sacar herausnehmen, herausziehen
un **camión-grúa** ein Abschleppwagen
el **camión** Lastkraftwagen
la **grúa** Kran(wagen), Hebelade

R

se venden sie werden verkauft
los ... más vendidos die meistverkauften ...
la **revista** Zeitschrift
tratar de handeln von/über

S

salir erscheinen, herauskommen (Zeitung usw.)
últimamente neulich, in letzter Zeit
el **artículo** Artikel

Unidad 6

A

Latinoamérica Lateinamerika
Sudamérica Südamerika
en bicicleta mit dem Fahrrad
el **francés** Franzose
con un sentido de mit einem Gefühl für/von
gran(de) groß
la **aventura** Abenteuer
una **pasión por** eine Leidenschaft für
el **ciclismo** Fahrradfahren, Radsport
hace poco vor kurzem
Uruguay Uruguay
Chile Chile
el **Perú** Peru
la **montaña** Berg
el **terreno** Gelände
difícil schwer
la **civilización** Zivilisation, Kultur
antiguo, -a alt, ehemalig, antik
la **situación** Situation, Lage
político, -a politisch
actual heutig, jetzig, aktuell
todo aquello all das
aquello jenes
atraer anziehen
empezar (*ie*) anfangen
robar stehlen, rauben
menos mal que ein Glück, daß; zum Glück
la **prensa** Presse
la **desventura** Unglück, Mißgeschick
a los pocos días innerhalb von wenigen Tagen
las **bicis (las bicicletas)** Fahrräder
reaparecer (*zc*) wieder auftauchen
viajar reisen, fahren
unos 120 kilómetros etwa 120 km
el **kilómetro** Kilometer
al día pro Tag, täglich
de noche nachts
dormir (*ue, u*) schlafen
el **sitio** Ort, Stelle
extraño, -a fremd, ungewöhnlich
en casa de bei
el **cura** kath. Geistlicher
la **estación de bomberos** Feuerwehr
la **estación** Bahnhof
el **bombero** Feuerwehrmann
los **campesinos** Landarbeiter; Bauern
pocas veces selten
sacar auspacken
la **tienda** Zelt
al aire libre im Freien, unter freiem Himmel
libre frei
desde ... hasta von ... bis ...
hasta bis (nach)
rico, -a reich
humilde einfach, schlicht
con mucha hospitalidad sehr gastfreundlich
la **hospitalidad** Gastfreundlichkeit, Gastfreundschaft
incluso sogar
un **hotel de lujo** ein Luxushotel
el **lujo** Luxus
chileno, -a chilenisch
sin pagar nada ohne etwas zu (be)zahlen
pagar (be)zahlen
nada nichts
igual que ebenso wie
la **sopa** Suppe

el **plátano** Banane
Bolivia Bolivien
el **tomate** Tomate
la **sardina** Sardine
el **queso** Käse
la **parte más dura** schwierigster Teil
la **parte** Teil
duro, -a schwer, schwierig; hart
pasar por fahren durch
la **cordillera de los Andes** Anden
la **cordillera** Gebirgskette, Gebirge
subir steigen
la **altura** Höhe
por über
el **camino** Weg
peligroso, -a gefährlich
frío, -a kalt
el **pinchazo** Reifenpanne
dicen (decir) sie sagen
el **mejor** der beste
permitir erlauben
entrar en contacto con in Kontakt treten mit
el **contacto** Kontakt
cualquiera jemand, irgendeine(r)
la **pregunta** Frage
¿adónde? wohin?
contestar a antworten auf
Centroamérica Mittelamerika
claro está natürlich
claro, -a klar, deutlich
irían (ir) ustedes Sie würden fahren
después de haber recorrido nachdem Sie durchquert haben
recorrer durchqueren
la **parte sur** südlicher Teil
el **sur** Süden
el **continente** Kontinent

D

Nueva York New York
dentro de innerhalb von
asegurar versichern
muy de mañana sehr früh
a tiempo rechtzeitig
suficiente genügend, ausreichend
la **manifestación** Demonstration

E

México Mexiko
barato, -a billig
la **casa particular** Privathaus
particular Privat-, persönlich

J

la **consecuencia** Folge
el **descubrimiento** Entdeckung
el **territorio** Territorium, Staatsgebiet
la **sociedad** Gesellschaft, Gemeinschaft
el **culto religioso** religiöser Kult, Gottesdienst
el **culto** Gottesdienst, Kult
la **red** Netz
las **comunicaciones** Verkehrswege, Verbindungen
conquistar erobern
vecino, -a Nachbar-
lejano, -a fern, entfernt, abgelegen
avanzado, -a fortgeschritten
saber können, wissen
alimentar ernähren
tanto, -a so viel

K

el **portugués** Portugiese; portugiesisch
la **ruta** Route, Weg
comercial Handels-
descubierto, -a (descubrir) entdeckt
las **Indias** Indien

L

la **colonia** Kolonie
los demás die übrigen
americano, a amerikanisch
someter unterwerfen
el **indio** Indianer; Indio

Unidad 7

B-C

a

tenderse (*ie*) sich hinlegen, sich ausstrecken
abarrotado, -a überfüllt
la **isla** Insel
el **ensueño** Traum, Bezauberung
desierto, -a verlassen, öde, leer
dedicarse a (una cosa) sich (einer Sache) widmen
la **pesca** Fischfang
la **vela** Segel(sport)
el **esquí acuático** Wasserski(laufen)
el **esquí** Ski(lauf)
acuático, -a Wasser-
explorar erforschen
el **clima** Klima
suave mild
la **vegetación** Vegetation, Pflanzenwelt
exótico, -a exotisch
el **paisaje** Landschaft
increíble unglaublich
la **belleza** Schönheit

b

fascinante faszinierend
inolvidable unvergeßlich
antiguo, -a alt
moderno, -a modern
a la vez gleichzeitig
el **rincón** Ecke
pintoresco, -a malerisch
el **centro polideportivo** Sportzentrum
el **museo** Museum
la **galería** Galerie
el **arte (las artes)** Kunst
el **teatro** Theater
el **concierto** Konzert
admirar bewundern
magnífico, -a großartig
la **arquitectura** Architektur
elegante elegant, fein

c

el sol Sonne
el **tipismo** das Typische
el **pescador** Fischer
encantador, -a bezaubernd, entzückend
el **turismo** Tourismus
transformar en umformen, umgestalten in
el **paraíso** Paradies
artificial künstlich
limpísimo blitzsauber
sabroso, -a schmackhaft
típico, -a typisch
la **tienda** Laden
la **artesanía** Volkskunst, Kunsthandwerk
local örtlich
tradicional traditionell
lleno, -a de gefüllt, voll mit/von
la **alegría** Freude
el **colorido** Farben(pracht)

d

disfrutar de genießen
la **arena** Sand
bañarse schwimmen
practicar ausüben, treiben
el **deporte** Sport, Sportart
favorito, -a Lieblings-, bevorzugt
divertirse (*ie, i*) sich amüsieren, sich vergnügen
el **ambiente** Stimmung, Atmosphäre
refinado, -a hochfein, hervorragend
la **vida nocturna** Nachtleben
la **vida** Leben
nocturno, -a Nacht-
saborear genießen
lo **mejor** das Beste
de primera categoría Erste Klasse-
la **categoría** Kategorie, Klasse
primero, -a erste(r)
bailar tanzen
la **discoteca** Diskothek

la **sala de fiesta** Festsaal, Tanzsaal
la **sala** Saal, Raum
la **fiesta** Fest
alojarse absteigen, sich niederlassen, wohnen
las **facilidades** *hier:* Einrichtungen; Möglichkeiten
deportivo, -a Sport-; sportlich

e

algo etwas
descansar ausruhen
el **descanso** Erholung; Ruhe, Pause
consistir en bestehen aus/in
cambiar (de) wechseln, ändern
la **actividad** Aktivität, Tätigkeit
estimulante anregend
el campamento educativo Ferienlager
el **campamento** Lager
educativo, -a erzieherisch
ofrecer (*zc*) anbieten
el **curso** Kurs, Lehrgang
intensivo, -a intensiv
la **materia** Stoff, Materie
el **idioma** Sprache
la **fotografía** Fotografie
el **montañismo** Bergsport, Bergwandern
la **arqueología** Archäologie (= Altertumskunde)
la **espeleología** Speläologie (= Höhlenkunde)
la **naturaleza** Natur
el **ambiente** Umwelt, Milieu
el **compañerismo** Kameradschaft
olvidar vergessen

f

respirar atmen
el **aire** Luft
puro, -a rein, sauber
la **montaña** Berg
el **parque** Park
acampar zelten
junto a neben
el **lago** See
en medio de inmitten
el **medio** Mitte
verde grün
el **prado** Wiese
el **piragüismo** Kanufahren
pescar fischen; angeln
la **trucha** Forelle
el **río** Fluß
el **agua (las aguas)** Wasser
cristalino, -a kristallklar
escalar besteigen, klettern
extraordinario, -a außergewöhnlich
asombrarse de sich wundern, staunen über
la **variedad** Verschiedenheit
la **fauna** Fauna, Tierreich
la **flora** Flora, Pflanzenwelt
pleno, -a voll(er)

D

fresco, -a frisch
Cantabria Kantabrien, **Teil von Nordspanien, am Golf von Biscaya*
el **Mar Mediterráneo** Mittelmeer
el/la **mar** Meer
mediterráneo, -a Mittelmeer-
la **Costa del Sol** Costa del Sol, **bekannte Küste in Südspanien*
el **windsurf** (Wind-)Surfen
la **Costa Brava** Costa Brava, **bekannte Küste in Nordostspanien*
la **Exposición Mundial** Weltausstellung
la **exposición** Ausstellung
mundial Welt-
la **verdad** Wahrheit
la **cuenta** Rechnung

F

deber sollen, müssen
traer bringen
la **cinta** Band

G

el **refrescante** Erfrischungsgetränk
el **volante** Lenkrad
el **equipo telefónico** Telefonanlage
el **equipo** Ausstattung, Gerät
telefónico, -a telefonisch, Telefon
seguir (*i*) (ver)folgen
la **huella** Spur
el **neumático** Reifen
atrás hinten, zurück
la **informática** Informatik
a fondo gründlich
lo que (das,) was
el **tema** Thema
la **historia** Geschichte
suscribirse a sich abonnieren auf
acercar nähern, näher bringen
el **tesoro** Schatz
el **(Mar) Caribe** Karibisches Meer
distinguir unterscheiden
al comprar indem Sie kaufen
el **conjunto** Kombination (Kleidung)
distinguirse sich unterscheiden, sich auszeichnen
al vestirlos indem Sie sich damit kleiden
la **alta fidelidad** Hi-Fi
alto, -a groß, hoch
la **fidelidad** Treue, getreue Wiedergabe

Unidad 8

A

la **bodega** Weinkeller, Kellerei
el **apartado** Postfach
la **Rioja** Rioja, **eines der bekanntesten Weingebiete Spaniens am oberen Ebro*
el **rioja** Rioja(wein)
octubre Oktober
Estimados Señores: Sehr geehrte Damen und Herren!
con mucho interés mit großem Interesse
el **interés** Interesse
el **anuncio** Anzeige
la **revista** Zeitschrift
el **importador** Importeur
el **vino** Wein
interesar interessieren
el **producto** Produkt
rogar (*ue*) bitten
nos informen uns zu informieren
informar de informieren über
detalladamente ausführlich, detailliert
el **precio** Preis
las **condiciones de pago** Zahlungsbedingungen
el **pago** Zahlung
la **condición** Bedingung
las **condiciones de entrega** Lieferbedingungen
la **entrega** Lieferung
en espera (de) in Erwartung
pronto, -a bald(ig)
la **noticia** Nachricht
saludar grüßen
atentamente hochachtungsvoll
p.p. (por poder) i.V (in Vertretung), per Prokura

B

la **República Federal de Alemania** Bundesrepublik Deutschland
acusar recibo de den Empfang bestätigen von
el **recibo** Empfang, Quittung
el 2 (del mes) cte. (corriente) der 2. dieses Monats
corriente laufend
dar las gracias por danken für
(por) el/la/lo cual für die/den/das
a **continuación** nachher
la **empresa** Unternehmen
hallarse sich befinden
moderno, -a modern
la **superficie** (Ober-)Fläche
un metro cuadrado ein Quadratmeter
cuadrado, -a Quadrat-, quadratisch

el **viñedo** Weinberg
propio, -a eigen
por eso deshalb
el **rioja tinto** roter Rioja(wein)
tinto, -a (dunkel)rot
un **vino hecho** ein fertiger Wein
hecho, -a (hacer) gemacht
normalmente normalerweise
el **mosto** Most
el **(vino) blanco** Weißwein
el **(vino) rosado** Roséwein
el **hectolitro** Hektoliter
al año pro Jahr, jährlich
cerca de ungefähr, annähernd
el **70 por ciento** 70 Prozent
por ciento Prozent
obtener bekommen, erhalten
diverso, -a verschieden
toda clase de alle möglichen Sorten von
la **clase** Art, Sorte
el **premio** Preis, Auszeichnung
por ejemplo zum Beispiel
el **ejemplo** Beispiel
la **medalla** Medaille
el **oro** Gold
la **plata** Silber
Londres London
Milán Mailand
Liubliana Ljubljana
el **millón** Million
la **caja** Kiste
un **tercio** ein Drittel
el **extranjero** Ausland
a su demanda auf Ihre Anfrage
la **demanda** Anfrage, Nachfrage
remitir (zu)schicken
el **catálogo** Katalog
la **lista de precios** Preisliste
la **lista** Liste
el **precio** Preis
entenderse (*ie*) sich verstehen
fob 'free on board' (= frachtfrei an Bord)
cif 'cost, insurance, freight' (= frei von Lade-, Versicherungs-, Frachtkosten)
sírvanse (servir, *i*) **ver** sehen Sie sich bitte an
la **hoja** Blatt
adjunto, a beiliegend
por correo separado mit getrennter Post
el **correo** Post
separado, -a getrennt, einzeln
la **muestra** Muster
la **casa** Haus, Firma, Unternehmen
probar (*ue*) versuchen, probieren, prüfen
comunicar mitteilen
la **opinión** Meinung
la **calidad** Qualität
el **anexo** Anlage

C

la **respuesta** Antwort
el **escrito** Schreiben
el **mes pasado** vergangenen Monat
pasado, -a vergangen
Hamburgo Hamburg

F

aconsejar raten, empfehlen
la **cuenta** Rechnung
recomendar (*ie*) empfehlen
ponerse en contacto con sich in Verbindung setzen mit
el **contacto** Kontakt

G

desear wünschen
esperar erwarten, warten; (+ *Subj.*) hoffen
pedir (*i*) bitten
exigir fordern, verlangen
las **mercancías** Güter; Waren

H

contestar (be)antworten
cuanto antes so schnell wie möglich

N

la **mayoría de la gente** die meisten Leute
el **entorno** Umgebung

P

preferir (*ie,i*) vorziehen, bevorzugen
el **cocido** Cocido, **spanischer Eintopf aus Fleisch und Gemüse*

Unidad 9

pasar un pedido einen Auftrag erteilen
el **pedido** Auftrag
siguiente folgend

A

S(u)/ref(erencia) Ihr Zeichen
la **referencia** Bezug, Hinweis, Bericht
S(u)/carta Ihr Schreiben
N(uestra)/ref(erencia) Unser Zeichen
noviembre November
asunto: Betreff:; Betrifft:
el **asunto** Sache, Angelegenheit
la **oferta** Angebot
el **12 ppdo. (próximo pasado)** 12. d. vergangenen Monats
mencionar erwähnen
satisfacer zufriedenstellen
hacer un ensayo einen Versuch machen
el **ensayo** Versuch
el **mercado** Markt
la **botella** Flasche
reserva 'reserva', **Qualitätsbezeichnung für Weine*
al precio de zum Preis von
cada uno, -a pro Stück
cada jede(r), jedes
el **material** Material
la **propaganda** Werbung
interesado, -a interessiert
cte. (del mes corriente) diesen Monats
la **confirmación** Bestätigung
confirmar bestätigen
como sigue wie folgt
celebrar sich freuen über; feiern
favorecer con beehren mit
ejecutar ausführen
inmediatamente sofort
despachar absenden
por barco mit dem Schiff
esperar (+ *subjuntivo*) hoffen
el **envío** Sendung
llegar a ankommen in
el **poder** *hier:* Besitz
en buen estado in gutem Zustand
el **estado** Zustand
la **(carta) presente** vorliegendes Schreiben
presente vorliegend; gegenwärtig
la **factura** Rechnung
por valor de im Wert von
el **valor** Wert
la **ejecución** Ausführung
la **orden** Auftrag
seguir (*i*) folgen

D

lamentar bedauern
sentir (*ie, i*) fühlen, bedauern
nos alegra que es freut uns, daß
alegrar erfreuen
nos molesta que es stört uns, daß
molestar stören, ärgern
agradecer (*zc*) danken für
es raro que es ist seltsam, daß; es ist merkwürdig, daß
raro, -a seltsam; selten, außergewöhnlich
es extraño que es ist sonderbar, daß

extraño, -a fremd, ungewohnt; seltsam
estar de acuerdo einverstanden sein
el **acuerdo** Vereinbarung

Unidad 10

el **amigo por correspondencia** Brieffreund
la **correspondencia** Korrespondenz, Briefwechsel

A

cartearse con in Briefwechsel stehen mit
Mataró Mataró (Katalonien)
diciembre Dezember
¡Hola ! Hallo, guten Tag!
llamarse heißen
tengo 17 años ich bin 17 Jahre (alt)
mantener correspondencia con in Briefwechsel stehen mit
la **ciudad** Stadt
industrial Industrie-
a unos 30 kilómetros (de) etwa 30 Km. entfernt (von)
al norte de nördlich von
el **norte** Norden
una **hermana** eine Schwester
un **hermano** ein Bruder
de cajero als Kassierer
la **enfermera** Krankenschwester
el **centro médico** medizinisches Zentrum
el **centro** Zentrum
el **médico** Arzt
por la mañana morgens
el **Ayuntamiento** Rathaus; Stadtverwaltung
por la tarde nachmittags
la **alumna** Schülerin
el **tercer curso** drittes Schuljahr
tercero, -a dritte(r), (-s)
la **Formación Profesional** Berufsausbildung
la **formación** Ausbildung
profesional Berufs-, berufsmäßig
la **sección** Abteilung
administrativo,-a Verwaltungs-
comercial kaufmännisch
la **clase** Unterrichtsstunde
de 5 a 9.30 von 17.00 bis 21.30 Uhr
la **asignatura** (Unterrichts-)Fach
importante wichtig
la **lengua castellana** Spanisch, spanische Sprache
castellano, -a kastilisch; spanisch
la **lengua catalana** Katalanisch, katalanische Sprache
catalán katalanisch
el **inglés** Englisch; Engländer
las **matemáticas** Mathematik
la **contabilidad** Buchführung
la **economía** Wirtschaft
la **informática** Datenverarbeitung, Informatik
el **tipo (de)** Art (von)
la **enseñanza** Unterricht
a pie zu Fuß
cien mil hunderttausend
mil tausend
textil Textil-
el **cultivo** Anbau
las **frutas** Früchte, Obst
las **flores** Blumen
primer(o),-a erster, erste(s)
el **ferrocarril** Eisenbahn(linie)
largo,-a lang
los **domingos** sonntags
lleno,-a voll
la **gente** Leute
sobre todo vor allem, besonders
sobre auf; über; vor
todo alles
contar (*ue*) erzählen
el **lugar** Ort
hace buen tiempo es ist schönes Wetter
el **Palacio de los Deportes** Sportpalast
el **palacio** Palast
el **deporte** Sport
jugar al baloncesto Basketball spielen
el **baloncesto** Basketball(spiel)
por la noche abends; nachts
el **cine** Kino
ver sehen, schauen
el **interés** Interesse
es necesario que es ist nötig, daß
necesario, -a notwendig, nötig
es importante que es ist wichtig, daß
importante wichtig
aproximadamente etwa, ungefähr
la **edad** Alter
gustar gefallen
una **catalana** eine Katalanin
escríbeme schreibe mir
cuanto antes baldmöglichst
el **saludo** Gruß
cordial herzlich
(el) 4º (cuarto piso) das 4. Stockwerk
cuarto, -a vierte(r)
(la puerta) dcha. rechte Tür
la **puerta** Tür
derecho, -a rechts

C

hace falta que es ist nötig, daß
la **falta** Mangel
el **sentido de humor** Sinn für Humor
el **sentido** Gefühl; Sinn
el **humor** Humor
la **música pop** Popmusik
clásico, -a klassisch
la **política** Politik
interesar interessieren
ser aficionado,-a a eine Vorliebe haben für
serio,-a ernst(haft)
formal seriös; zuverlässig
comprensivo, -a verständnisvoll

D

es preciso que es ist notwendig, daß
preciso, -a notwendig
estar situado, -a sich befinden, liegen
situado, -a gelegen
el **campo** Land, Feld
el **dormitorio** Schlafzimmer
el **jardín** Garten
el **balcón** Balkon
el **garaje** Garage
la **terraza** Terrasse
lujoso,-a luxuriös
bonito,-a schön
costar (*ue*) kosten
menos de weniger als
una **cocina** eine Küche
la **calefacción central** Zentralheizung
la **sala de estar** Wohnzimmer
el **ruido** Lärm
el **vestíbulo** Diele, Flur
el **cuarto de baño** Badezimmer
el **baño** Bad
el **lavabo** Toilette

Unidad 11

la **carta al director** Leserbrief
el **director** Direktor, Herausgeber

A

acabo de leer ich habe gerade gelesen
Natura Natura, **Zeitschrift in Spanien, die sich vor allem mit Natur und Umwelt beschäftigt*
la **semana pasada** vergangene Woche
felicitar por gratulieren zu
llamar la atención sobre aufmerksam machen auf
grave ernsthaft
la **contaminación** Verschmutzung
la **zona** Zone
Huelva **Stadt in Südwestspanien*
a **orillas de** am Ufer von
la **orilla** Ufer
el **río** Fluß

al oír beim Hören
la **Costa de la Luz** Costa de la Luz, * *Küste in Südwestspanien*
la **luz** Licht
la **arena** Sand
tomar el sol sich sonnen
el **Océano Atlántico** Atlantischer Ozean
además außerdem
a poca distancia in geringer Entfernung
poco, -a wenig; gering
la **distancia** Entfernung
nacional national
por esas razones deshalb
creer glauben
agradable angenehm
la **verdad** Wahrheit
no es así, ni mucho menos es ist bei weitem nicht so
así so
menos weniger
contaminar verschmutzen
los **alrededores** Umgebung
observar wahrnehmen, bemerken
progresivo,-a fortschreitend
la **degeneración** Verfall, Degeneration
me molesta que es stört mich, daß; ich habe Bedenken, daß
tanto,-a so viel
muchas veces oft
sentirse (*ie, i*) sich fühlen
a gusto behaglich; wohl
el **gusto** Geschmack, Vergnügen
pasear por ... (spazieren)gehen durch ...
huele (oler) a er/sie/es riecht nach
oler (*ue*) **a** riechen nach
el **dióxido de azufre** Schwefeldioxid
el **dióxido** Dioxid
el **azufre** Schwefel
temer fürchten
un **futuro** eine Zukunft
lejano, -a fern, entfernt
agravarse schlimmer werden, sich verschlechtern
aún noch
la **polución** Verschmutzung
el **núcleo urbano** Stadtzentrum, Stadtkern
el **núcleo** Kern, Zentrum, Mitte
urbano, -a städtisch, Stadt-
el **resto** Rest
olvidarse de vergessen
sufrir (er)leiden; erfahren
la **consecuencia** Folge
la **lluvia ácida** saurer Regen
la **lluvia** Regen
ácido, -a sauer
originar verursachen
son originadas por werden verursacht von/durch
señalar signalisieren, angeben
la **reacción** Reaktion
químico chemisch
el **ácido** Säure
la **humedad** Feuchtigkeit
la **atmósfera** Atmosphäre
arrastrar mitführen
miles de Tausende von
ser expulsado ausgestoßen werden
expulsar ausstoßen
allí dort
caer fallen
causar daño Schaden verursachen
causar verursachen
el daño Schaden
notar bemerken, wahrnehmen
claramente deutlich
darse cuenta de (be)merken, einsehen, gewahr werden
la **cuenta** Rechnung
estar harto de es satt haben, überdrüssig sein
harto, -a überdrüssig
hacer machen, tun

F

cultivar anbauen
la **fresa** Erdbeere
la **cooperativa** Kooperative, Genossenschaft
(los) Estados Unidos (die) Vereinigte(n) Staaten
el **estado** Staat
unido, -a vereinigt
descubrir entdecken
Cristóbal Colón Christoph Kolumbus
el **quinto centenario** Fünfhundertjahrfeier
el **descubrimiento** Entdeckung
SEAT (Sociedad Española de Automóviles de Turismo) SEAT **die wichtigste Autofabrik Spaniens, größtenteils im Besitz von Volkswagen*
el **contaminante** Verschmutzer
vigilar kontrollieren, im Auge behalten
producir (*zc*) erzeugen

J

me parece que es scheint mir, daß; ich meine, daß
parecer (*zc*) scheinen
estar en contra de que dagegen sein, daß
contra gegen
nos irrita que es ärgert uns, daß
irritar ärgern, erbittern
es mejor que es ist besser, daß
es malo que es ist schlecht, daß
esperar (*+Subj.*) hoffen
resulta que es zeigt sich, daß; es ergibt sich, daß; es stellt sich heraus, daß

K

las centrales térmicas Wärmekraftwerke
aplicar anwenden, gebrauchen
la **emisión** *hier:* Ausstoß
el **efecto invernadero** Treibhauseffekt
el **efecto** Effekt; Folge
el **invernadero** Treibhaus

Unidad 12

A

a
Venezuela Venezuela
la **población** Bevölkerung
étnico, -a ethnisch
los **movimientos migratorios** Wanderungsbewegungen
el **movimiento** Bewegung
migratorio, -a Wander-, Zug-
los **sectores** Sektoren
económico, -a wirtschaftlich
el **petróleo** Erdöl
los **ingresos** Einkünfte
la **agricultura** Landwirtschaft
la **minería** Bergbau
el **mineral** Mineral
extraer fördern
la **industria** Industrie
el **visitante** Besucher
anual jährlich
el **turista** Tourist

b
unos **treinta millones de** etwa/ungefähr 30 Millionen
en su mayoría größtenteils
la **mayoría** Mehrheit
la **raza** Rasse
el **descendiente** Nachkomme, Nachfahre
el **europeo** Europäer
el **mestizo** Mestize (*Mischling zwischen Weißen und Indianern*)
el **noroeste** Nordwesten
el **Chaco** El Chaco, **natürliches Gebiet, teilweise in Argentinien, in Paraguay und Bolivien*
extremo, -a äußerst(e, er)
el **sur** Süden
Patagonia Patagonien, **südliche Hälfte von Argentinien*
Misiones Misiones, **Provinz im Nordosten Argentiniens*
sobrevivir überleben
la **comunidad** Gemeinschaft
indígena eingeboren; einheimisch

casi fast, nahezu, ungefähr
la **inmigración** Einwanderung
el **fenómeno** Phänomen
establecerse (*zc*) sich ansiedeln, niederlassen
a pesar de trotz
el **intento** Versuch
alcanzar erreichen, erwerben
la **autosuficiencia** Selbstversorgung
el **gas** Gas
natural Natur-
extenderse (*ie*) sich erstrecken, sich ausdehnen
una **hacienda** ein landwirtschaftlicher Großbetrieb, Farm
los **cereales** Getreide, Getreidearten
dos **tercios** zwei Drittel
un **tercio** ein Drittel
la **mitad** Hälfte
el **trigo** Weizen
destinar a bestimmen für
la **exportación** Ausfuhr, Export
fundamentalmente grundsätzlich; hauptsächlich
la **Unión Soviética** Sowjetunion
la **unión** Union
soviético, -a Sowjet-, sowjetisch
practicar ausüben, betreiben
la **ganadería** Viehzucht
extensivo, -a extensiv
conocido, -a bekannt, berühmt
el **gaucho** Gaucho, **argentinischer Rinderhirte*
el **vaquero** Viehhirte
conducir (*zc*) führen, lenken
el **animal** Tier
el **exportador** Exporteur
mundial Welt-, der ganzen Welt
la **lana** Wolle
el **algodón** Baumwolle
la **caña de azúcar** Zuckerrohr
el **té** Tee
la **yerba mate** Mate(tee)
quinto, -a fünfte(r)
el **productor** Erzeuger, Produzent
tercer(o), -a dritte(r)
la **soja** Sojabohne
último, -a letzte(r)
la **década** Jahrzehnt
desarrollar entwickeln
con acierto mit Erfolg, geschickt
el **cultivo** Anbau, Zucht
los **cítricos** Zitrusfrüchte
la **naranja** Apfelsine
el **limón** Zitrone
la **mandarina** Mandarine
explotar fördern, abbauen
a escala comercial betriebswirtschaftlich, kommerziell
la **escala** Maßstab, Skala
el **carbón** Kohle
la **sal** Salz
existir bestehen, existieren
el **depósito** Ablagerung, Vorrat
probar (*ue*) nachweisen
el **cinc = zinc** Zink
el **estaño** Zinn
el **azufre** Schwefel
el **manganeso** Mangan
el **hierro** Eisen
el **cobre** Kupfer
pesquero, -a Fischer-
crecer en importancia an Bedeutung zunehmen
crecer (*zc*) wachsen, zunehmen
la **importancia** Bedeutung, Wichtigkeit
la **captura** Fang
alcanzar un récord einen Rekord erreichen
alcanzar erreichen
el **récord** Rekord
la **tonelada** Tonne
industrial gewerblich, industriell
agrícola landwirtschaftlich
recuperarse sich erholen
brusco, -a jäh, plötzlich
la **caída** Fall
registrar erleiden, verzeichnen
a principios de am Anfang; zu Beginn
el **principio** Anfang
el **cemento** Zement
la **harina de trigo** Weizenmehl
la **harina** Mehl
el **trigo** Weizen
el **calzado** Schuhe; Schuhwerk
el **textil** Textilwaren
el **dólar** Dollar
el **ciudadano** (Staats-)Bürger, Einwohner

c

habitar wohnen
la **región** Gebiet, Gegend
montañoso, -a gebirgig
formar bilden
el origen Ursprung
remontarse a zurückgehen auf
la **época** Zeitalter
incaico,-a Inka-
practicar ausüben
la **economía** Wirtschaft
el **lugar** Ort
numeroso, -a zahlreich
el **dialecto** Dialekt
el **quechua** Quechua
a finales de Ende ...
el **final** Ende, Schluß
convertirse (*ie*) **en** sich verwandeln in
diverso, -a verschieden
la **causa** Grund
disminuir abnehmen; zurückgehen
obligado, -a verpflichtet, gezwungen
el **crudo** Rohöl
de nuevo wieder, erneut
sin embargo jedoch
meteorológico, -a meteorologisch
el **incremento** Zunahme
la **demanda** Nachfrage
interno, -a intern; inländisch
la **dificultad** Schwierigkeit
financiero, -a finanziell
ocasionar hervorrufen, hervorbringen
la **disminución** Verringerung, Abnahme
considerable beträchtlich, bedeutend
sólido, -a gediegen, solide
el **soporte** Unterstützung
peruano, -a peruanisch
contribuir a beitragen zu
anualmente jährlich
el **Producto Nacional Bruto** Brutto Inlandprodukt
bruto, -a Brutto-
la **tasa** Ziffer, Prozentsatz
oscilar schwanken
proporcionar verschaffen; gewähren
la **mitad** Hälfte
el **subsuelo** Untergrund, Boden
el **plomo** Blei
el **molibdemo** Molybdän (*metallischer Grundstoff*)
el **bismuto** Wismut (*Metall*)
el **tungsteno** Wolfram (*metallischer Grundstoff*)
entre *hier:* mit
el **mineral** Mineral, Erz
la **anchoa** Sardelle
la **fuente** Quelle
la **aparición** Erscheinung, Auftreten
la **corriente** Strömung
el **Niño (Jésus)** **da die Strömung immer um die Weihnachtszeit auftritt, nennt man sie „El Niño" (Christkind)*
masivo, -a massenhaft
incontrolado, -a unkontrolliert
desastroso, -a unselig, verhängnisvoll
el **depósito** Ablagerung; Anhäufung
el **guano** Guano, Vogelmistdünger
costero, -a Küsten-
la **escasez** Knappheit, Mangel
el **pez (los peces)** Fisch
consiguiente (aus etwas) hervorgehend; folgend
el **ave (las aves)** Vogel
marino, -a See-
el **fertilizante** Dünger
destacar herausragen
metalúrgico, -a metallverarbeitend
siderúrgico, -a eisenverarbeitend
el **vehículo** Fahrzeug
alimenticio, -a Nahrungs-, Nähr-
el **norteamericano** Nordamerikaner
latinoamericano,-a lateinamerikanisch

d

la **Segunda Guerra Mundial** Zweiter Weltkrieg
segundo, -a zweite(r)
la **guerra** Krieg
mundial Welt-
el **inmigrante** Einwanderer
la **tierra alta** Hochebene
la **tierra** Boden, Land
la **Guayana** Guayana, **Gebiet südlich von Venezuela*
el **bosque** Wald
al lado de neben
el **lado** Seite
el **lago** See
Maracaibo Maracaibo, * *Stadt im Norden von Venezuela*
a lo largo de am (entlang)
el **puerto** Hafen
el **venezolano** Venezolaner
negro, -a schwarz
procedente de (her)kommend aus/von
originalmente ursprünglich
África Afrika
la **magnitud** Größe
energético, -a energetisch, Energie-
prácticamente praktisch
innecesario, -a unnötig, überflüssig
ocupar einnehmen, besetzen
sexto, -a sechste(r)
el **dato** Angabe
representar darstellen
la **pérdida** Verlust
petrolífero, -a Erdöl-
el **contexto** Kontext, Zusammenhang
ya que da, weil
la **participación** Anteil, Beteiligung
primero, -a erste(r)
el **Producto Interior Bruto** Brutto Inlandprodukt
interior national, inländisch
la **dependencia** Abhängigkeit
el **exterior** Ausland
en lo que respecta a ... bezüglich; was ... angeht
respectar a betreffen, sich beziehen auf
el **aceite vegetal** Pflanzenöl
lácteo, -a Molkerei-; Milch-
el **arroz** Reis
el **banano** Banane(nstaude)
explotar abbauen
excluir nicht mitzählen, ausschließen
el **gas natural** Erdgas
hallar finden
el **yacimiento** Vorkommen; Lagerstätte
la **bauxita** Bauxit
entrar en funcionamiento in Betrieb genommen werden
la **refinería** Raffinerie
permitir ermöglichen, erlauben
el **aluminio** Aluminium
situarse sich plazieren, sich befinden
por último schließlich, am Ende
el **contrabando** Schmuggel, Schmuggeln
el **cálculo** Berechnung
el **diamante** Diamant
desarrollarse sich entwickeln
de una manera normal auf eine normale Weise
a causa de wegen
las **tarifas aduaneras** Zollsätze
la **tarifa** Tarif, Gebühr
aduanero, -a Zoll
bajo, -a niedrig
la **disponibilidad** Verfügbarkeit
la **década de los 70** die siebziger Jahre
adoptar ergreifen
la **medida** Maßnahme
la **diversificación** Diversifikation, Veränderung, Herstellen einer größeren Vielfalt
establecerse (*zc*) sich niederlassen
los **bienes** Güter
el **consumo** Konsum
proteccionista protektionistisch
la **expansión** Expansion
acentuado, -a gesteigert, deutlich
corresponder a zuteil werden, entsprechen
el **acero** Stahl
el **automóvil** Auto
siguen siendo noch immer sein, bleiben
el **derivado** Derivat, abgeleitete Verbindung
petroquímico, -a petrochemisch
el **plástico** Kunststoff
proceder de herkommen aus/von
el **intercambio** Austausch; Verkehr
turístico, -a touristisch
constante konstant, ständig
las **Antillas** Antillen, **Inselbrücke vor der Küste Venezuelas*

G

Polonia Polen
el **nivel de vida** Lebensstandard
el **nivel** Niveau
pobre arm
la **pobreza** Armut
el **Tercer Mundo** Dritte Welt
la **deuda** Schuld; Verschuldung
económicamente wirtschaftlich
suceder, pasar passieren
la **agencia de prensa** Presseagentur
interesarse por sich interessieren für
la **política** Politik
ponerse de acuerdo sich einig werden
de acuerdo einverstanden
aprender a lernen zu
suficiente genug, genügend
un **puesto de trabajo** Arbeitsstelle
el **puesto** Platz, Stelle
el **trabajo** Arbeit
aceptar annehmen, akzeptieren

Unidad 13

A

mayo Mai
el **envío** Sendung
liquidar ausgleichen, begleichen
la **factura** Rechnung
abonar bezahlen, einzahlen
el **importe** Betrag
la **cuenta postal** Postscheckkonto
mencionado, -a erwähnt
la **orden** Auftrag
el **zapato** Schuh
encontrar (*ue*) **una buena acogida** eine gute Aufnahme finden
encontrar (*ue*) treffen, finden, begegnen
la **acogida** Aufnahme, Akzeptanz
entre *hier:* bei
S(ociedad) A(nónima) Aktiengesellschaft, AG
la **sociedad** Gesellschaft
anónimo, -a namenlos, anonym
la **carretera** Landstraße
s(in) n(úmero) ohne Hausnummer
en el plazo in der Frist, binnen
el **plazo** Frist
convenido, -a vereinbart
el **objeto** Zweck, Ziel
el **mes pasado** vergangener Monat
el **mes** Monat
lamentar bedauern
examinar kontrollieren, überprüfen
el **suministro** Lieferung
constatar feststellen
el **aparato** Gerät
estropear beschädigen
de repuesto als Ersatz
el **repuesto** Ersatz
esperar erwarten
la **confirmación** Bestätigung
por télex fernschriftlich, per Telex
el **télex** Telex, Fernschreiben
al respecto hierüber, diesbezüglich
así como sowie, wie auch
la **instrucción** Anweisung

deber sollen
tal como sowie
convenir vereinbaren
el **contrato de compraventa** Kaufvertrag
el **contrato** Kontrakt, Vertrag
la **compraventa** Kauf
el **daño** Schaden
el **transporte** Transport
la **compañía de seguros** Versicherungsgesellschaft
la **compañía** (Handels-)Gesellschaft
el **seguro** Versicherung
hacerse cargo de übernehmen; sich einer Sache annehmen
el **cargo** Last, Auftrag,
efectuar ausführen, leisten
la **suma total** Gesamtbetrag

D

la **carga** Fracht, Ladung
próximo, -a nächste(r)
indicar angeben
la **cantidad** Menge
tener en cuenta berücksichtigen
el **marco alemán** deutsche Mark
subir steigen
con respecto a hinsichtlich, bezüglich
por tanto deshalb
rebajar ermäßigen, senken
llamar por teléfono anrufen
atento, -a aufmerksam, freundlich

G

el **día de fiesta** Feiertag
pasado mañana übermorgen

H

la **sardina** (Öl-)Sardine

I

el **bolso** Tasche
el **télex** Fernschreiben

K

los **medios de comunicación** Kommunikationsmittel
el **medio** Mittel, Medium
la **comunicación** Kommunikation
sustituir ersetzen
la **taquigrafía** Stenographie, Kurzschrift
el **fax** Fax
el **papel** Rolle, Bedeutung
jugar (*ue*) spielen
el **ordenador** Computer
en la marcha de im Betriebsablauf von
la **marcha** *hier:* (Betriebs-)Ablauf

Unidad 14

A

cambiar wechseln
el **marco** Mark
cobrar berechnen
la **comisión** Kommission

B+C

el **eurocheque** Eurocheque
el **tipo** Art
el **cheque** Scheck
el **importe** Betrag
máximo, -a Höchst-
el **billete (de banco)** Banknote
la **legitimación** Ausweis
la **moneda** Münze, Geldstück
al cambio de zum Wechselkurs von
lógicamente selbstverständlich
el **dinero suelto** Kleingeld
suelto, -a lose
claro que sí selbstverständlich
hacer una fotocopia eine Fotokopie machen
la **fotocopia** Fotokopie
la **visa** Kreditkarte (Visa)
la **tarjeta (de crédito)** Kreditkarte
la **tarjeta** Karte
el **crédito** Kredit
cubrir *hier:* unterschreiben
si es tan amable wenn Sie so nett sind
amable liebenswürdig, nett
mientras tanto inzwischen, unterdessen
noviembre November
firmar unterschreiben, unterzeichnen
el **documento** Dokument
llevarse mitnehmen
el **cambio** Wechselgeld

D

la **Caja de Ahorros** Sparkasse
el **tipo de cambio** Wechselkurs

F

sacar dinero Geld abheben

G

la **cuenta corriente** Kontokorrent, Girokonto
la **cuenta comercio** Geschäftskonto
la **custodia de valores** Depotgeschäft
la **custodia** Aufbewahrung
la **administración** Verwaltung
los **valores** Wertgegenstände
la **libreta de ahorro** Sparbuch
la **tarjeta de crédito** Kreditkarte
el **cheque de viaje** Reisescheck
el **cajero automático** Geldautomat

Unidad 15

solicitar sich bewerben um
la **solicitud** Bewerbung
un **puesto de trabajo** eine Arbeitsstelle

A

el **anuncio** Anzeige
la **secretaria** Sekretärin
bilingüe zweisprachig
el **dominio** Beherrschung
absoluto, -a völlig
el **inglés** Englisch; Engländer
el **alemán** Deutsch; Deutscher
la **experiencia** Erfahrung
mínimo, -a Mindest-
el **manejo** Bedienung; Gebrauch
el **procesador de texto** Textverarbeitungsgerät
el **texto** Text
valorar schätzen
estar en posesión de im Besitz sein von
la **posesión** Besitz
el **título** Titel, Diplom
el/la **técnico/-a especialista** Ausgebildete(r)
técnico, -a Fach-
el/la **especialista** Spezialist(in)
el **secretariado** Sekretariat
el/la **interesado, -a** Bewerber(in)
la **referencia** Referenz, Gutachten
el **"curriculum vitae"** Lebenslauf

B

abril April
con referencia a in/mit Bezug auf
dirigirse a sich wenden an
adjunto beiliegend
el **certificado** Zeugnis
el **diploma** Diplom, Zeugnis
obtener erzielen, erhalten
la **contestación** Antwort
favorable günstig
la **formación** (Aus-)Bildung
el **puesto actual** gegenwärtige Stelle

actual gegenwärtig, aktuell

C

el **lugar de nacimiento** Geburtsort
el **nacimiento** Geburt
la **fecha de nacimiento** Geburtsdatum
el **estado civil** Familienstand
civil Zivil-
el **domicilio** Wohnung; Wohnort; Wohnsitz

J

la **entrevista de solicitud** Bewerbungsgespräch, Vorstellungsgespräch
la **entrevista** Besprechung, Interview
la **solicitante** Bewerberin
traducir (*zc*) übersetzen
la **inmobiliaria** Immobilienfirma
la **auditoría** Wirtschaftsprüfungsunternehmen
el **motivo** Grund, Anlaß

Unidad 16

B

la **secretaría** Sekretariat, Büro, Geschäftstelle
la **alcaldía** Bürgermeisteramt
planear planen
cultural kulturell, Kultur-
el **centro de enseñanza** Schule, Lehranstalt
la **enseñanza** Unterricht
semejante a ähnlich
adecuado, -a angemessen, passend
el **fin** Zweck, Ziel
el **alojamiento** Unterkunft, Unterbringung
proponer vorschlagen
el **ambiente** Atmosphäre, Stimmung
el **lujo** Luxus
a buenos precios zu niedrigen Preisen
dirigir a richten, adressieren an
simplemente einfach
referente a bezüglich
el **deseo** Wunsch
el **municipio** Gemeinde; Ortschaft
ir de excursión einen Ausflug machen
la **excursión** Ausflug, Exkursion
las **relaciones públicas** Public Relations (-Abteilung)
suficiente genügend, ausreichend
conseguir (*i*) erlangen, erzielen

llevar a cabo durchführen

C

las **áreas olímpicas** Olympiagelände

D

el **logotipo** Logotype
geográfico, -a geographisch, erdkundlich
múltiple viel-/mehrfach
el **rostro** (An-)Gesicht
referirse (*ie, i*) **a** sich beziehen auf
el **autor** Autor
mencionar erwähnen
el **símbolo** Symbol
elegir (*i*) (aus)wählen
organizador, -a Organisations-
los **Juegos Olímpicos** Olympische Spiele
presentar su candidatura kandidieren
la **candidatura** Kandidatur
la **actitud** Haltung
enumerar aufzählen
la **ventaja** Vorteil

Alphabetisches Wörterverzeichnis Spanisch - Deutsch

A

¿**a nombre de quién**? (3, A) auf wessen Namen?
abarrotado, -a (7, a) überfüllt
abonar (13, A) bezahlen, einzahlen
el **abrigo** (5, A) Mantel
abril (15, B) April
abrir (1, I) öffnen
abrirse (5, A) öffnen
absoluto, -a (15, A) völlig
acabar de (11, A) gerade ... haben
acabo de leer (11, A) ich habe gerade gelesen
acampar (7, f) zelten
el **aceite vegetal** (12, d) Pflanzenöl
acentuado, -a (12, d) gesteigert, deutlich
aceptar (12, G) annehmen, akzeptieren
acercar (7, G) nähern, näher bringen
el **acero** (12, d) Stahl
el **ácido** (11, A) Säure
ácido, -a (11, A) sauer
con acierto (12, b) mit Erfolg, geschickt
la **acogida** (13, A) Aufnahme, Empfang
aconsejar (8, F) raten, empfehlen
la **actitud** (16, D) Haltung
la **actividad** (7, e) Aktivität, Tätigkeit
actual (6, A) heutig, jetzig, aktuell, gegenwärtig
acuático, -a (7, a) Wasser-
el **acuerdo** (9, D) Vereinbarung
estar de acuerdo (9, D) einverstanden sein
de acuerdo (12, G) einverstanden
acusar recibo de (8, A) den Empfang bestätigen von
adecuado, -a (16, B) angemessen, passend
además (2, A) außerdem
adjunto, -a (8, A) beiliegend
la **administración** (14, G) Verwaltung-
administrativo, -a (10, A) Verwaltungs
admirar (7, b) bewundern
¿**adónde**? (2, H) wohin?
adoptar (12, d) ergreifen
aduanero, -a (12, d) Zoll
el **aeropuerto** (3, E) Flughafen
ser aficionado, -a a (10, C) eine Vorliebe haben für
África (12, d) Afrika
la **agencia de viajes** (2, A) Reisebüro
la **agencia de prensa** (12, G) Presseagentur
agosto (2, H) August
agradable (5, H) angenehm, freundlich
agradecer (*zc*) (9, D) danken für
agradecer, dar las gracias por (1, M) danken für
agravarse (11, A) schlimmer werden; sich verschlechtern
agrícola (12, b) landwirtschaftlich
la **agricultura** (12, a) Landwirtschaft
el **agua** (las **aguas**) (7, f) Wasser
aguantar (1, A) aushalten; ertragen
ahora mismo (3, E) jetzt, gleich, sofort
el **aire** (2, A) Luft
al aire libre (6, A) im Freien, unter freiem Himmel
con aire acondicionado (2, A) mit Klimaanlage
la **alcaldía** (16, B) Bürgermeisteramt
alcanzar (12, b) erreichen
alcanzar un récord (12, b) einen Rekord aufstellen
alegrar (9, D) erfreuen
me alegra que (9, D) es freut mich, daß
la **alegría** (7, c) Freude
el **alemán** (15, A) Deutsch; Deutscher
alemán, -a (3, A) deutsch
algo (4, A) etwas
el **algodón** (12, b) Baumwolle
alguno, -a (1, A) (irgend)eine(r)
allí (11, A) dort
alimentar (6, J) ernähren
alimentario, -a (4, A) Nähr-, Lebensmittel-
alimenticio, -a (12, c) Nahrungs-, Nähr-
almorzar (*ue*) (4, A) zu Mittag essen
el **alojamiento** (2, A) Unterkunft, Unterbringung
alojarse (2, H) absteigen, sich niederlassen
alquilar (1, A) mieten
los **alrededores** (11, A) Umgebung
la **alta fidelidad** (7, G) Hi-Fi
alto (3, A; 5, A) laut; groß; hoch
la **altura** (6, A) Höhe
el **aluminio** (12, d) Aluminium
el **alumno**/la **alumna** (10, A) Schüler / Schülerin
amable (14, B) liebenswürdig, nett
el **ambiente** (7, d) Stimmung, Atmosphäre
americano, a (6, L) amerikanisch
la **amiga** (1, A) Freundin
el **amigo** (1, A) Freund
el **amigo por correspondencia** (10, D) Brieffreund
ampliar (3, A) ausdehnen, erweitern, ausbauen
la **anchoa** (12, c) Sardelle
Andalucía (5, A) Andalusien, **die größte 'Comunidad Autónoma' Spaniens, im Süden des Landes gelegen*
el **anexo** (8, A) Anlage
el **animal** (12, b) Tier
animarse (1, A) Lust bekommen, Mut fassen
anoche (4, A) gestern abend
anónimo, -a (13, A) namenlos, anonym
antaño (5, J) ehemals
anteayer (4, C) vorgestern
antes de (4, A) bevor
antiguo, -a (6, A) alt, ehemalig, antik
las **Antillas** (12, d) Antillen, **Inselbrücke vor der Küste Venezuelas*
el **año** (5, A) Jahr
al año (2, H) im Jahr, pro Jahr
anual (12, a) jährlich
anualmente (12, c) jährlich
el **anuncio** (8, A) Anzeige
apagar (4, D) ausschalten
el **aparato** (13, A) Gerät
la **aparición** (12, c) Erscheinung, Auftreten
el **apartado** (8, A) Postfach
el **apartamento** (1, M) Appartement
a pesar de (12, b) trotz
aplicar anwenden; gebrauchen
aprender a (12, G) lernen zu
aproximadamente (10, A) etwa, ungefähr
apuntar (3, E) notieren, verzeichnen
aquello (6, A) jenes
aquí hier
por aquí (4, A) hier in der Nähe
las **áreas olímpicas** (16, C) Olympiagelände
la **arena** (7, d) Sand
Argentina (1, A) Argentinien
la **arqueología** (7, e) Archäologie (= Altertumskunde)
la **arquitectura** (7, b) Architektur
arrastrar (11, A) mitführen

artificial (7, c) künstlich
el **arroz** (12, d) Reis
el **arte** (las **artes**) (7, b) Kunst
la **artesanía** (7, c) Volkskunst, Kunsthandwerk
el **artículo** (5, S) Artikel
asegurar (6, D) versichern
el **aseo** Bad
así (1, A) so
así como (13, A) sowie, wie auch
el **asiento** (2, D) Sitzplatz
la **asignatura** (10, A) (Unterrichts-)Fach
asombrarse de (7, f) sich wundern, staunen
el **asunto** (9, A) Sache, Angelegenheit
asunto: (9, A) Betreff:, Betrifft:
la **atmósfera** (11, A) Atmosphäre
atentamente (8, A) hochachtungsvoll
atento, -a (13, D) aufmerksam, freundlich
atlántico atlantisch
atraer (6, A) anziehen
atrás (7, G) hinten, zurück
la **auditoría** (15, J) Wirtschaftsprüfungsunternehmen
aún (1, A) noch
aunque (1, L) obwohl
Austria (2, H) Österreich
el **autobús** (5, H) Bus
el **automóvil** (12, d) Auto
el **autor** (16, D) Autor
la **autosuficiencia** (12, b) Selbstversorgung
avanzado, -a (6, J) fortgeschritten
el **ave** (las **aves**) (12, c) Vogel
la **aventura** (6, A) Abenteuer
el **avión** (2, A) Flugzeug
ayer (4, C) gestern
el **Ayuntamiento** (10, A) Rathaus; Stadtverwaltung
el **azufre** (11, A) Schwefel

B

bailar (7, d) tanzen
el **baile** (5, H) Tanz, Tanzen
bajar (5, N) hinabgehen, heruntergehen
bajar de (1, A) heruntergehen, fallen (von); aussteigen aus
bajo, -a (12, d) niedrig
el **balcón** (5, H) Balkon
el **baloncesto** (10, A) Basketball(spiel)
el **banano** (12, d) Banane(nstaude)
bañarse (7, d) schwimmen, baden
el **banco** (5, A) Bank
el **baño** (10, D) Bad
barato, -a (6, E) billig
el **barco** (2, A) Schiff
por barco (9, A) mit dem Schiff
el **barrio** (5, H) Stadtviertel, Vorstadt
el **barrio satélite** (5, H) Trabantenstadt
la **bauxita** (12, d) Bauxit
la **bebida** (4, A) Getränk
la **belleza** (7, a) Schönheit
la **bicicleta** (5, N) Fahrrad
en **bicicleta** (6, A) mit dem Fahrrad
las **bicis** (las **bicicletas**) (6, A) Fahrräder
los **bienes** (12, d) Güter
bilingüe (15, A) zweisprachig
el **billete (de banco)** (14, B) Banknote
el **bismuto** (12, c) Wismut (= Metall)
el **bisnieto** (5, J) Urenkel
la **bodega** (8, A) Weinkeller, Kellerei
Bolivia (6, A) Bolivien
el **bolso** (5, A) Tasche
el **bombero** (6, A) Feuerwehrmann
bonito, -a (5, H) schön
el **bosque** (12, d) Wald
la **bota** (5, A) Stiefel
la **botella** (9, A) Flasche
(el) **Brasil** (1, A) Brasilien
brusco, -a (12, b) jäh, plötzlich
bruto, -a (12, c) Brutto
buscar (3, A) suchen

C

la **cabeza** (5, A) Kopf
cada (9, A) jede(r), jedes
cada uno, -a (9, A) pro Stück
caer (11, A) fallen
la **caída** (4, A) Fall
la **caja** (5, A) Kasse
la **caja** (8, A) Kiste
la **caja de ahorros** (14, D) Sparkasse
de cajero (10, A) als Kassierer
el **cajero** (5, A) Kassierer
el **cajero automático** (14, G) Geldautomat
el **cálculo** (12, d) Berechnung
la **calefacción central** (10, D) Zentralheizung
la **calidad** (8, A) Qualität
callar (5, A) schweigen
el **calor** (1, M) Hitze
el **calzado** (12, b) Schuhe; Schuhwerk
el **camarero** (4, A) Kellner
el **camarote** (1, P) Kajüte, Kabine
cambiar de (3, E) wechseln, ändern
el **cambio** (14, B) Wechselgeld
al cambio de (14, B) zum Wechselkurs von
el **camino** (6, A) Weg
el **camión** (5, N) Lastkraftwagen
un **camión-grúa** (5, N) Abschleppwagen
el **campamento** (7, e) Lager
los **campesinos** (6, A) Landarbeiter; Bauern
el **camping** (2, E) Campingplatz
el **campo** (5, H) Land, Feld
la **caña de azúcar** (12, b) Zuckerrohr
la **candidatura** (16, D) Kandidatur
Cantabria (7, D) Kantabrien, **Teil von Nordspanien, am Golf von Biskaya*
la **cantidad** (13, D) Menge
la **captura** (12, b) Fang
la **cara** (5, A) Gesicht
el **carbón** (12, b) Kohle
la **carga** (13, D) Fracht, Ladung
el **cargo** (13, A) Last, Auftrag,
el **cariño** (1, A) Liebe, Zärtlichkeit
la **carne** (3, A) Fleisch
la **carnicería** (5, H) Metzgerei
el **carnicero** (5, H) Metzger
la **carretera** (13, A) Landstraße
la **carretera nacional** (13, A) Bundesstraße
la **carta al director** (11, D) Leserbrief
la **(carta) presente** (9, A) vorliegendes Schreiben
cartearse con (10, A) in Briefwechsel stehen mit
la **casa** (3, A) Haus, Firma, Unternehmen
la **casa particular** (6, E) Privathaus
en casa de (6, A) bei
la **casete** Kassette
el **casete** (4, G) Kassettenrecorder
casi (5, A) fast, beinahe, nahezu, ungefähr
la **casita** (1, A) Häuschen
castellano, -a (10, A) kastilisch; spanisch
catalán, -a (4, A) katalanisch
una **catalana** (10, A) eine Katalanin
el **catálogo** (8, A) Katalog
la **categoría** (7, d) Kategorie, Klasse
la **causa** (12, c) Grund
a causa de (12, d) wegen
causar (11, A) verursachen
causar daño (11, A) Schaden verursachen
celebrar (9, A) sich freuen über, feiern
el **cemento** (12, b) Zement
cenar (4, A) (abend)essen
las **centrales térmicas** (11, K) Wärmekraftwerke
el **centro** (2, D) Zentrum
el **centro de enseñanza** (16, B) Schule, Lehranstalt
el **centro médico** (10, A) medizinisches Zentrum

el **centro polideportivo** (7, b) Sportzentrum
Centroamérica (6, A) Mittelamerika
cerca de (2, A) in der Nähe von; ungefähr, annähernd
los **cereales** (12, b) Getreide, Getreidearten
cerrado, -a (5, G) geschlossen
cerrar (*ie*) (13, G) schließen
el **certificado** (15, B) Zeugnis
el **Chaco** (12, b) El Chaco, **natürliches Gebiet in Argentinien, Paraguay und Bolivien*
charlar (5, E) plaudern
el **cheque** (2, A) Scheck
el **cheque de viaje** (14, G) Reisescheck
Chile (6, A) Chile
chileno, -a (6, A) chilenisch
chocar con (5, N) zusammenstoßen mit
el **chocolate** (5, H) Schokolade
el **chófer** (3, E) Fahrer
el **ciclismo** (6, A) Fahrradfahren, Radsport
cien(to) (5, H) hundert
cien mil (10, A) hunderttausend
por ciento (8, A) Prozent
cif (8, A) 'cost, insurance, freight' (= frei von Lade-, Versicherungs-, Frachtkosten)
el **cinc/zinc** (12, b) Zink
la **cinta** (7, F) Band
los **cítricos** (12, b) Zitrusfrüchte
la **ciudad** (10, A) Stadt
el **ciudadano** (12, b) (Staats-) Bürger, Einwohner
civil (15, C) Zivil-
la **civilización** (6, A) Zivilisation, Kultur
claramente (11, A) deutlich
claro (3, E) natürlich
claro está (6, A) natürlich
claro que sí (2, D) natürlich, selbstverständlich
claro, -a (6, A) klar, deutlich
la **clase** (2, A) Art, Klasse, Sorte
la **clase** (8, A) Unterrichtsstunde
clásico, -a (10, C) klassisch
el/la **cliente** (5, A) Kunde, Kundin
el **clima** (7, a) Klima
el **club** (2, H) Klub, Verein
cobrar (14, A) berechnen
el **cobre** (12, b) Kupfer
el **cocido** (8, P) Cocido, **spanischer Eintopf aus Fleisch und Gemüse*
la **cocina** (2, D) Küche
coger (5, A) greifen, fassen
el/la **colega** (3, E) Kollege, Kollegin
la **colonia** (6, M) Kolonie
el **colorido** (7, c) Farbenpracht
comer (4, I) (zu Mittag) essen
comercial (6, K) Handels-
la **comida** (4, A) Essen
la **comisaría** (5, A) Kommissariat, Polizeirevier
la **comisión** (14, A) Kommission
como (1, A) da, weil
¿cómo? (2, A) wie?
¡cómo no! (2, A) selbstverständlich, jawohl, natürlich
como sigue (9, A) wie folgt
el **compañerismo** (7, e) Kameradschaft
la **compañía** (3, A) (Handels-) Gesellschaft
la **compañía de seguros** (13, A) Versicherungsgesellschaft
la **compra** (4, G) Einkauf
al comprar (7, G) indem Sie kaufen
la **compraventa** (13, A) Kauf
comprensivo, -a (10, C) verständnisvoll
común (3, A) gemeinschaftlich, gemeinsam
la **comunicación** (13, K) Kommunikation
las **comunicaciones** (6, J) Verkehrswege, Verbindungen
comunicar (8, A) mitteilen
la **comunidad** (12, b) Gemeinschaft
con ducha (3, T) mit Dusche
el **concierto** (7, b) Konzert
la **condición** (8, A) Bedingung
las **condiciones de venta** (8, A) Lieferbedingungen
las **condiciones de pago** (8, A) Zahlungsbedingungen
conducir (*zc*) (12, b) führen, lenken
la **confirmación** (9, A) Bestätigung
confirmar (9, A) bestätigen
congelarse (1, A) gefrieren
las **conjunciones** (1, L) Bindewörter
el **conjunto** (7, G) Kombination (Kleidung)
conocer (*zc*) (7, C) (4, A) kennen(lernen), erkennen
conocido, -a (12, b) bekannt, berühmt
conozco (4, A) **(conocer)** ich kenne
conquistar (6, J) erobern
con respecto a (13, D) hinsichtlich; bezüglich
la **consecuencia** (6, J) Folge
conseguir (*i*) (5, N) erzielen, erreichen
considerable (12, c) beträchtlich, bedeutend
consiguiente (12, c) (aus etwas) hervorgehend, folgend
por consiguiente (11, A) deshalb, demnach, folglich
consistir en (7, e) bestehen aus/in
constante (12, d) konstant, ständig
constatar (13, A) feststellen
el **consumo** (12, d) Konsum
la **contabilidad** (10, A) Buchführung
el **contacto** (6, A) Kontakt, Verbindung
la **contaminación** (11, A) Verschmutzung
el **contaminante** (11, F) Verschmutzer
contaminar (11, A) verschmutzen
contar (*ue*) (10, A) erzählen
contestar (3, A) (be)antworten
contestar a (6, A) antworten auf
la **contestación** (15, B) Antwort
el **contexto** (12, d) Kontext, Zusammenhang
el **continente** (6, A) Kontinent
a continuación (8, A) nachher
contra (5, A) gegen
estar en contra de que (11, J) dagegen sein, daß
el **contrabando** (12, d) Schmuggel, Schmuggeln
el **contrato** (13, A) Vertrag
el **contrato de compraventa** (13, A) Kaufvertrag
contribuir a (12, c) beitragen zu
convenir (13, A) vereinbaren
convenido, -a (13, A) vereinbart
convertirse (*ie*) **en** (12, c) sich verwandeln in
la **cooperativa** (11, F) Genossenschaft; Kooperative,
cordial (10, A) herzlich
la **cordillera** (6, A) Gebirgskette, Gebirge
la **cordillera de los Andes** (6, A) Anden
el **correo** (8, A) Post
por correo separado (8, A) mit getrennter Post
correr (5, A) rennen, laufen
la **correspondencia** (10, D) Korrespondenz, Briefwechsel
corresponder a (12, d) zuteil werden, entsprechen
corriente (8, A) laufend
la **corriente** (12, c) Strom, Strömung
la **cosa** (4, A) Ding, Sache
la **costa** (12, d) Küste
la **Costa Brava** (7, D) Costa Brava, **bekannte Küste in Nordostspanien*
la **Costa de la Luz** (11, A) Costa de la Luz, **Küste in Südwestspanien*
la **Costa del Sol** (7, D) Costa del Sol, **bekannte Küste in Südspanien*
costar (*ue*) (2, A) kosten
costero, -a (12, c) Küsten-
crecer (*zc*) (12, b) wachsen, zunehmen

crecer en importancia (12, b) an Bedeutung zunehmen
el **crédito** (14, B) Kredit
creer (5, H) glauben
cristalino, -a (7, f) kristallklar
Cristóbal Colón (11, F) Christoph Kolumbus
el **crudo** (12, c) Rohöl
cte. (del mes corriente) (9, A) diesen Monats
cuadrado, -a (8, A) Quadrat-; quadratisch
¿cuál? (5, J) welcher?
cualquiera (6, A) jemand, irgendeine(r)
cuando (1, L) wenn
¿cuánto (dinero)? (2, A) wieviel (Geld)?
cuanto antes (8, H) so schnell wie möglich
el **cuarto de baño** (3, A) Badezimmer
cuarto, -a (10, A) vierte(r)
cubrir (14, B) *hier:* unterschreiben
cubrirse (5, A) (sich) bedecken
la **cuenta** (3, L) Rechnung
la **cuenta comercio** (14, G) Geschäftskonto
la **cuenta corriente** (14, G) Kontokorrent, Girokonto
la **cuenta postal** (13, A) Postscheckkonto
tener en cuenta (13, D) berücksichtigen
cultivar (11, F) anbauen
cultivo (10, A) Anbau; Zucht
el **culto** (6, J) Kult
el **culto religioso** (6, J) Gottesdienst, religiöser Kult
cultural (16, B) kulturell, Kultur-
el **cura** (6, A) kath. Geistlicher
el **"curriculum vitae"** (15, A) Lebenslauf
el **curso** (7, e) Kurs, Lehrgang
la **custodia** (14, G) Aufbewahrung
la **custodia de valores** Depotgeschäft
cuyo, -a (12, c) dessen, deren

D

dañar (13, A) beschädigen
el **daño** (11, A) Schaden
dar a (3, E) gehen auf
dar al patio (3, E) zum Innenhof liegen
dar las gracias por (8, A) danken für
dar un paseo (4, A) einen Spaziergang machen
darse cuenta de (11, A) bemerken, einsehen, gewahr werden
el **dato** (12, d) Angabe, Information
(la **puerta**) **dcha.** (10, A) die rechte Tür
de 5 a 9.30 (10, A) von 17.00 bis 21.30 Uhr
de todo (5, H) von allem (haben)
deber (7, F) sollen, müssen
la **década** (12, b) Jahrzehnt
la **década de los 70** (12, d) die siebziger Jahre
decir (*i*) (1, A) sagen
dedicarse a (una cosa) (7, a) sich (einer Sache) widmen
la **degeneración** (11, A) Verfall, Degeneration
delante de (5, G) vor
deletrear (3, A) buchstabieren
delgado, -a (5, H) schlank
dejar (5, K) liegen-; stehenlassen; übergeben, überlassen
la **demanda** (8, A) Anfrage, Nachfrage
a su demanda (8, A) auf Ihre Anfrage
los demás (6, L) die übrigen
dentro de (6, D) innerhalb von
la **dependencia** (12, d) Abhängigkeit
depender (2, A) abhängen
el **deporte** (2, A) Sport
el **depósito** (12, b) Ablagerung, Vorrat, Anhäufung
derecho, -a (10, A) rechts
el **derivado** (12, d) Derivat, abgeleitete Verbindung
desarrollar (12, b) entwickeln
desarrollarse (12, d) sich entwickeln
desastroso, -a (12, c) unselig, verhängnisvoll
el **desayuno** (2, E) Frühstück
desayunar (4, G) frühstücken
descansar (7, e) ausruhen
el **descanso** (7, e) Erholung, Ruhe, Pause
el **descendiente** (12, b) Nachkomme, Nachfahre
descubierto, -a (descubrir) (6, K) entdeckt
ser descubierto, -a (descubrir) (5, A) entdeckt werden
descubrir (5, A) entdecken, aufdecken
el **descubrimiento** (6, J) Entdeckung
desde (3, A) von, ab; seit
desde ... hasta (6, A) von ... bis ...
desde hace (5, H) seit
desde que (5, A) seit(dem)
el **deseo** (16, B) Wunsch
desear (8, G) wünschen
desierto, -a (7, a) verlassen, öde, leer
despachar (9, A) absenden
la **despedida** (1, B) Grußformel
despertar (*ie*) (3, E) (auf)wecken
despertarse (*ie*) (5, E) aufwachen
después de (3, E) nach(dem)
después de terminar (la comida) (4, A) nachdem sie zu Ende gegessen haben
destacar (12, c) herausragen
destinar a (12, b) bestimmen für
la **desventura** (6, A) Unglück, Mißgeschick
detalladamente (8, A) ausführlich, detailliert
detener (5, A) verhaften, anhalten, aufhalten
detuvo (detener) (5, A) er verhaftete
la **deuda** (12, G) Schuld; Verschuldung
devolver (*ue*) (3, E) zurückgeben
al día (6, A) pro Tag; täglich,
el **día de fiesta** (13, G) Feiertag
el **dialecto** (12, c) Dialekt
el **diamante** (12, d) Diamant
el **diario** (1, A) Tageszeitung
diciembre (10, A) Dezember
diciendo (decir, i) (5, A) indem sie sagte
difícil (6, A) schwer
la **dificultad** (12, c) Schwierigkeit
¡Dígame! (3, A) Hallo!
el **dinero** (5, A) Geld
el **dinero suelto** (14, B) Kleingeld
el **dióxido** (11, A) Dioxid
el **dióxido de azufre** (11, A) Schwefeldioxid
el **diploma** (15, B) Diplom, Zeugnis
la **dirección** (1, B) Anschrift
el **director** (11, D) Direktor, Herausgeber
dirigir a (16, B) richten, adressieren an
dirigirse a (15, B) sich wenden an
discutir (5, A) diskutieren
disfrutar de (7, d) genießen
la **disminución** (12, c) Verringerung, Abnahme
disminuir (12, c) abnehmen; zurückgehen
la **disponibilidad** (12, d) Verfügbarkeit
la **distancia** (1, A) Abstand, Entfernung
a poca distancia (11, A) in geringer Entfernung
distinguir (7, G) unterscheiden
distinguirse (7, G) sich unterscheiden, sich auszeichnen
la **diversificación** (12, d) Diversifikation, Veränderung, das Herstellen einer größeren Vielfalt
diverso, -a (8, A) verschieden
divertido, -a (5, H) amüsant, lustig, unterhaltend
divertirse (*ie, i*) (7, d) sich amüsieren, sich vergnügen
el **documento** (14, B) Dokument
el **dólar** (12, b) Dollar

el **domicilio** (15, C) Wohnung; Wohnort; Wohnsitz
el **domingo** (2, A) Sonntag
los **domingos** (10, A) sonntags
el **dominio** (15, A) Beherrschung
dormir (*ue, u*) (6, A) schlafen
el **dormitorio** (10, D) Schlafzimmer
los / las dos (4, A) (sie) beide
dos tercios (12, b) zwei Drittel
durante (4, A) während
durar (2, H) dauern
duro, -a (6, A) schwer, schwierig, hart

E

la **economía** (10, A) Wirschaft
económicamente (12, G) wirtschaftlich
económico, -a (12, a) wirtschaftlich
la **edad** (10, A) Alter
educativo, -a (7, e) erzieherisch
el **efecto** (12, c) Effekt, Folge
el **efecto invernadero** (11, K) Treibhauseffekt
efectuar (13, A) ausführen, leisten
la **ejecución** (9, A) Ausführung
ejecutar (9, A) ausführen
el **ejemplo** (8, A) Beispiel
por ejemplo (8, A) zum Beispiel
el **2 (del mes) cte. (corriente)** (8, A) der 2. dieses Monats
(el) **4º (cuarto piso)** (10, A) das 4. Stockwerk
el **70 por ciento** (8, A) 70 Prozent
el **Emperador Carlos** (2, D) Kaiser Karl
elegante (7, b) elegant, fein
elegir (*i*) (16, D) (aus)wählen
empezar (*ie*) (6, A) anfangen
empleada (2, A) Angestellte
la **empresa** (4, A) Betrieb, Unternehmen
empujar (5, N) fortschieben, stoßen
¿En qué puedo servirle? (2, A+B) Womit kann ich Ihnen dienen?
en seguida (3, K) sofort
en vez de ello (5, N) stattdessen
encantador, -a (7, c) bezaubernd, entzückend
encontrar (*ue*) (3, E) finden, begegnen, treffen
encontrar (*ue*) **una buena acogida** (13, A) eine gute Aufnahme finden
encontrarse (*ue*) (16, B) sich befinden
encontrarse (*ue*) **con** (5, E) sich treffen mit
energético, -a (12, d) energetisch, Energie-
enfadarse (5, A) sich ärgern
la **enfermera** (10, A) Krankenschwester
enorme (5, A) übermäßig
el **ensayo** (9, A) Versuch
la **enseñanza** (10, A) Unterricht
enseñar (3, I) zeigen
el **ensueño** (7, a) Traum, Bezauberung
entenderse (*ie*) (8, A) sich verstehen
enterarse de (5, D) erfahren
enterrar (*ie*) (5, B) begraben, beerdigen
entonces (2, A) also, dann, darauf
el **entorno** (8, O) Umgebung
la **entrada** (3, A) Eintritt, Beitritt
entrar (5, A) hereinkommen, hineingehen, eintreten
entrar en contacto con (6, A) in Kontakt treten mit
entrar en funcionamiento (12, d) in Betrieb genommen werden
entre (12, c) *hier:* mit
la entrega (8, A) Lieferung
entregar (5, A) überreichen
la **entrevista** (15, J) Besprechung, Interview
la **entrevista de solicitud** (15, J) Bewerbungsgespräch, Vorstellungsgespräch
enumerar (16, D) aufzählen
enviar (1, A) senden, schicken
el **envío** (9, A) Sendung
la **época** (12, c) Zeitalter
el **equipo** (7, G) Ausstattung, Gerät
el **equipo telefónico** (7, G) Telefonanlage
era (ser) (5, A) sie war
el **estado** (9, A) Zustand
en buen estado (9, A) in gutem Zustand
es que (3, E) nämlich
la **escala** (1, A) Zwischenlandung; Maßstab, Skala
a escala comercial (12, b) betriebswirtschaftlich, kommerziell
escalar (7, f) besteigen, klettern
la **escasez** (12,c) Knappheit, Mangel
escríbeme (10, A) schreibe mir
el **escrito** (8, C) Schreiben
escuchar (2, A) zuhören, (an)hören
escuchar la radio/la casete (4, G) Radio/Kassette hören
la **escuela** (5, H) Schule
ese (4, E) der da, jener
por eso (8, A) deshalb
el/la **especialista** (15, A) Spezialist(in)
la **espeleología** (7, e) Speläologie (= Höhlenkunde)
en espera (de) (8, A) in Erwartung
esperar (2, A) warten, erwarten, hoffen
espléndido, -a (5, G) herrlich, strahlend
ser expulsado (11, A) ausgestoßen werden
el **esquí** (7, a) Ski(lauf)
el **esquí acuático** (7, a) Wasserski(laufen)
está bien (3, A) es ist gut
está escribiendo (a máquina) (5, G) er schreibt gerade (auf der Schreibmaschine)
está hablando (3, E) er spricht gerade
esta noche (4, A) heute abend
establecerse (*zc*) (12, b) sich ansiedeln, niederlassen
la **estación** (2, D) Bahnhof
la **estación de bomberos** (6, A) Feuerwehr
el **estado** (9, A) Zustand; Staat; Stand
el **estado civil** (15, C) Familienstand
(los) **Estados Unidos** (11, F) (die) Vereinigten Staaten
el **estaño** (12, b) Zinn
el **estanque** (5, N) Teich
estar harto, -a de (11, A) es satt haben
estar situado, -a (10, D) sich befinden, liegen
Estimados Señores: (8, A) Sehr geehrte Damen und Herren!
estimulante (7, e) anregend
la **estrella** (2, A) Stern
estropear (13, A) beschädigen
estupendo, -a (3, A) ausgezeichnet
étnico, -a (12, a) ethnisch
el **eurocheque** (14, B) Eurocheque
el **europeo** (12, b) Europäer
europeo, -a (12, G) europäisch
examinar (13, A) kontrollieren, überprüfen
excelente (4, A) ausgezeichnet
excluir (12, d) nicht mitzählen, ausschließen
la **excursión** (5, H) Ausflug, Exkursion
exigir (8, G) fordern, verlangen
existir (12, b) bestehen, existieren
exótico, -a (7, a) exotisch
la **expansión** (12, d) Expansion
la **experiencia** (15, A) Erfahrung
explorar (7, a) erforschen
explotar (12, b) abbauen
la **exportación** (12, b) Ausfuhr, Export
el **exportador** (12, b) Exporteur
exportador, -a (3, A) Ausfuhr-, Export-
exportar (3, A) exportieren
la **exposición** (7, D) Ausstellung
la **Exposición Mundial** (7, D) Weltausstellung
expulsar (11, A) ausstoßen

extenderse (*ie*) (12, b) sich erstrecken, sich ausdehnen
extensivo, -a (12, b) extensiv
el **exterior** (12, d) Ausland
extraer (12, a) fördern
el **extranjero** (2, H) Ausland
el **extranjero** (4, E) Ausländer
extraño, -a (6, A) fremd, ungewohnt, seltsam
es extraño que (9, D) es ist sonderbar, daß
extraordinario, -a (7, f) außergewöhnlich
extremo, -a (12, b) äußerst

F

las **facilidades** (7, d) *hier:* Einrichtungen; Möglichkeiten
la **factura** (9, A) Rechnung
la **falta** (10, C) Mangel
hace falta (2, D) es ist erforderlich, es ist nötig
hace falta que (10, C) es ist nötig, daß
faltar (5, A) fehlen
el **familiar** (2, H) Familienangehörige(r)
fascinante (7, b) faszinierend
la **fauna** (7, f) Fauna, Tierreich
el **favor** (3, O) Gefallen, Gefälligkeit
favorable (15, B) günstig
favorecer con (9, A) beehren mit
favorito, -a (7, d) Lieblings-, bevorzugt
el **fax** (13, K) Fax
la **fecha** (1, B) Datum
la **fecha de nacimiento** (15, C) Geburtsdatum
felicitar por (11, A) gratulieren zu
Felipe IV (cuarto) (3, O) Philipp IV.
el **fenómeno** (12, b) Phänomen
la **feria** (3, A) Messe
la **(feria) alimentaria** (4, A) Nahrungsmittelmesse
el **ferrocarril** (10, A) Eisenbahn(linie),
el **fertilizante** (12, c) Dünger
la **fidelidad** (7, G) Treue, getreue Wiedergabe
la **fiesta** (5, H) Fest
el **fin** (4, G) Ende, Schluß; Zweck, Ziel
el **fin de semana** (4, G) Wochenende
el **final** (12, c) Ende, Schluß
a finales de (12, c) Ende ...
financiero, -a (12, c) finanziell
firmar (14, B) unterschreiben, unterzeichnen
la **flor** (5, H) Blume
la **flora** (7, f) Flora, Pflanzenwelt
flotante (5, N) schwimmend, treibend
fob (8, A) 'free on board' (= frachtfrei an Bord)
el **folleto** (1, H) Broschüre
a **fondo** (7, G) gründlich
la **forma** (2, H) Form, Art
de **forma particular** (2, H) auf eigene Faust
la **formación** (10, A) Ausbildung
la **Formación Profesional** (10, A) Berufsausbildung
formal (10, C) seriös; zuverlässig
formar (12, c) bilden
la **foto(grafía)** (1, A) Foto
la **fotocopia** (14, B+C) Fotokopie
el **francés** (6, A) Franzose
Francia (1, M) Frankreich
la **fresa** (11, F) Erdbeere
fresco, -a (7, D) frisch
el **frío** (1, A) Kälte
frío, -a (6, A) kalt
hace frío (1, A) es ist kalt
las **frutas** (5, H) Früchte, Obst
fue (ir) (5, A) er ging
la **fuente** (12, c) Quelle
fuera de (4, I) außerhalb
la **función** (4, I) Aufgabe, Funktion
fundamentalmente (12, b) grundsätzlich; hauptsächlich
el **fútbol** (4, G) Fußball

G

las **gafas** (5, A) Brille
la **galería** (7, b) Galerie
la **ganadería** (12, b) Viehzucht
la **gángster** (5, A) Gangsterin, Verbrecherin
el **garaje** (5, N) Garage
el **gas** (12, b) Gas
el **gas natural** (12, d) Erdgas
la **gata** (5, H) Katze, Katzenweibchen
el **gato** (5, H) Katze, Kater
el **gaucho** (12, b) Gaucho, **argentinischer Rinderhirte*
la **gente** (4, A) Leute, Menschen
geográfico, -a (16, D) geographisch, erdkundlich
gordo, -a (5, H) dick, fett
gran(de) (6, A) groß
las **gracias** (1, M) Dank
grave (11, A) ernsthaft
el **grito** (5, A) Schrei
la **grúa** (5, N) Kran(wagen), Hebelade
el **guano** (12, c) Guano, Vogelmistdünger
el **guardia** (5, A) Polizist
la **Guayana** (12, d) Guayana, **Gebiet südlich von Venezuela*
la **guerra** (12, d) Krieg
la **guitarra** (5, H) Gitarre
gustar (5, G) gefallen
no le gusta la lluvia (5, G) ihr gefällt der Regen nicht
a gusto (11, A) behaglich; wohl
el **gusto** (11, A) Geschmack, Vergnügen

H

había (hay) (5, A) es gab
la **habitación** (3, A) Zimmer
la **(habitación) individual** (3, A) Einzelzimmer
el/la **habitante** (5, A) Einwohner(in)
habitar (12, c) wohnen
hablar más alto (3, A) lauter sprechen
hablar (3, A) sprechen
hace (5, A) vor (*zeitl.*)
hace buen tiempo (10, A) es ist schönes Wetter
hace falta (2, D) es ist erforderlich, es ist notwendig
hace falta que (10, C) es ist nötig, daß
hace frío (1, A) es ist kalt
hace mal tiempo (5, G) es ist schlechtes Wetter
hace poco (6, A) vor kurzem
hace sol (5, G) die Sonne scheint
hacer (4, A) machen, tun
hacer el favor de (3, O) den Gefallen tun, zu
hacer excursiones al campo (5, H) Ausflüge aufs Land machen
hacer un ensayo (9, A) einen Versuch machen
hacer una fotocopia (14, B+C) eine Fotokopie machen
hacerse cargo de (13, A) übernehmen; sich einer Sache annehmen
hacía (hacer) (5, A) sie machte
una **hacienda** (12, b) ein landwirtschaftlicher Großbetrieb, eine Farm
hallar (12, d) finden
hallarse (8, A) sich befinden
Hamburgo (8, C) Hamburg
la **harina** (12, b) Mehl
la **harina de trigo** (12, b) Weizenmehl
harto, -a (11, A) überdrüssig
hasta (3, A) bis
hasta que no hubiera (hay) ... (5, B) bis es keine ... mehr gab
hay (5, A) es gibt
hay tantas cosas que ver (4, A) es gibt so viel zu sehen
hecho, -a (hacer) (8, A) gemacht
el **hectolitro** (8, A) Hektoliter
la **hermana** (10, A) Schwester
el **hermano** (10, A) Bruder
el **hierro** (12, b) Eisen
la **hija** (5, H) Tochter
el **hijo** (5, H) Sohn
la **historia** (7, G) Geschichte

hizo (hacer) (4, A) Sie machten, Sie haben gemacht
la **hoja** (8, A) Blatt
¡Hola ! (10, A) Hallo, guten Tag!
holandés, -a (4, A) holländisch
las horas punta (3, E) Stoßzeiten
la **hospitalidad** (6, A) Gastfreundlichkeit, Gastfreundschaft
con mucha hospitalidad (6, A) sehr gastfreundlich
un hotel de lujo (6, A) ein Luxushotel
huele (oler) a (11, A) er/sie/es riecht nach
la **huella** (7, G) Spur
Huelva (11, A) **Stadt in Südwestspanien*
la **humedad** (11, A) Feuchtigkeit
humilde (6, A) einfach, schlicht
el **humor** (10, C) Humor

I

iba (ir) (5, A) sie ging
el **idioma** (7, e) Sprache
la **iglesia** (5, H) Kirche
igual que (6, A) ebenso wie
imaginarse (1, A) sich vorstellen
el **importador** (8, A) Importeur
la **importancia** (12, b) Bedeutung, Wichtigkeit
importante (10, A) wichtig
es importante que (10, A) es ist wichtig, daß
el **importe** (13, A) Betrag
incaico,-a (12, c) Inka-
incluir (2, A) einschließen
incluso (6, A) sogar
incluye el precio (4, I) es ist im Preis enthalten
incontrolado, -a (12, c) unkontrolliert
increíble (7, a) unglaublich
el **incremento** (12, c) Zunahme
indicar (13, D) angeben
indígena (12, b) eingeboren; einheimisch
las **Indias** (6, K) Indien
el **indio** (6, L) Indianer; Indio
la **industria** (12, a) Industrie
industrial (10, A) Industrie-; gewerblich, industriell
la **información** (2, A) Auskunft, Information
informar de (8, A) informieren über
la **informática** (7, G) Information, Datenverarbeitung
el **inglés** (10, A) Englisch; Engländer
los **ingresos** (12, a) Einkünfte
inmediatamente (9, A) sofort
la **inmigración** (12, b) Einwanderung
el **inmigrante** (12, d) Einwanderer
la **inmobiliaria** (15, J) Immobilienfirma
innecesario, -a (12, d) unnötig, überflüssig
inolvidable (7, b) unvergeßlich
instalado, -a (4, A) untergebracht
instalar (4, A) unterbringen
la **instrucción** (13, A) Anweisung
intensivo, -a (7, e) intensiv
el **intento** (12, b) Versuch
el **intercambio** (12, d) Verkehr; Austausch
el **interés** (8, A) Interesse
con mucho interés (8, A) mit großem Interesse
interesado, -a (9, A) interessiert
el/la **interesado, -a** (15, A) Bewerber(in)
interesar (8, A) interessieren
interesarse por (4, A) sich interessieren für
el **interior** (2, H) Inland
interior (12, d) national, inländisch
internacional (2, D) international
interno, -a (12, c) intern, inländisch
el **invernadero** (11, K) Treibhaus
invitar (4, A) einladen
ir (1, A) fahren, gehen
ir de compras (4, G) Einkäufe machen
ir de excursión (16, B) einen Ausflug machen
ir de vacaciones (1, A) in (die) Ferien fahren
irían (ir) ustedes (6, A) Sie würden fahren
irritar (11, J) ärgern; erbittern
nos irrita que (11, J) es ärgert uns, daß
irse (5, D) weggehen
la **isla** (1, A) Insel

J

el **jardín** (10, D) Garten
el **jefe** (3, O) Chef
joven (5, A) jung
el **joven** (3, E) junger Mann
la **joven** (3, E) junges Mädchen
los **Juegos Olímpicos** (16, D) Olympische Spiele
el **jueves** (2, A) Donnerstag
jugar al baloncesto (10, A) Basketball spielen
el **juguete** (5, A) Spielzeug
julio (1, M) Juli
junto a (7, f) neben

K

el **kilómetro** (6, A) Kilometer
un **kilómetro cuadrado** (12, b) Quadratkilometer

L

lácteo, -a (12, d) Molkerei-, Milch-
el **lado** (12, d) Seite
al lado (*de*) (4, A) neben
el **lago** (7, f) See
lamentar (9, D) bedauern
la **lana** (12, b) Wolle
largo, -a (1, A) lang, groß
a lo largo de (12, d) am (entlang)
las que (3, E) diejenigen, die
el lavabo (10, D) Toilette
lavarse (5, E) sich waschen
la **leche** (5, H) Milch
leer (4, A) lesen
la **legitimación** (14, B) Legitimation; Ausweis
las **legumbres** (5, H) Gemüse
lejano, -a (6, J) fern, entfernt, abgelegen
la **lengua castellana** (10, A) Spanisch, spanische Sprache
la **lengua catalana** (10, A) Katalanisch, katalanische Sprache
leí (leer) (4, A) ich las, ich habe gelesen
levantarse (4, G) aufstehen
libre (6, A) frei
la **libreta de ahorro** (14, G) Sparbuch
el **limón** (12, b) Zitrone
limpio, -a (3, E) sauber
limpísimo (7, c) blitzsauber
liquidar (13, A) ausgleichen, begleichen
la **lista** (8, A) Liste
la **lista de precios** (8, A) Preisliste
llamar la atención sobre (11, A) aufmerksam machen auf
llamar por teléfono (13, D) anrufen
llamarse (10, A) heißen
la **llave** (3, L) Schlüssel
llegar a (3, E) ankommen in, an
lleno, -a de (7, c) gefüllt; voll mit/von
llevar (2, A) dabeihaben
llevar a cabo (16, B) durchführen
llevarse (14, B) mitnehmen, (dabei)haben
llover (*ue*) (5, G) regnen
Liubliana (8, A) Ljubjlana
la **lluvia** (5, G) Regen
la **lluvia ácida** (11, A) saurer Regen
local (7, c) örtlich
el **logotipo** (16, D) Logotype
lógicamente (14, B) selbstverständlich
Londres (8, A) London
lo que (5, A) (das) was
los que (1, A) diejenigen, die
el **lugar** (1, B) Ort
el **lugar de nacimiento** (15, C) Geburtsort

el **lujo** (6, A) Luxus
lujoso,-a (10, D) luxuriös
el **lunes** (2, A) Montag
los lunes (5, H) jeden Montag, montags
la **luz** (11, A) Licht

M

madrileño, -a (2, D) aus/von Madrid
magnífico, -a (7, b) großartig
la **magnitud** (12, d) Größe
mal(o), -a (5, G) schlecht
es malo que (11, J) es ist schlecht, daß
la **maleta** (3, E) Koffer
mandar (1, A; 5, A) schicken, senden; befehlen
mandar callar (5, A) befehlen zu schweigen
la **mandarina** (12, b) Mandarine
el **manejo** (15, A) Bedienung, Gebrauch
de una manera normal (12, d) auf eine normale Weise
el **manganeso** (12, b) Mangan
la **manifestación** (6, D) Demonstration
mantener correspondencia con (10, A) in Briefwechsel stehen mit
la **mañana** (2, D) Morgen
mañana (2, D) morgen
mañana por la mañana (2, D) morgen früh
muy de mañana (6, D) sehr früh
por la mañana (10, A) morgens
la **máquina (de escribir)** (5, G) (Schreib-)Maschine
el/la **mar** (7, D) Meer
el **(Mar) Mediterráneo** (7, D) Mittelmeer
el **(Mar) Caribe** (7, G) Karibisches Meer
Maracaibo (12, d) Maracaibo, **Stadt im Norden Venezuelas*
marcar (3, A) wählen
la **marcha** (13, K) *hier:* (Betriebs-)Ablauf
en la marcha de (13, K) im Betriebsablauf von
marcharse (3, E) weggehen
el **marco** (13, D) Mark
el **marido** (5, A) Ehemann
marino, -a (12, c) See-
el **martes** (2, A) Dienstag
de martes a viernes (3, A) von Dienstag bis Freitag
más (2, H) mehr
más de tres (2, H) mehr als drei
más tarde (3, E) später
masivo, -a (12, c) massenhaft; massiv
matar (5, A) töten
Mataró (10, A) Mataró (Katalonien)
las **matemáticas** (10, A) Mathematik
la **materia** (7, e) Stoff, Materie
el **material** (9, A) Material
máximo, -a (14, B) Höchst-
mayo (13, A) Mai
la **mayoría** (4, I) Mehrheit, die meisten
la **mayoría de la gente** (8, O) die Mehrzahl der Leute, die meisten Leute
en su mayoría (12, b) größtenteils
la **medalla** (8, A) Medaille
(la) **media pensión** (2, A) Halbpension
el **médico** (10, A) Arzt
la **medida** (12, d) Maßnahme
medio, -a (5, A) ein(e) halbe(r),
el **medio** (2, H) Mittel; Mitte; Medium
el **medio de transporte** (2, H) Verkehrsmittel
los **medios de comunicación** (13, K) Kommunikationsmittel
en medio de (7, f) inmitten
mediterráneo, -a (7, D) Mittelmeer-
a lo mejor (1, A) vielleicht
mejor (12, G) besser
el/la **mejor** (6, A) der/die beste
lo **mejor** (7, d) das Beste
es mejor que (11, J) es ist besser, daß
mencionado, -a (13, A) erwähnt
mencionar (9, A) erwähnen
menos (11, A) weniger
menos de (10, D) weniger als
menos mal que (6, A) ein Glück, daß; zum Glück
el **mercado** (3, A) Markt
el **Mercado Común** (3, A) Europäische Gemeinschaft, gemeinsamer Markt
las **mercancías** (8, G) Güter; Waren
el **mes** (2, H) Monat
el **mes pasado** (8, C) vergangenen Monat
la **mesilla** (5, K) Tischchen
el **mestizo** (12, b) Mestize, **Mischling zwischen Weißen und Indianern*
metalúrgico, -a (12, c) metallverarbeitend
meteorológico, -a (12, c) meteorologisch
un **metro cuadrado** (8, A) ein Quadratmeter
México (6, E) Mexiko
el **miedo** (5, A) Angst
mientras (1, A) während
mientras que (1, L) während
mientras tanto (14, B) inzwischen, unterdessen
el **miércoles** (2, A) Mittwoch
migratorio, -a (12, a) Wander-, Zug-
mil (10, A) tausend
Milán (8, A) Mailand
miles de (11, A) Tausende von
el **millón** (5, A) Million
el **mineral** (12, a) Mineral, Erz
la **minería** (12, a) Bergbau
mínimo, -a (15, A) Mindest-
mirar la tele (4, A) Fernsehen schauen
Misiones (12, b) Misiones, **Provinz im Nordosten Argentiniens*
mismo, -a (3, A) selbst, selber,
el **mismo banco** (5, D) dieselbe Bank
la **mitad** (12, b) Hälfte
la **moda** (5, A) Mode
moderno, -a (7, b) modern
me molesta que (9, D) es stört mich, daß; ich habe Bedenken, daß
molestar (9, D) stören, ärgern
el **molibdemo** (12, c) Molybdän (= *metallischer Grundstoff*)
la **moneda** (14, B) Münze, Geldstück
la **montaña** (6, A) Berg
el **montañismo** (7, e) Bergsport, Bergwandern
montañoso, -a (12, c) gebirgig
morirse (*ue, u*) (5, A) sterben
el **mosto** (8, A) Most
el **motivo** (15, J) Grund, Anlaß
el **movimiento** (12, a) Bewegung
los **movimientos migratorios** (12, a) Wanderungsbewegungen
la **muchacha** (3, E) Mädchen
el **muchacho** (3, E) Junge
muchas veces (11, A) oft
muchísimo, -a (4, A) sehr viel
la **muestra** (8, A) Muster
múltiple (16, D) viel-/mehrfach
mundial (7, D) Welt-
el **municipio** (16, B) Gemeinde; Ortschaft
el **museo** (7, b) Museum
la **música** (5, H) Musik
la **música pop** (10, C) Popmusik
muy (6, D) sehr
muy de mañana sehr früh (6, D)

N

N(uestra)/ref(erencia) (9, A) Unser Zeichen
el **nacimiento** (15, C) Geburt
nacional (11, A) national
nada (6, A) nichts
la **naranja** (12, b) Apfelsine
natural (12, b) Natur-
la **naturaleza** (7, e) Natur
náutico, -a (2, A) Wasser-
necesario, -a (10, A) notwendig, nötig

es necesario que (10, A) es ist nötig, daß
necesitar (3, A) brauchen
los **negocios** (4, A) Geschäfte
negro, -a (12, d) schwarz
el **neumático** (7, G) (Auto-)Reifen
el **nieto** (5, J) Enkel
la **niña** (5, H) kleines Mädchen
el **Niño (Jesús)** (12, c) * *da die Strömung immer um die Weihnachtszeit auftritt, nennt man sie "El Niño" (Christkind)*
el **niño** (5, H) Kind, kleiner Junge
el **nivel** (12, G) Niveau, Stand
el **nivel de vida** (12, G) Lebensstandard
no es así, ni mucho menos (11, A) es ist bei weitem nicht so
no hubiera (hay) clientes (5, B) es gab keine Kunden
no le gusta la lluvia (5, G) ihr gefällt der Regen nicht
de noche (6, A) nachts
la **noche** (4, A) Abend, Nacht
por la noche (4, A) abends, nachts
nocturno, -a (7, d) Nacht-
el **nombre** (3, A) Name
a nombre de (3, A) auf den Namen
normalmente (8, A) normalerweise
el **noroeste** (12, b) Nordwesten
el **norte** (10, A) Norden
al norte de (10, A) nördlich von
el **norteamericano** (12, c) Nordamerikaner
notar (4, A) (be)merken, wahrnehmen, feststellen
la **noticia** (8, A) Nachricht
noviembre (9, A) November
el **núcleo** (11, A) Kern, Zentrum, Mitte
el **núcleo urbano** (11, A) Stadtzentrum
Nueva York (6, D) New York
nuevo, -a (1, A) neu
de nuevo (12, c) wieder, erneut
el **número** (3, A) Nummer; (An-)Zahl, Menge
el **número de teléfono** (3, A) Telefonnummer
numeroso, -a (12, c) zahlreich

O

el **objeto** (13, A) Zweck, Ziel
obligado, -a (12, c) verpflichtet, gezwungen
observar (11, A) wahrnehmen, bemerken
obtener (8, A) bekommen, erhalten
ocasionar (12, c) hervorrufen, hervorbringen
el **Océano Atlántico** (11, A) Atlantischer Ozean
octubre (8, A) Oktober
ocupar (12, d) einnehmen, besetzen
la **oferta** (9, A) Angebot
ofrecer (*zc*) (7, e) anbieten
oigo (oír) (3, A) ich höre
oír (3, A) (zu)hören
al oír (5, A) als er hörte
la **ola** (1, A) Welle
la **ola polar** (1, A) Kältewelle
oler (*ue*) a (11, A) riechen nach
olvidar (5, K) vergessen
olvidarse de (11, A) vergessen
la **opinión** (8, A) Meinung
la **orden** (9, A) Auftrag
el **ordenador** (13, K) Computer
organizador, -a (16, D) Organisations-
organizar (2, H) gestalten, planen
el **origen** (12, c) Ursprung
originalmente (12, d) ursprünglich
originar (11, A) verursachen
la **orilla** (5, N) Ufer
a orillas de (11, A) am Ufer von
el **oro** (8, A) Gold
oscilar (12, c) schwanken
oscuro, -a (5, A) dunkel

P

p.p. (por poder) (8, A) i.V (in Vertretung), per Prokura
pagar (2, A) (be)zahlen
pagar al chófer (3, A) den Fahrer bezahlen
el **pago** (8, A) Zahlung
el **paisaje** (7, a) Landschaft
el **palacio** (4, A) Palast
el **Palacio de los Deportes** (10, A) Sportpalast
el **papel** (13, K) Rolle, Bedeutung
los **papeles** (3, L) Papiere
el **paraíso** (7, c) Paradies
parecer (*zc*) (4, A) scheinen
me parece que (11, J) es scheint mir, daß; ich meine, daß
¿Le parece bien? (4, A) Ist es Ihnen recht?
el **parque** (7, f) Park
la **parte** (6, A) Teil
la **parte más dura** (6, A) der schwierigste Teil
la **parte sur** (6, A) südlicher Teil
la **participación** (12, d) Anteil, Beteiligung
particular (2, H) persönlich, Privat-, besondere
pasado, -a (5, A) vergangen
pasado mañana (13, G) übermorgen
el **pasaporte** (3, E) Paß
pasar por (4, A; 5, A) vorbei gehen an; durchgehen
pasar un pedido (9, P) einen Auftrag erteilen
pasear (11, A) spazieren
el **paseo** (4, A) Spaziergang, Spazieren (gehen)
una **pasión por** (6, A) eine Leidenschaft für
Patagonia (12, b) Patagonien, **südliche Hälfte Argentiniens*
el **patio** (3, E) Innenhof
el **pedido** (9, P) Auftrag
pedir (*i*) (5, A) fragen, bitten, verlangen
peinarse (5, E) sich kämmen
peligroso, -a (6, A) gefährlich
la **pena** (1, A) Mühe, Arbeit
pensar (*ie*) (1, A) gedenken (zu tun), vorhaben
la **pensión** (2, E) Pension
(la) **pensión completa** (2, A) Vollpension
perder (*ie*) (5, A) verlieren
la **pérdida** (12, d) Verlust
perdonar (3, A) verzeihen, entschuldigen
perdóneme (3, A) entschuldigen Sie (mich)
perfecto, -a (2, A) ausgezeichnet
el **periódico** (3, L) Zeitung
permitir (6, A) erlauben, ermöglichen
pero (1, L) aber
persuadir (5, A) überreden
(el) **Perú** (6, A) Peru
peruano, -a (12, c) peruanisch
la **pesca** (7, a) Fischfang; Fischerei
el **pescador** (7, c) Fischer
pescar (7, f) fischen; angeln
pesquero, -a (12, b) Fischer-
el **petróleo** (12, a) Erdöl
petrolífero, -a (12, d) Erdöl-
petroquímico, -a (12, d) petrochemisch
el pez (los peces) (12, c) Fisch
pidió (pedir, *i*) (5, A) sie verlangte
a pie (10, A) zu Fuß
el **pinchazo** (6, A) Reifenpanne
pintoresco, -a (7, b) malerisch
el **piragüismo** (7, f) Kanufahren
planear (16, B) planen
el **plano** (3, N) Stadtplan
el **plástico** (12, d) Kunststoff
la **plata** (8, A) Silber
el **plátano** (6, A) Banane
un **plato** (4, A) Gericht, Teller Platte
un **plato combinado** (4, A) gemischter Teller
la **playa** (1, A) Strand
la **plaza** (2, D) Sitz-(Platz)
el **plazo** (13, A) Frist
en **el plazo** (13, A) in der Frist, binnen
pleno, -a (7, f) voll
el **plomo** (12, c) Blei
la **población** (12, a) Bevölkerung
pobre (12, G) arm
la **pobreza** (12, G) Armut

pocas veces (6, H) manchmal; selten
poco, -a (11, A) wenig; gering
a los pocos días (6, A) innerhalb von wenigen Tagen
el **poder** (9, A) *hier:* Besitz
poder (*ue*) (2, A) können, dürfen
polar (1, A) polar, Polar-
la **política** (10, C) Politik
político, -a (6, A) politisch
Polonia (12, G) Polen
la **polución** (11, A) Verschmutzung
poner (4, A) setzen, stellen, legen
ponerse (5, A) anziehen; aufsetzen
ponerse de acuerdo (12, G) sich einig werden
ponerse en contacto con (8, F) sich in Verbindung setzen mit
por (6, A) über
por aquí (4, A) hier in der Nähe
por esas razones (11, A) deshalb
porque (1, L) weil
el **portugués** (6, L) Portugiese; Portugiesisch
la **posesión** (15, A) Besitz
estar en posesión de (15, A) im Besitz sein von
la **postal** (1, A) Postkarte
prácticamente (12, d) praktisch
practicar (7, d) ausüben, betreiben
practicar deportes (4, G) Sport treiben
el **prado** (7, f) Wiese
el **precio** (3, T) Preis
al precio de (9, A) zum Preis von
a buenos precios (16, B) zu niedrigen Preisen
preciso, -a (10, D) notwendig
es preciso que (10, D) es ist notwendig, daß
preferir *(ie, i)* (2, A) bevorzugen, vorziehen
prefiero (preferir, *ie, i***)** (2, A) ich bevorzuge
la **pregunta** (6, A) Frage
el **premio** (8, A) Preis, Auszeichnung
la **prensa** (6, A) Presse
presentar su candidatura (16, D) kandidieren
presente (9, A) vorliegend; gegenwärtig
primero (5, A) zuerst
primero, -a (1, A) erste(r)
a primeros de (1, A) am Anfang
de primera categoría (7, d) Erste Klasse
el **principio** (12, b) Anfang
a principios de (12, b) am Anfang
la **prisa** (5, G) Eile
tener prisa (5, G) Eile haben
probar (*ue*) (8, A) versuchen, probieren, prüfen; nachweisen
procedente de (12, d) herkommend aus/von
proceder de (12, d) herkommen aus/von
el **procesador de texto** (15, A) Textverarbeitungsgerät
producir (11, F) erzeugen
el **producto** (8, A) Produkt
el **Producto Interior Bruto** (12, d) (= PIB) das Brutto Inlandprodukt
el **Producto Nacional Bruto** (12, c) (= PNB) das Brutto Inlandprodukt
el **productor** (12, b) Erzeuger, Produzent
profesional (10, A) Berufs-, berufsmäßig
el **programa** (2, A) Programm
progresivo,-a (11, A) fortschreitend
pronto (5, A) bald
pronto, -a (8, A) baldig
la **propaganda** (9, A) Werbung
propio, -a (2, H) eigen
proponer (16, B) vorschlagen
proporcionar (12, c) verschaffen. gewähren
proteccionista (12, d) protektionistisch
la **próxima semana** (2, A) (die) nächste Woche
próximo, -a (2, A) nächste(r)
el **12 ppdo. (próximo pasado)** (9, A) der 12. d. vergangenen Monats
pudo (poder, *ue*) (5, B) sie konnte
el **pueblo** (5, H) Dorf
se puede (poder, *ue***)** (2, A) man darf
la **puerta** (5, A) Tür
el **puerto** (12, d) Hafen
pues (3, A) also, wohl
el **puesto** (12, G) Platz, Stelle
el **puesto actual** (15, B) gegenwärtige Stelle
el **puesto de trabajo** (12, G) Arbeitsstelle
la **puñalada** (4, A) Dolchstich, (Dolch-)Stoß
puro, -a (7, f) rein, sauber, pur
puso (poner) (5, A) sie stellte

Q

¿qué tal? (4, A) wie geht's?, wie war...?
¿qué tipo? (3, A) was für ein ...?
el **quechua** (12, c) Quechua
quedar (2, D) übrig sein, noch vorhanden sein
quedarse (2, A) bleiben
quedó esperando (5, A) sie wartete
querer (*ie*) (2, A) wollen
querido, -a (1, A) geliebte(r), liebe(r)
Queridos amigos: (1, A) Liebe Freunde,
el **queso** (6, A) Käse
¿quién? (1, I) wer?
químico (11, A) chemisch
quinto, -a (12, b) fünfte(r)
el **quinto centenario** (11, F) Fünfhundertjahrfeier
quisiera (querer, *ie*) (2, A) ich möchte gern

R

la **radio** (4, G) Radio
rápidamente (5, A) schnell
raro, -a (9, D) selten, seltsam; außergewöhnlich
es raro que (9, D) es ist seltsam, daß; es ist merkwürdig, daß
la **raza** (12, b) Rasse
la **razón** (11, A) Grund, Ursache
la **reacción** (11, A) Reaktion
realizar (2, H) unternehmen, durchführen
reaparecer (6, A) wieder auftauchen
rebajar (13, D) ermäßigen, senken
la **recepción** (3, E) Rezeption
el/la **recepcionista** (3, A) Rezeptionist(in)
recibir (1, A) empfangen, erhalten
el **recibo** (8, A) Empfang, Quittung
reciente (1, A) neu(erlich), unlängst (geschehen)
recoger (2, A) abholen
recomendar (*ie*) (2, A) empfehlen
el **récord** (12, b) Rekord
recorrer (2, A) durchreisen, bereisen, durchqueren
recuperarse (12, b) sich erholen
la **red** (6, J) Netz
la **referencia** (9, A) Bezug, Hinweis, Bericht
con referencia a (15, B) in/mit Bezug auf
referente a (16, B) bezüglich
referirse (*ie, i*) **a** (16, D) sich beziehen auf
refinado, -a (7, d) hochfein, hervorragend
la **refinería** (12, d) Raffinerie
el **refrescante** (7, G) Erfrischungsgetränk
la **región** (12, c) Gebiet, Gegend
registrar (12, b) erleiden, verzeichnen
regresar (5, H) zurückkommen
las **relaciones públicas** (16, B) Public Relations
el **remitente** (1, A) Absender
remitir (8, A) (zu) schicken
remontarse a (12, c) zurückgehen auf
el **renglón** (5, B) Zeile
de repente (5, A) plötzlich
el **representante** (3, A) Vertreter

representar (12, d) darstellen
la **República Federal de Alemania** (1, A) Bundesrepublik Deutschland
el **repuesto** (13, A) Ersatz
de repuesto (13, A) als Ersatz
reserva (9, A) 'reserva', **Qualitätsbezeichnung für Weine*
reservar (2, A) reservieren
respectar a (12, d) betreffen, sich beziehen auf
con respecto a (13, D) hinsichtlich; bezüglich
al respecto (13, A) hierüber, diesbezüglich
con respecto a (13, D) im Vergleich zu
en lo que respecta a (12, d) bezüglich; was ... angeht
respirar (7, f) atmen
la **respuesta** (8, C) Antwort
el **resto** (11, A) Rest
resulta que (11, J) es zeigt sich, daß; es ergibt sich, daß; es stellt sich heraus, daß
el **retraso** (3, E) Verspätung
la **revista** (5, R) Zeitschrift
el **revólver** (5, A) Revolver
el **rey** (3, Q) König
Rey Don Jaime (3, Q) König Jaime
rico, -a (6, A) reich
el **rincón** (7, b) Ecke
el **río** (7, f) Fluß
el **rioja** (8, A) Rioja(wein)
la **Rioja** (8, A) Rioja, **eines der bekanntesten Weingebiete Spaniens am oberen Ebro*
el **rioja tinto** (8, A) roter Rioja(Wein)
robar (5, A) stehlen, rauben
rogar (*ue*) (8, A) bitten
el **rostro** (16, D) (An-)Gesicht
el **ruido** (10, D) Lärm
el **ruido** (3, E) Lärm, Geräusch
la **ruta** (6, K) Route, Weg

S

s(in) n(úmero) (13, A) ohne Hausnummer
S(ociedad) A(nónima) (13, A) Aktiengesellschaft, AG
S(u)/carta (9, A) Ihr Schreiben
S(u)/ref(erencia) (9, A) Ihr Zeichen
el **sábado** (2, A) Samstag
los **sábados** (5, H) jeden Samstag, samstags
saber (2, A) wissen, können
sé (saber) (2, A) ich weiß
saborear (7, d) genießen
sabroso, -a (7, c) schmackhaft
sacar (5, A) herausziehen
sacar dinero (14, F) Geld abheben
la **sal** (12, b) Salz
la **sala** (7, d) Saal, Raum
la **sala de estar** (10, D) Wohnzimmer
la **sala de fiesta** (7, d) Festsaal, Tanzsaal
salir (1, A) abfahren; (hin)ausgehen; erscheinen, herauskommen (*Zeitung usw.*)
saludar (8, A) grüßen
el **saludo** (1, B) Anrede; Gruß
la **sardina** (6, A) (Öl-)Sardine
el **satélite** (5, H) Satellit, Trabant
satisfacer (9, A) zufriedenstellen
satisfecho, -a (9, A) zufrieden
se (1, A) man
SEAT (Sociedad Española de Automóviles de Turismo) (11, F) SEAT, **wichtigste Autofabrik Spaniens, größtenteils im Besitz von Volkswagen*
la **sección** (10, A) Abteilung
la **secretaria** (3, A) Sekretärin
la **secretaría** (16, B) Sekretariat, Büro, Geschäftsstelle
el **secretariado** (15, A) Sekretariat
el **sector** (3, A) r (Sach-)Bereich, Zweig
los **sectores** (12, a) Sektoren
en seguida (3, K) sofort
seguir (*i*) (5, A) (ver)folgen
la **Segunda Guerra Mundial** (12, d) Zweiter Weltkrieg
segundo, -a (12, d) zweite(r)
seguro que (4, A) (es ist) sicher, daß
el **seguro** (13, A) Versicherung
la **semana** (2, A) Woche
la **semana pasada** (11, A) vergangene Woche
la **semana que viene** (2, A) nächste Woche
semejante a (16, B) ähnlich
sentarse (4, A) sich setzen
el **sentido** (10, C) Gefühl, Sinn
el **sentido de humor** (10, C) Sinn für Humor
con un sentido de (6, A) mit einem Sinn für/von
sentir (*ie,i*) (9, D) fühlen, bedauern
sentirse (*ie, i*) (11, A) sich fühlen
señalar (11, A) signalisieren, angeben
señorial (4, A) von Adel, adlig
separado, -a (8, A) getrennt, einzeln
se(p)tiembre (2, H) September
ser (5, A) sein
ser de buena familia (5, A) aus gutem Hause sein
ser de juguete (5, A) Spielzeug sein
ser sacado (5, N) herausgezogen werden
serio,-a (10, C) ernst(haft), ernstlich
servir (*i*) (2, A) dienen, bedienen
¿En qué puedo servirle? (3, E) Womit kann ich Ihnen dienen?
Sevilla (5, A) Sevilla, **Hauptstadt Andalusiens*
sexto, -a (12, d) sechste(r)
si (1, L) wenn, falls
si es tan amable (14, B) wenn Sie so nett sind
siderúrgico, -a (12, c) eisenverarbeitend
el **siglo** (4, A) Jahrhundert
siguen siendo (12, d) noch immer sein, bleiben
siguiente (9, P) folgend
siguió (seguir, *i*) (5, A) er (ver)folgte
el **símbolo** (16, D) Symbol
simplemente (16, B) einfach
sin decir nada (5, A) ohne etwas zu sagen
sin embargo (12, c) jedoch
sin pagar nada (6, A) ohne etwas zu (be)zahlen
sino (5, B) sondern
sírvanse (servir, *i*) ver (8, A) sehen sie sich bitte an
el **sitio** (6, A) Ort, Stelle
la **situación** (6, A) Situation, Lage
situado, -a (10, D) gelegen
situarse (12, d) sich plazieren, sich befinden
sobre (10, A) auf; über; vor
sobre todo (4, A) vor allem
sobrevivir (12, b) überleben
la **sociedad** (6, J) Gesellschaft, Gemeinschaft
la **soja** (12, b) Sojabohne
el **sol** (7, C) Sonne
soler (*ue*) (4, I) pflegen zu, gewohnt sein
la **solicitante** (15, J) Berwerberin
solicitar (15) sich bewerben um
la **solicitud** (15) Bewerbung
sólido, -a (12, c) gediegen, solide
sólo (5, H) nur
someter (6, L) unterwerfen
sonar (*ue*) (3, A) klingeln; klingen
soñar (*ue*) **con** (5, H) träumen von
la **sopa** (6, A) Suppe
el **soporte** (12, c) Unterstützung
soviético, -a (12, b) Sowjet-, sowjetisch
el **Sr. S. (el señor S.)** (3, I) Herr S..
los **Sres. B. (los señores B)** (3, I) Herr und Frau B.
la **Srta. T. (la señorita T.)** (3, I) Fräulein T.; (Frau T.)
suave (7, a) mild
subir (6, A) steigen
subir a (4, C) einsteigen in

el **subsuelo** (12, c) Untergrund, Boden
suceder, pasar (12, G) passieren
la **sucursal** (5, A) Filiale
Sudamérica (6, A) Südamerika
suele llegar (4, I) er pflegt zu kommen
suelto, -a (14, B) lose
suficiente (6, D) genug, genügend, ausreichend
sufrir (11, A) (er)leiden, erfahren
Suiza (1, M) Schweiz
la **suma total** (13, A) Gesamtbetrag
el **suministro** (13, A) Lieferung
la **superficie** (8, A) (Ober-)Fläche
el **suplemento** (1, P) Zuschlag, Aufpreis
el **sur** (1, A) Süden
el **sur de Europa** (3, O) Südeuropa
suscribirse a (7, G) sich abonnieren auf
sustituir (13, K) ersetzen

T

tal como (13, A) wie
el **Talgo** (2, D) Talgo, **Luxusschnellzug in Spanien*
tanto, -a (6, J) so viel
por tanto (13, D) deshalb
la **taquigrafía** (13, K) Stenographie, Kurzschrift
tardar en (4, A) brauchen, dauern
la **tarde** (3, E) Nachmittag, Spätnachmittag ; (früher) Abend
por la tarde (10, A) nachmittags
buenas tardes (3, E) guten Tag/Abend
la **tarifa** (12, d) Tarif, Gebühr
las **tarifas aduaneras** (12, d) Zollsätze
la **tarjeta** (14, B) Karte
la **tarjeta (de crédito)** (14, B) Kreditkarte
la **tasa** (12, c) Ziffer, Prozentsatz
el **té** (12, b) Tee
el **teatro** (7, b) Theater
técnico -a (15, A) Fach-
el/la **técnico/-a especialista** (15, A) der/die Ausgebildete
el **teléfono** (3, A) Telefon
telefónico, -a (7, G) telefonisch, Telefon-
la **tele(visión)** (4, A) Fernsehen
el **télex** (13, A) Telex, Fernschreiben
por télex (13, A) fernschriftlich, per Telex
el **tema** (7, G) Thema
temer (11, A) fürchten
temprano (1, H) früh
tenderse (*ie*) (7, a) sich hinlegen, sich ausstrecken
tener (2, A) haben
tener miedo (5, A) Angst haben
Tenga. (2, A) Bitte. (*beim Überreichen*)
tengo ... reservada (3, E) ich habe reserviert
tengo 17 años (10, A) ich bin 17 Jahre (alt)
el **tenis** (4, G) Tennis(spiel)
el **tercer curso** (10, A) drittes Schuljahr
tercero, -a (10, A) dritte(r)
un **tercio** (8, A) ein Drittel
terminar (1, A) beenden, fertig werden
la **terraza** (10, D) Terrasse
el **terreno** (6, A) Gelände
el **territorio** (6, J) Territorium, (Staats-)Gebiet
el **tesoro** (7, G) Schatz
textil (10, A) Textil-
el **textil** (12, b) Textilwaren
el **texto** (15, A) Text
la **tía** (4, C) Tante
el **tiempo** (5, G) Wetter; Zeit
a tiempo (6, D) rechtzeitig
con tiempo (1, A) in aller Ruhe
hace mal tiempo (5, G) es ist schlechtes Wetter
la **tienda** (5, A) Geschäft, Laden; Zelt
la **tienda de modas** (5, A) Bekleidungsgeschäft
la **tierra** (12, d) Boden, Land
la **tierra alta** (12, d) Hochebene
Latinoamérica (6, A) Lateinamerika
latinoamericano,-a (12, c) lateinamerikanisch
tinto, -a (8, A) (dunkel)rot
el **tío** (4, C) Onkel
los **tíos** (4, C) Onkel und Tante
típico, -a (7, c) typisch
el **tipismo** (7, c) das Typische
el **tipo (de)** (10, A) Art (von)
el **tipo de cambio** (14, D) Wechselkurs
el **título** (15, A) Titel, Diplom
le **toca a él** (3, E) er ist er an der Reihe
tocar música (5, H) Musik spielen
toda clase de (8, A) alle möglichen Sorten von
todavía (1, A) noch (immer)
todo (10, A) alles
de todo (5, H) von allem
todo aquello (6, A) all das
todo el cariño (1, A) Alles Liebe, Liebe Grüße
tomar el sol (11, A) sich sonnen
tomar un café (4, A) einen Kaffee trinken
el **tomate** (6, A) Tomate
la **tonelada** (12, b) Tonne
la **tontería** (5, A) Dummheit
tostado, -a (1, A) braun, sonnenverbrannt
lo tostados que estamos (1, A) wie braun wir sind
el **trabajo** (12, G) Arbeit
tradicional (7, c) traditionell
traducir (*zc*) (15, I) übersetzen
traer (7, F) bringen
el **tráfico** (3, E) Verkehr
tranquilamente (3, E) ruhig
transformar en (7, c) umformen, umgestalten in
el **transporte** (13, A) Transport
tratar de (5, A) versuchen zu; handeln von/über
el **trigo** (12, b) Weizen
la **trucha** (7, f) Forelle
el **tungsteno** (12, c) Wolfram (*metallischer Grundstoff*)
el **turismo** (7, c) Tourismus
el **turista** (12, a) Tourist
turístico, -a (12, d) touristisch
el **turno** (3, E) Reihe, Schicht
estar de turno (3, E) an der Reihe sein; im Dienst sein

U

últimamente (5, S) neulich, in letzter Zeit
último, -a (12, b) letzte(r)
por último (12, d) schließlich, am Ende
unido, -a (11, F) vereinigt
la **unión** (12, b) Union
la **Unión Soviética** (12, b) Sowjetunion
unos 120 kilómetros (6, A) etwa 120 km
a unos 30 kilómetros (de) (10, A) etwa 30 km. entfernt (von)
urbano, -a (11, A) städtisch, Stadt-
Uruguay (6, A) Uruguay
utilizar (2, H) benutzen, verwenden

V

las **vacaciones** (1, A) Ferien
vale (2, A) einverstanden, okay
vale la pena (1, A) es lohnt sich
valer (1, A) wert sein
Valladolid (3, O) Valladolid, **Stadt nördlich von Madrid*
el **valor** (9, A) Wert
por valor de (9, A) im Wert von
valorar (15, A) schätzen
los **valores** (14, G) Wertgegenstände
la **Vanguardia** (4, A) La Vanguardia, **bedeutende Zeitung in Katalonien*
levantarse (4, G) aufstehen
el **vaquero** (12, b) Viehhirte
la **variedad** (7, f) Verschiedenheit
a veces (5, H) manchmal

pocas veces (6, A) manchmal; selten
el **vecino** (5, N) Nachbar
vecino, -a (6, J) Nachbar-
la **vegetación** (7, a) Vegetation, Pflanzenwelt
el **vehículo** (12, c) Fahrzeug
la **vela** (7, a) Segel(sport)
vender (5, H) verkaufen
se venden (5, R) sie werden verkauft
los ... más vendidos (5, R) die meistverkauften ...
el **venezolano** (12, d) Venezolaner
Venezuela (12, a) Venezuela
la **venta** (8, A) Verkauf
la **ventaja** (16, D) Vorteil
la **ventana** (1, I) Fenster
la **ventanilla** (5, A) Schalter
ver (3, E) sehen, schauen
a ver (2, A) mal sehen
la **verdad** (7, D) Wahrheit
verde (5, A) grün
el **vestíbulo** (10, D) Diele, Flur
al vestirlos (7, G) indem Sie sich damit kleiden
vestirse (*i*) (5, E) sich anziehen
la **vez** (5, N) Mal
a la vez (7, b) gleichzeitig
en vez de ello (5, N) stattdessen
pocas veces (6, A) manchmal
viajar (1, A) reisen, fahren
el **viaje** (2, A) Reise
estar de viaje (4, A) auf Reisen sein, unterwegs sein
la **vida** (7, d) Leben
la **vida nocturna** (7, d) Nachtleben
viejo, -a (1, M) alt
el **viernes** (2, A) Freitag
los **viernes** (5, H) jeden Freitag; freitags
vigilar (11, F) kontrollieren, im Auge behalten
el **viñedo** (8, A) Weinberg
el **vino** (8, A) Wein
un **vino hecho** (8, A) ein fertiger Wein
el **(vino) blanco** (8, A) Weißwein
el **(vino) rosado** (8, A) Roséwein
vio (ver) (5, A) sie sah, hat gesehen
el **violín** (5, H) Violine
la **visa** (14, B) Kreditkarte (Visa)
el/la **visitante** (12, a) Besucher(in)
ha visto (ver) (4, A) Sie haben gesehen
el **volante** (7, G) Lenkrad
volver (*ue*) (4, D) zurückkehren

W

el **windsurf** (7, D) (Wind-)Surfen

Y

ya (1, A) schon
ya lo veo (3, E) ich sehe schon
ya que (12, d) da, weil
el **yacimiento** (12, d) Schicht, Vorkommen
la **yerba mate** (12, b) Mate(tee)

Z

el **zapato** (13, A) Schuh
el **zinc = cinc** (12, b) Zink
la **zona** (11, A) Zone

Puerta abierta – Spanisch für Geschäft, Handel, Reise

Werkübersicht

Lehr- und Übungsbuch Klettbuch 52671
Lösungsheft Klettbuch 52672
Lehrerband Klettbuch 52673
2 Compact-Cassetten zum Lehr- und Übungsbuch Klettbuch 52674